新结构经济学视角下经济增长与产业转型升级研究

林青　余熙　著

中国水利水电出版社
www.waterpub.com.cn
·北京·

内 容 提 要

本书基于新结构经济学理论对国家和地区的经济发展以及产业转型升级进行研究。林毅夫教授的新结构经济学以要素禀赋结构的供给与需求为理论核心，建构 GIFF 模型、五类产业模型、新结构转型升级模型等应用工具。本书以新结构经济学理论为基础，运用其分析工具，研究国家和地区以及产业发展的要素禀赋结构及其变迁，并结合有为政府和有效市场探讨经济发展和产业转型升级路径。

本书有助于研究经济增长和产业转型升级的学者进一步深化其研究，尤其对试图以新结构经济学为视角对国家、地区、产业和企业四个层面发展问题进行探索的学者。

图书在版编目（CIP）数据

新结构经济学视角下经济增长与产业转型升级研究 / 林青，余熙著. -- 北京 : 中国水利水电出版社，2018.11（2024.1重印）
ISBN 978-7-5170-7152-5

Ⅰ. ①新… Ⅱ. ①林… ②余… Ⅲ. ①结构经济学－应用－经济增长理论－研究②结构经济学－应用－产业结构升级－研究 Ⅳ. ①F061.2②F264

中国版本图书馆CIP数据核字(2018)第262366号

策划编辑：时羽佳　责任编辑：陈红华　加工编辑：孙　丹　封面设计：李　佳

书　名	新结构经济学视角下经济增长与产业转型升级研究 XIN JIEGOU JINGJIXUE SHIJIAOXIA JINGJI ZENGZHANG YU CHANYE ZHUANXING SHENGJI YANJIU
作　者	林青　余熙　著
出版发行	中国水利水电出版社 （北京市海淀区玉渊潭南路 1 号 D 座　100038） 网址：www.waterpub.com.cn E-mail：mchannel@263.net（万水） sales@waterpub.com.cn 电话：（010）68367658（营销中心）、82562819（万水）
经　售	全国各地新华书店和相关出版物销售网点
排　版	北京万水电子信息有限公司
印　刷	三河市元兴印务有限公司
规　格	170mm×240mm　16 开本　14.5 印张　212 千字
版　次	2019 年 1 月第 1 版　2024 年 1 月第 2 次印刷
印　数	0001—2000 册
定　价	69.00 元

前　　言

新结构经济学的雏形之作是林毅夫教授1994年出版的《中国的奇迹：发展战略与经济改革》。2009年林毅夫教授结合《经济发展与转型：思潮、战略和自生能力》，分析“二战”以后发展经济学成为一门学科以来的理论进展和发展中国家发展与转型的成败经验，提出“新结构经济学”。新结构经济学认为产业结构内生于要素禀赋结构，强调经济发展是一个产业、技术、基础设施、制度结构不断变迁的过程。在这个过程中既要有“有效的市场”也要有“有为的政府”（林毅夫，2012）。2011年，林毅夫教授首次根据新结构经济学的基本理论框架，尤其是基本的比较优势理论和后发优势理论直觉以及战后广大发展中经济体政策实践的成败经验，整理出一套可用于指导产业政策设计的基本框架，即“增长甄别与因势利导”（GIFF）应用工具。在GIFF的基础上，林毅夫（2015）将分析单元从国家层面细化到产业层面并根据各个产业的前沿距离提出了五类产业模型。付才辉（2017）在五类产业模型的基础上运用新结构经济学的基本原理构建了一个更加精细化和可操作性的“地区—产业—企业—政府”多级嵌套的转型升级诊断模型。目前该理论以及相关工具已经运用于国家和地区经济结构升级以及行业结构升级甚至企业转型升级研究中。同时林毅夫教授的团队以及众多学者，致力于将新结构经济学运用于“一带一路”国别研究中，尤其是发展中国家经济增长与承接中国制造业。

新结构经济学是关于经济结构及其变迁的新古典分析方法，各种经济结构安排是其研究对象。新古典分析方法是其研究方法，禀赋结构是其分析的出发点，由禀赋结构内生的生产结构以及其他结构安排之间的逻辑关系是其理论体系的主要内容。在理论进阶方向上，新结构经济学可以与被称之为“选择的科学”的新古典经济学和被称之为“缔约的科学”的新制度经济学相提并论，可以称之为“结构的科学”。

本书首先对新结构经济学的理论进行简要介绍，并梳理其在各个不同层次和不同领域的应用研究成果。其次，以新结构经济学为理论基础，对我国国内区域经济增长进行分析，呈现我国东中西部地区的经济结构变迁和要素禀赋结构及其变迁，并选取我国东中西部代表省份对其如何结合有效市场和有为政府实现经济转型升级进行研究。再次，以《中国制造 2025》战略为背景，回顾中国制造业发展历程，分析中国制造业的要素禀赋结构及其变迁，并选取代表性企业进行调研，运用多案例研究，以中国制造 2025 试点示范城市泉州为例，呈现中国制造业转型升级的路径。最后，以“一带一路”战略为背景，运用新结构经济学的理论框架和应用工具，选取“一带一路”代表性国家，分析沿线国家经济发展和产业转型升级。

本书的作者之一余熙，参加了北京大学新结构经济研究中心举办的第一届和第二届新结构经济学研讨会，并在核心期刊发表了新结构经济学的相关论文。余熙撰写本书的第一章中关于新结构经济学的提出、新结构经济学的理论框架及其理论修正部分。本书的作者之一林青，长期研究学习林毅夫教授的新结构经济学，并将其运用于区域经济经济增长和制造业转型升级的研究中。林青撰写本书第一章第四节，以及第二章至第四章。最后，对本书写作提供帮助的专家和学者致以诚挚的谢意！

编　者

2018 年 9 月

目　录

第一章　新结构经济学理论及其应用

第一节　新结构经济学的提出

新结构经济学是在对二战以来两波发展经济学思潮进行反思的基础之上提出来的。

第一波发展经济学思潮被称为结构主义，其理论前提是发展中国家与发达国家之间经济结构的差异。在这一波思潮中，发展经济学家们认为发展中国家的经济从较低级阶段向较高级阶段发展的本质是经济结构的优化。然而他们注意到，发展中国家的经济结构存在着刚性特征，而导致这种特征出现的正是市场失灵。也就是说，由于垄断、劳动力对价格信号的反常反应、要素不可流动性的存在，使得发展中国家仅仅借助于市场机制，难以实现经济结构从低级阶段演进到高级阶段。因此，他们都主张政府干预，通过进口替代和优先发展现代新兴产业来促进发展中国家经济结构的转变。结构主义的代表人物有刘易斯、纳克斯、罗丹、罗斯托、赫希曼、钱纳里和普雷维什等。

刘易斯的“二元经济理论”奠定了早期发展经济学研究的理论基础，并被称为结构主义研究的重要主线。他阐述了发展中国家经济的二元性特征，即先进的现代工业部门以及落后的传统农业部门同时并存的现象，两个部门在生存效率方面存在着巨大的差异。因此，发展中国家经济增长的实质就是传统部门不断收缩和现代部门不断扩张的过程。

纳克斯将发展中国家贫困的原因归结为资本形成不足，而资本形成不足的原因又是低产出带来低收入，也就是“贫困是贫困的原因”。他认为要破解“贫困循环”困境，发展中国家需要对具有外部经济的一些项目加大投资，从而使得其他项目投资也变得可行。

罗丹在对东欧以及东南欧一些国家的工业化进行考察时提出了大推动理论。

他认为生产函数、需求和储蓄供给具有“不可分性”的特征。因此，若要克服需求和供给的限制，必须以最小临界投资规模对相互补充的产业部门①同时进行投资，从而产生一种“外部经济效果”。

罗斯托以历史的视角审视经济社会进步，提出了著名的“经济成长阶段论”。他将经济社会的发展分成六个阶段，即传统社会阶段、起飞准备阶段、起飞阶段、成熟阶段、高额消费阶段和追求生活质量阶段。他认为发展中国家要实现起飞需要有三个条件：较高的积累率、起飞的主导部门、保证起飞的制度。

赫希曼从发展中国家资源短缺的现实以及联系效应出发，提出了非均衡发展理论。他认为大多数发展中国家的一个重要特征是产业之间关联非常脆弱，因而最佳的发展战略是把资金集中投放到关联性较强的产业。

钱纳里、库兹涅茨与霍夫曼等从结构转换的角度考察了经济发展过程，认为产业结构转换与经济发展是一体的，并以一系列产业结构指标以及其他指标来考察经济发展和工业化。

普雷维什（1950）和辛格（1950）认为初级产品贸易条件的恶化是长期的，直接导致财富从资源密集型发展中国家流向资本密集型发达国家。他们指出，发展中国家避免被发达国家剥削的唯一途径，就是通过一个进口替代过程来发展本国的制造业。

然而，20 世纪 60 年代和 70 年代，从拉丁美洲到欧洲、亚洲和非洲都遵行了结构主义的政策主张，实施进口替代战略，但结果都不尽如人意。这些国家与工业化国家的差距拉大了。林毅夫将这些失败的原因归结为结构主义的政策主张“违背了由自身要素禀赋结果所决定的比较优势，不顾国内资本的稀缺，去优先发展资本密集型的重工业。为了实施这种战略，发展中国家的政府不得不去保护优先部门中大量没有自身能力的企业”②。

用心良苦的政府干预却带来了经济上的失败，这催生了第二波发展经济学思潮，即新古典发展经济学。按照经济学家泰勒的定义，结构主义把一个国家的经济制度和制度的变化模式作为他们分析的基础；而新古典主义则以完全竞争作为

---

① 大推动理论强调重点投资领域集中于基础设施和轻工业部门，而不是重工业部门。
② 林毅夫：《新结构经济学》，北京大学出版社，2012，第 13 页。

分析前提。后者强调政府并没有能力来识别应得到扶持的产业部门，而且过多的政府干预会带来激励结构的扭曲、市场分割、政企联姻和腐败等问题。因此新古典主义者强调市场应对资源的配置起到基础性的作用，经济结构的问题也将随着经济的发展得以解决。新古典发展经济学的代表人物有舒尔茨、哈伯勒、明特、麦金农、克鲁格、克鲁格曼、斯蒂格利茨、里特尔和斯特恩等。

舒尔茨对发展经济学的贡献是从物资资本转向了人力资本的探讨。他认为结构主义对工业化、资本以及计划化的偏爱使得发展中国家的农业发展缓慢以及人力资本投资出现严重不足，他认为只有人力资本才是经济增长的关键因素。

哈伯勒是“中心一外围”理论反对者，他否定国际经济秩序的不公平性，否认国际贸易会使得发展中国家的贸易条件不断恶化，他认为比较优势说同样适用于发达国家和发展中国家的贸易，因此自由贸易对发展中国家同样是有利的。

明特认为市场机制不仅具有静态效率，同时也具有动态效率。恰恰相反计划将导致资源使用低效率，使发展中国家资源稀缺的现象愈发严重，抑制了经济的增长。

麦金农与肖强调金融自由化对经济增长具有重要的意义。他们指出，“利率是与经济决策最密切相关的相对价格”。发展中国家的金融抑制体现在政府制定的存款利率低于均衡利率水平，无法真实反应资金的稀缺程度，由此便减少了国家储蓄，束缚了金融业的发展，同时也制约了经济的发展。因此，他们的政策主张是放开利率管制，实现金融市场自由化。

克鲁格以寻租的视角研究了计划管理体制。他认为计划管理体制对经济活动的干预，其结果是租金成为合法和非法寻租活动的目标，伴随着一系列的贪污、行贿、走私以及黑市非法活动，浪费大量资源，增加社会成本，导致福利净亏损并阻碍了经济增长。

肖认为，对于一个丧失了边际价格相对灵活性的经济，发展中国家政府无法通过干预来平衡市场，甚至要为自己的干预行动付出高昂的代价。

可见新古典主义发展经济学的理论内核是“自由经济”，强调市场在配置资源和提供经济发展的激励方面的基础性作用。然而，外部性、协调和信息不确定性问题的存在使市场机制的作用大打折扣。实际上基于新古典范式的“华盛顿共识”也未能带来预期的效果，甚至威廉姆森评价它是“这些国家走向危机和痛苦的一套新自由主义政策”。

经济学理论是用来解释并指导实践的，但是20世纪的这两波发展经济学思潮在这两个方面都暴露出问题。因此林毅夫在对这两波思潮反思的基础之上，提出了新结构经济学，并将其定义成发展经济学第三波浪潮。

第二节　新结构经济学理论框架

一、概念框架与基本原理

鉴于结构主义对市场机制的轻视和新古典主义对经济结构的忽略，林毅夫似乎走了一条折衷路线，他采用新古典方法研究经济发展中的经济结构及其动态变迁，并将其命名为新结构经济学。

要素禀赋是新结构经济学分析的起点，也是核心概念之一。要素禀赋指的是在一定时期内一个经济体所拥有并可供开发的土地、劳动力、资本（包括物质资本和人力资本）和企业家才能的数量，显然它构成了该经济体的总预算约束。与之相关的一个概念就是“要素禀赋结构”，它指的是各种不同要素数量之比。比例的大小可以反映出不同要素的相对稀缺程度，进而决定了要素和产品的相对价格[①]。林毅夫认为一个经济的禀赋结构“在任意给定的时间是给定的，但会随着时间的推移而变化”[②]。在新结构经济学中强调的是“资本劳动比的变化”，因为“土地是外生给定的，自然资源的存量也是固定的，发现也是随机的”。另外，林毅夫还将基础设施纳入到要素禀赋的范畴之内，同时这里的基础设施是一个更加宽泛的概念，包含了“软件基础设施”和“硬件基础设施”。所谓的软件基础设施，指的是各项制度安排，而硬件基础设施即我们通常所理解的公共设施的概念。

林毅夫将经济的不同发展阶段看成是一个连续的“谱线”，谱线的一端为低收入国家，谱线的另外一端为高收入国家。它们呈现出不同的要素禀赋结构和不同

① 可见不同国家的要素禀赋结构可以通过两种形态进行比较：一种通过相对要素数量的实物形式来呈现现，另一种通过相对要素价格的形式来呈现。

② 林毅夫：《新结构经济学》，北京大学出版社，2012，第16页。

的经济结构。林毅夫认为一国的经济结构是内生于要素禀赋结构。对于初级发展中国家，由于劳动力和资源相对丰富、资本相对稀缺，因而生产主要集中在劳动力和资源密集型产业上，而采用的技术也通常是传统的、成熟的技术。与这些产业相适应的基础设施条件也相对来说比较简单。相反，发达国家的资本要素相对丰富，因此在资本密集型产业上具有比较优势。资本密集型产品的市场交易是"远距离、大容量、高价值的"，因此与其配套的基础设施必须适应于"全国性甚至全球性的市场活动"。

林毅夫不赞同新古典经济学将经济增长的焦点放在资源优化配置上，而是根据库兹涅茨的经济增长理论，提出现代经济增长的实质和普遍特征事实是"持续性的技术创新、产业升级、经济多样化和收入增长加速"①。这就意味着发展中国家应该更加关注于产业结构的升级，也就是"经济不断从现有产业向新的、资本密集度更高的产业扩展，从而实现产业多样化和产业升级"。②

实际上发展中国家产业升级的路径有两种：一种是"比较优势违背型"，另一种是"比较优势遵守型"。林毅夫认为在一个竞争的市场经济中，"企业是否具有自生能力就取决于企业是否选择了与整个经济的要素禀赋结构相适合的生产技术"③。这是因为要素价格反映了要素的稀缺程度，因此一个企业在生产时较多地使用该国的丰富要素，则可以降低生产成本，以获得竞争优势。随后，林毅夫又将"自生能力"的概念扩展到同一行业内多种产品的选择以及不同行业的选择上。

这种扩展形成了林毅夫关于发展中国家经济发展战略的论断，他批判了发展中国家的"赶超战略"和"进口替代战略"，认为这种违背比较优势的发展战略削弱了国家的资本积累能力、催生了寻租行为并加剧了居民收入不平等现象④。他认为发展中国家遵循比较优势更有助于该国实现"顺着产业阶梯拾级而上"，因为这种战略更能够保证"资本积累速度高于劳动力增长速度"⑤，从而实现要素禀赋结

---

① 林毅夫：《新结构经济学》，北京大学出版社，2012，第68页。

② 林毅夫：《新结构经济学》，北京大学出版社，2012，第17页。

③ 林毅夫：《发展战略、自生能力与经济收敛》，《经济学》（季刊）2002年第卷第2期。

④ 林毅夫：《发展战略、自生能力与经济收敛》，《经济学》（季刊）2002年第卷第2期。

⑤ Ju, Lin and Wang, 2009.

构与产业结构的升级。

在发展中国家遵循比较优势的发展过程中，林毅夫并没有把政府的行为排除在外，恰恰相反，他认为政府可以做一个“有为政府”。但他同时强调政府的行为应该限制在“提供关于新产业的信息、协调同一产业中不同企业的关联投资、为先驱企业补偿信息外部性，以及通过孵化和鼓励外商直接投资来培育新产业”。另外，由于“软件和硬件的基础设施的改善有助于降低单个企业的交易费用，并为经济的产业发展过程提供便利，因此，政府还必须在改善硬件和软件基础设施方面起到有效的引导作用”。

韦森将林毅夫的新结构经济学概括成“资源禀赋—比较优势—企业自生能力—符合比较优势的产业发展战略——经济发展”[①]的理论框架，并获得了许多发展经济学家的认可，但也遭到许多质疑。在这些质疑中，最大的一个焦点在于“如何甄别一国潜在的比较优势产业”。对此，林毅夫进一步提出“产业甄别与因势利导”的分析框架。

二、产业甄别与因势利导

尽管“市场机制在为基本生产要素估值、提供正确的价格信号和适当的激励机制以使资源达到有效配置这些方面被证明是不可或缺的”[②]，但市场本身的缺陷也是显而易见的，它无法克服协调和外部性问题，因此在这个方面需要借助于政府的行为。问题是发展中国家政府虽然也都有过这样的努力，但大多却是失败的。林毅夫对此的解释是：这些失败的国家“倾向于选择那些过于先进但却与本国比较优势不相匹配的行业”，而成功的国家选择了“一些特定国家的成熟行业，这些特定国家的要素禀赋结构与本国相似，发展水平也未超过本国太多”[③]。这实际上意味着先驱国家为后来者扮演着“经济指南针”的角色。[④]

新结构经济学和旧结构经济学的区别不仅仅在于需要甄别出符合比较优势的

---

① 林毅夫:《新结构经济学》，北京大学出版社，2012，第63页。

② 林毅夫:《新结构经济学》，北京大学出版社，2012，第177页。

③ 林毅夫:《新结构经济学》，北京大学出版社，2012，第178页。

④ 林毅夫:《新结构经济学》，北京大学出版社，2012，第189页。

产业进行干预，而且在干预的目的和干预的方法方面也存在着差异。新结构经济学认为政府干预的目的是“为结构变化提供便利”，方法是“提供信息、补偿外部性以及协调‘硬件’和‘软件’基础设施的改善”①。这就意味着政府不是一个命令型政府，或利用手中掌控的资源直接参与经济活动和市场竞争的政府，而应该是一个能够帮助私人部门利用比较优势的“因势利导型政府”。林毅夫对政府的角色作出了一个生动的比喻，他认为政府应该“充当健康的新兴产业的助产士”，而不是“一个长期在职的保姆”。

为了让上述的思路更具有操作性，林毅夫发展出一套用来指导产业政策设计的基本原则，即增长甄别和因势利导框架的“两部六法”。第一步是确定一国可能具有比较优势的新产业；第二步是消除那些可能阻止这些产业兴起的约束，并创造条件使这些产业成为该国的实际比较优势。

在这个基础上，林毅夫提出了以下六项具体实施办法：

（1）政府提供一份符合本国要素禀赋结构的贸易商品和服务的清单。

（2）在这份清单中，可优先考虑那些国内私人企业已自发进入的产业。

（3）清单上的某些产业可能是全新产业，或是很少从事出口的企业。政府可以鼓励外资进入，还可以设立孵化计划，扶持国内私人企业进入这些新产业。

（4）关注本国其他已经获得成功的私人企业，为这些产业扩大规模提供帮助。

（5）建立工业园区和出口加工区，为新兴产业的成长提供良好的基础设施和商业环境。

（6）给国内先驱企业或外资提供一些激励，如减税或其他优惠政策。②

第三节　对新结构经济学理论的修正

一、新结构经济学假设的局限性

实际上已经有许多学者从不同角度对新结构经济学提出了一些质疑，而林毅

① 林毅夫：《新结构经济学》，北京大学出版社，2012，第 178 页。

② 林毅夫：《新结构经济学》，北京大学出版社，2012，第 194-196 页。

夫也对一部分质疑作出了回应，但在这里并不想将所有质疑纳入到讨论的范畴，而仅仅根据本研究的目的，就其中的一部分假设提出作者的一些思考，并试图对新结构经济学理论进行修正。

新结构经济学的分析进路（“资源禀赋－比较优势－企业自生能力－符合比较优势的产业发展战略——经济发展”）延续着赫克歇尔、俄林的分析传统，即一国通过偏向于生产密集、使用其丰富要素的产品来获得比较优势，也就是一国的要素禀赋结构决定了产品的生产技术投入（表现为要素密集度）。但需要注意到当林毅夫用这一分析传统来研究一国产业结构的演进问题，并导出了产业甄别和因势利导的产业政策指导原则的时候，就意味着林毅夫的理论中隐含着这样一个假设：产业内部要素密集度的差异相对于产业之间要素密集度的差异是可以忽略不计的。显然这一假设与现实有很大的出入。首先，与赫克歇尔、俄林时代不同，今天的生产技术更加多元化，这就使得产业内部的要素密集度的差异可能变得很大，例如纺织业在一些地区可能属于密集使用劳动力的产业，而在另外一些地区则是密集使用资本的产业。其次，因为发展中国家市场的分割，使得差异度很大的各种生产技术可以并存。另外一个很重要的原因是技术的变革已经让现代产业的边界变得越来越模糊，有时候很难证明某一类产品和服务究竟应该划归为哪一个行业。最后，产品内分工的发展、生产迂回程度不断提升，让一个行业变得更加碎片化，产业链上不同环节的要素密集度的差异是非常巨大的。一旦我们将产业内要素密集度的差异引入到新结构经济学的分析框架中，就会发现产业甄别不仅不可能实现，而且也失去了意义。

产业内要素禀赋密集度的异质性特征也会使得林毅夫提出的政府因势利导的政策失去了“导”的意义。林毅夫提出需要对甄别出来的潜在比较优势产业提供更大的便利，并为相关基础设施投资“设立优先等级”[①]。针对这一观点，斯蒂格利茨曾提出质疑，他认为政府应该提供的是具有“普遍效力的政策”，而不是“特定指向的政策”[②]。对此，林毅夫的回应是“基础设施的改善往往是产业专用的”，而在“财政资源和实施能力的限制”条件下，“每一个国家政府都必须设立优先等

---

① 林毅夫：《新结构经济学》，北京大学出版社，2012，第53页。

② 林毅夫：《新结构经济学》，北京大学出版社，2012，第47页。

级，……，这样才能取得成功”。[①]林毅夫的这点回应，笔者完全赞同。但情况似乎要复杂得多，因为产业内部还存在着要素密集度的差异。例如，当一个产业内部既存在着资本密集型企业，又存在着劳动力密集型企业的时候，政府为该产业提供软硬基础设施是否意味着在鼓励符合比较优势的企业发展的同时，也鼓励违背比较优势的企业发展呢？可见，一旦忽视了产业内要素密集的差异，政府因势利导的政策很容易形成部分“误导”。

新结构经济学还隐含着另外一个假设：一个产业的要素密集度是静态的，即技术是不变的。新结构经济学认为先驱国家为后来者扮演着“经济指南针”的角色。发展中国家需要甄别出自身的潜在比较优势产业，而甄别的方法就是借助于发现那些相对发达国家（要素禀赋与自己相接近）长期快速增长的产业。但需要看到那些先驱国家曾经得到快速增长的产业的要素密集度有可能已经发生了变迁。例如，电子机电行业在出现之初是一个资本密集型行业，但随着技术的变迁，这个行业中大部分产品和工序都已经变成了劳动力密集型。因此，这种发展中国家通过“指南针”来确定自身潜在比较优势产业的做法就有了“刻舟求剑”的嫌疑。

新结构经济学的研究指向是用来指导发展中国家经济结构升级的。这套理论隐含着这样一个假设：要素在一国之内可以自由流动，而在国际范围内不能自由流动。因此，在这个理论中，当研究一国的要素禀赋结构的时候，都将该国视为一个整体。但事实上，许多发展中国家的市场是分割的，要素的流动存在着许多摩擦，而且地域经济发展程度差异巨大，尤其是对于一些地域跨度较大的发展中国家。

二、理论上的修正

本书完全认同一国在产业的发展和技术的选择上应遵循比较优势的观点，但本书并不认同将某一种产业用特定的要素密集度加以固化下来，并用来指导产业政策。

但在前面我们谈到由于产业边界正日趋模糊、产业内部要素密集度的异质性

① 林毅夫：《新结构经济学》，北京大学出版社，2012，第53页。

以及要素密集度动态变迁等问题的存在，使得甄别产业既不可取也不可行。因此本书对新结构经济学的理论作出这样的一个修正：发展中国家需要甄别的是符合潜在比较优势的生产技术，而不是符合潜在比较优势的产业。实际上该观点与传统的比较优势理论也是吻合的。比较优势理论认为，一国的比较优势在于密集使用其丰富要素密集度产品。可见这里并不是将要素禀赋结构与产品进行挂钩，而是与生产技术（即密集使用丰富要素的技术）进行挂钩。

甄别技术相较于甄别产业还能获得额外的益处。第一，甄别技术的成本要比甄别产业的成本低得多，这是因为一个产业涉及的环节和部门非常多，但甄别某一项或是某一类经过时间检验过的技术则相对简单。第二，如果犯了错误，也就是当甄别出来的技术或者是产业违背了比较优势时，对某种生产技术的纠错成本显然要比对某一类产业的纠错成本低得多，因为一旦一个产业被建立、鼓励，其所形成的利益集团就会对政府的决策产生较大的影响。第三，任何决策都是人作出的，产业政策的制定者往往会因自己的认知而对某种产业产生特定的偏好，但这种偏好在生产技术的选择上就不会那么明显。因此，甄别技术的过程通常会比甄别产业的过程更加客观。第四，鼓励采用一类技术的风险要比鼓励发展一个行业的风险小，一类技术在不同行业内被使用时，风险是可以分散的，有些部门采用此类技术可能取得成功，有些则可能会失败。但是，政府一旦鼓励某一类行业的发展，则风险是系统性的。

关于要素在一国的范围内无法自由流动的问题，只需要在分析中作技术上的处理就可以。这也就是本书要对新结构经济学作出的第二个修正：要素禀赋结构的分析以经济区为单位。所谓的经济区可以这样来界定：在区域内要素可以实现自由流动，在区域之间要素无法自由流动。经济区也可以根据要素的相对价格为依据进行切割。把要素相对价格接近的地区认定为同一个经济区，而把要素相对价格迥异的地区划归为不同的经济区。从实践上看，这种区分是很有必要的，因为这些区域的要素禀赋结构存在差异，所以政府需要为不同经济区提供不同类型的便利。

现在需要进一步回答的问题是：为什么一国（或是经济区）可能采取违背其比较优势的技术呢？影响企业采用什么样生产技术的主要要素是相对价格的扭曲

和要素的流动性问题。当要素的价格出现扭曲的时候，企业可能会采用密集使用稀缺要素的生产技术，而放弃使用密集使用丰富要素的生产技术。而要素的流动一旦存在障碍就会使得企业调整生产技术变得困难。与产品市场一样，导致上述两个问题出现的原因也是市场失灵和政府错误的激励机制。垄断、信息不对称、外部性问题是导致市场失灵形成的原因。由于垄断力量的存在，会努力地将特定的技术进行内部化，并竭力抑制垄断企业之外新技术的推广和运用。信息不对称时，一方面要素的相对稀缺程度无法得到真实的反应，从而扭曲了要素的相对价格；另外一方面很可能会阻碍要素的自由流动，这样就会导致那些符合比较优势的技术无法得以采用。让一个企业无法补偿自己为获得技术上升级而付出的代价，那么这个企业就会拒绝付出尝试新生产技术的努力，哪怕这个新的生产技术因为符合比较优势已经大大降低了获得的成本。政府的错误激励机制是导致要素相对价格扭曲的重要因素，当一国实施赶超战略的时候，就会对最先进的技术（哪怕这种技术违背了该国的比较优势）的引进加以补助；抑或政府基于保护特定的传统行业，将一项新的生产技术拒之门外。

政府与市场的结合是有必要的。一个有为的政府可以在解决信息不对称、垄断和外部性等方面问题起到一定的作用。另外需要看到，今天行业与行业之间的边界越来越模糊，技术协同创新[①]开始逐渐替代传统各自为政的自主创新模式，这时涉及到多行业的协调和“软、硬”基础设施的配套就离不开政府的作用。然而，政府的行为需要理论上加以“调教”。如林毅夫所认为的那样，违背比较优势的发展战略不仅将浪费资源，甚至会成为经济增长的阻力[②]。其实林毅夫的思路是一致的，他在《后发优势》一文中也曾经提出一国应该采用的技术未必需要是最前沿高端的技术，而是符合该国要素禀赋结构的技术。因此，在如何促使政府给出遵循比较优势的技术激励政策的问题上，有必要参照林毅夫的做法给出一个“技术甄别和因势利导”的框架。

---

① 这里创新的意义是熊彼特式的，也就是不仅仅表现为新技术上的突破，也可以表现为新技术的引进。

② 林毅夫：《“后发优势”与“后发劣势”——与杨小凯教授商榷》，《探讨与争鸣》2002 年第 20 期。

三、"技术甄别与因势利导"框架

林毅夫根据比较优势理论和后发优势理论，提出了一套用来指导产业政策设计的基本原则，这一套原则可以概括成"两步六法"。但如上文所论证的那样，产业甄别既不可行亦不可取，而政府应该转向"技术甄别"。随着目标的变迁，自然指导行动的基本原则也应发生变化。本书将参照林毅夫的做法提出一套用来指导政府技术政策的基本原则①。

第一步是确定特定的经济区（当要素在一国内难以流动而形成要素禀赋结构的差异时，可将一国划分成不同的经济区）可能具有比较优势的生产技术模式。第二步是消除那些可能阻碍该类技术得以采用和推广的障碍。可以进一步分成以下六个步骤：

第一，发展中国家可以确定一份一系列较发达国家（地区）的生产技术清单，这上面较发达国家分别对应于该国不同的经济区，并服从以下条件：要素禀赋与该国不同经济区相似，并且这些国家（地区）的经济保持较快速和稳定的增长。②

第二，在这些技术清单中，政府可以优先考虑已经在部分国内企业中加以运用的技术，并且已经取得一定的成功。

第三，如果清单上的技术目前在发展中国家尚未得到任何采用，可以鼓励发达国家的企业前来投资，并扶持国内部分的先驱企业尝试采用。

第四，针对国内已经发展起来的不在清单上并取得一定成果的一些生产技术，发展中国家政府可以对该项技术的运用给予扶持。

第五，可以通过建立研发基地、产学研联动机制等方式推动技术在空间上的集聚和协同创新。

---

① 这部分内容的思路其实与林毅夫的后发优势那篇文章是相似的，就是一国应该采用符合比较优势的技术，而不是盲目采用高端的技术。

② 林毅夫在产业甄别中的第一步是给出商品和服务清单，并要求这些商品和服务已经在较发达国家生产超过 20 年。但在这里并没有给出 20 年的时间限制，因为技术上的替代速度已经越来越快，20 年前的技术可能已经完全被淘汰，甚至比这些发展中国家所采用的技术还落后。

第六，政府也可以为在第一步确定的技术清单中的国内先驱企业和国外投资者提供激励。

第四节　新结构经济学的应用

一、新结构经济学在我国区域经济发展研究中的运用

学者们运用新结构经济学在区域经济发展领域进行广泛的研究，其中包括河北、陕西、新疆、贵州等地区。

谭林（2014）提出进行产业结构升级对城镇化的促进作用明显，但城镇化对产业结构升级的作用很小。总结先前的文献发现，以新结构经济学为基础指导丝绸之路沿线区域的产业结构升级的相关研究甚少。主要借用实证研究的模式，对丝绸之路经济带的西部五省区域产业自身协调发展情况以及要素资源禀赋结构等进行深入分析。在实证分析部分选择产业结构优化率指标作为解释变量，选择反映城镇化水平的城镇化率（URB）指标作为被解释变量。经过一系列实证分析之后，得出我国西北地区城镇化率提升对产业结构升级的促进作用不明显；从城镇化与工业化协调性看出，西北五省的城镇化滞后于工业化发展水平的程度越发明显，进而得出人均 GDP 与城镇化率/工业化率比值存在显著正相关关系；而西北五省产业结构的不合理伴随着经济发展模式的相对脆弱，发展更易受到外界不良因素的影响。根据上述结果，对西北五省的要素禀赋和比较优势分析，进而得出西部五省的土地、劳动力和自然资源要素具有一定优势。建议该区域发展符合自身资源禀赋的比较优势产业；以资源密集型+技术密集型产业为目标，并依托丝绸之路经济带大力发展循环经济；拓宽融资渠道，加强城市基础设施建设。

刘开华（2014）研究表明，改革开放以来，贵州的经济发展取得了显著的成就，但由于自然条件和历史等原因，贵州的经济发展长期滞后于全国，虽然原因是多方面的，但贵州产业结构矛盾日益突出，成为制约经济健康发展的一个重要影响因素。研究发现，贵州的产业结构与要素禀赋决定的比较优势相背离，导致三次产业非均衡发展、整体发展效率不高、缺乏竞争力，对地区经济可持续发展

极为不利。因此，在当前我国经济转型升级的关键时期，贵州能否抓住机遇、优化产业结构，关系到贵州经济的可持续健康发展。他根据新结构经济学的理论分析框架，按照“要素禀赋决定地区的比较优势，进而决定地区的产业结构，最终决定地区经济发展”的研究思路，对贵州的产业结构存在的问题及产业转型升级进行探讨。首先，通过对贵州的要素禀赋条件进行分析，将贵州的自然资源、资本形成、劳动的数量和质量等生产要素与国内部分省市进行比对，探寻贵州的比较优势。其次探讨贵州产业结构与比较优势的偏离对贵州经济发展的影响，实证研究发现，贵州产业结构与比较优势的偏离对产业发展效率有较为显著的负面影响；同时，产业结构与比较优势的偏离也扩大了产业发展差距和收入差距，工业化成果并未普遍惠及大众；并且产业结构与比较优势的偏离还影响了贵州经济的可持续发展。再次，主要从自然地理条件、市场不完全、经济发展水平、政策制度、技术水平以及民族心理等方面对贵州产业结构偏离比较优势进行分析。最后基于新结构经济学的增长甄别理论，提出贵州产业结构优化的政策建议。

李跃（2014）分析了新疆制造业升级长期滞后、资源依赖型产业比重大，而中高端制造业发展缓慢的原因。通过研究要素禀赋结构与经济发展和产业升级的关系，发现新疆经济发展一直存在产业结构转型与升级慢、资源依赖型产业比重大、基础设施及技术对于经济发展需求的相对落后等问题，主要原因是制造业升级受阻、产业结构发展不合理。新疆长期依赖自身资源禀赋优势，选择优先发展石油等资源依赖型产业，导致产业结构失衡。违背比较优势的发展方式以及忽视自身要素禀赋结构的改善，导致新疆制造业整体竞争力不强，这是新疆边境贸易占总出口比重大、出口对经济拉动作用不明显、只能成为贸易通道的原因。新疆的出口需求吸引国内商品过境新疆，而本地商品由于缺乏竞争力而不能出口需求市场，还有相当份额的疆内消费需求市场被非本地区的制造业厂商占据。同时由于疆内基础设施相对落后，使得新疆内部行业企业面临更多的外部性问题，阻碍企业发展。新疆陷入所谓的制造业升级和产业升级“困境”，面对资源优势，本地加工制造业却发展滞后，即经济学上所谓的“资源诅咒”。新疆科研水平无法满足地区制造业的发展需求，对制造业促进作用不明显，这与科研投入、研究方向以及技术利用效率有关。他认为未来落后地区发展应以市场为主要基础制度，注重自身要素禀赋结构的提升，充分发挥制造业先发带动优势，加大生产性服务业等制造业配套产业扶持力度，增强制造业与配套产业的依存度，同时通过深加工、制造业服务化等延长制造业产业链，提高制造业产品的附加值。对于资源垄断行业应该适当地进行管制，合理增加人力资本、基础设施、科技创新等要素的投入，促使要素禀赋结构升级，以减少经济运行的外部性问题。

金晶（2015）在要素禀赋的视角下，探讨要素禀赋的结构变动与区域经济比较优势的动态变化具有怎样的关联性。并以绍兴为对象进行实证分析，从分析结果发现绍兴的要素禀赋特点如下：一是劳动力要素成本相对较低，将仍然是目前绍兴的相对优势；二是资本的要素积累速度较快，且资本要素对产业发展的作用日趋明显。实证分析说明了绍兴的产业发展和经济比较优势的动态增进与要素禀赋结构的变动是一致的，所以寻求具有比较优势的产业和发挥要素禀赋优势应该是具有一致性的。绍兴的传统产业纺织服装印染仍然是具有比较优势的产业，且这种优势并没有消退。同时，由于资本对比较优势的拉动作用最为有效，所以绍兴近十年来资本密集型的产业发展速度较快，尤其是机电制造和化学纤维制造产业，这两个产业与纺织服装产业也是具有有机联系的。所以在区域层面上对待传统产业的发展，应与地区的要素禀赋的特点相结合，以推进要素禀赋结构的升级使地区的比较优势得到动态的增加。通过提升资本要素的有机构成，拉动劳动力、资本、技术向资本技术密集型乃至信息技术密集型的行业流动，从而助推传统产业的升级、促进新兴产业的发展、优化产业结构。

高天悦（2015）根据对贵州改革开放以后的经济发展情况进行研究，发现贵州受历史因素、自然条件的影响，其经济发展仍落后于全国平均水平，而产业结构矛盾正是制约贵州经济发展的一个重要原因。具体体现在第一产业比重过大，而农业劳动生产效率又较低，第二、第三产业产值虽然增长较快，但其劳动力吸收能力较低，进而造成了三次产业无竞争优势、生产效率不高的局面。在当前社会主义市场经济转型时期，贵州是否能够抓住机遇，调整、优化产业结构，将直接关系到全省经济的可持续发展。新结构经济学指出，产业结构优化应当从比较优势及要素禀赋出发，充分尊重市场的资源配置基础作用，因势利导地为产业结构优化创造良好的硬件及软件环境。其中，一个国家或地区的比较优势是由要素禀赋决定的，若根据比较优势原则进行产业结构调整，将有助于提升产业竞争力，可见一个地区的要素禀赋结构将直接决定其产业结构，而产业结构又与地方经济发展相互影响、相互制约。所以，贵州要提高经济发展水平，就必须不断提升其要素禀赋、不断积累资本，向着发达地区的要素禀赋结构发展，最终实现经济的发展与赶超。通过分析贵州各要素禀赋资源和产业现状，能总结出其在产业方面的比较优势；对产业结构优化的有利及不利条件进行梳理，筛选出主导产业，大力扶持主导产业发展，以实现产业结构调整。与此同时，政府也要给予政策支持，完善市场经济，加强基础设施建设，鼓励科技创新，以引导产业结构优化方向，促进地方经济发展。

庞建国（2016）以“搭桥专案”为例对两岸经济制度化合作提升路径进行了研究，以全球价值链作为主要的分析框架，辅以发展型国家和新结构经济学的观点，梳理出提升两岸经济制度化合作的方法路径。从全球化、市场规模、地理距离、语言文化和社会网络等因素，论证两岸产业合作有着高度的合理性。根据实际推动经验，两岸产业合作虽然有着高度的合理性，并且有一定的方法路径可循，但“搭桥专案”未能达到预期成效。作者认为，其最主要的原因是双方还未能卸下心防、夯实互信基础，特别是台湾方面仍然对于两岸之间的要素流通设下诸多障碍，在制度安排上过于“谨小慎微”，对两岸之间的要素流通采取了较为严格的限制。然而，大陆成为东亚生产网络核心与世界经济领头羊的态势日趋明显，台湾若无法将本身的竞争优势镶嵌进以大陆为核心的供应链或生产网络中，将难以逃避边缘化的命运。只是，经济规律不会因为政治考虑而转弯。在全球化和区域经济一体化的形势中，透过亚洲基础设施投资银行和“一带一路”等等的布建，大陆领导东亚生产网络、联通欧亚大陆、成为世界经济领头羊的态势日趋明显。所以，如何卸除不必要的心理障碍，勇敢地朝向提升两岸经济合作制度化的路径迈进，是台湾方面必须严肃面对的课题。

左健（2016）分析了河北省制造业选择影响及承接对策问题。通过对国内外研究现状及评述，从制造业的选择、制造业转移的描述和制造业转移的原因及影响三个方面展开。通过对比河北省制造业产值增长和就业增长的原因来分析河北省制造业对劳动力的吸纳能力，进而判断河北省制造业的劳动力密集度，从产品和产业角度分析河北省制造业选择现状，认为目前河北省的制造业选择以资本密集型制造业为主，河北省制造业对劳动力的吸纳能力较差，其制造业选择与自身劳动力资源丰富的比较优势背离较大。在此结论基础上，结合新结构经济学理论和新经济地理学工资方程研究，发现河北省背离自身比较优势的制造业选择，抑制了河北省的产业结构升级和工资水平的提高，同时造成河北省难以根治的大气污染问题。最后作者分析了京津制造业转移的趋势及其对河北省经济发展带来的机遇，并为河北省有效承接京津制造业转移、促进本地经济发展提出了政策建议。认为通过加大河北省各城市的经济关联、优化河北省投资环境、完善承接产业平台建设，将提高京津冀协同发展的产业布局合理化和有效承接京津劳动力密集型制造业转移，纠正其制造业选择与自身比较优势的背离，有效促进本地经济发展。合理优化科技资源配置，为产业结构升级提供智力支持；大力发展教育事业，为加速产业结构升级积累人力资源；加强对外开放水平等，促进产业结构升级。通过提高进城务工人员的社会保障水平，促进农村劳动力向城市转移，以推动本地制造业发展，并通过行政法规保证职工工资水平的合理上升。加大就业人员尤其是农民工的培训，以提高其劳动生产率进而提高河北省各城市的工资水平。适度控制甚至禁止河北省高污染的经济活动，确定科学的空气污染物排放指标；实施生态补偿政策，提升生态文明建设水平，健全和完善协同机制的法律法规，以解决环境污染问题。

谢刚（2016）分析了陕西省土地利用结构对经济增长的影响。陕西土地逐渐由第一产业用地和后备产业用地逐步向第二、第三产业用地转移，为第二、第三产业的发展提供空间支持，有效促进了陕西第二、第三产业的发展，进而有效促进了地区经济的增长。陕西土地利用结构变化对经济增长产生显著正向影响，但这种粗放型的经济增长方式是不可持续的。在土地利用结构与产业结构变迁的过程中，由于农业本身的弱质性等原因，导致陕西第一产业土地利用结构与产业结构匹配程度均呈现缓慢的下降趋势；第二、第三产业土地利用结构与产业结构匹配程度均呈现缓慢的上升趋势，且第二、第三产业包括第一产业的土地利用结构与产业结构的匹配程度对经济增长都具有显著的正向作用。根据测算土地利用结构与产业结构匹配程度的指数及陕西农地的非市场价值，结果表明：陕西农地的社会价值和生态服务价值明显高于经济价值；2000—2014年，农地的社会价值、经济价值均呈现出上升趋势，而农地的生态服务价值则呈现逐年缓慢下降趋势。在农地的社会价值中，其社会保障价值呈现缓慢下降趋势，而粮食安全保障价值则以较快的速度逐年上升。基于研究结论，为优化土地利用结构、提升土地资源管理配置效率，进而有效促进地区经济增长，作者认为应该：①严控农地非农化的门槛，将农地资源外部性价值的农地价格核算纳入到绿色GDP核算体系中，为地区生态安全、粮食保障安全、社会稳定提供保障；②增强对第一产业尤其是农业的政策扶持，逐步推进现代化农业建设，增强农业的综合竞争力，进而实现第一产业与第二、第三产业的协调发展；③提高工业用地准入门槛，对第二产业用地进行土地整理，提升第二产业用地效率，同时为第三产业节约发展空间；④为了有效缓解第二、第三产业用地紧张，提升土地利用技术，向后备产业用地（尤其是未利用地）进行土地开发、整理，为第二、第三产业的发展提供空间支持；⑤顺应产业结构的升级、调整，土地由第二产业用地和后备产业用地逐渐向第三产业用地适度转移，为第三产业提供发展空间，实现与经济体产业结构的升级与调整相匹配，服从经济体不同时期的比较优势，实现地区经济的持续稳定增长。

二、新结构经济学在国别经济发展中的运用

林毅夫和新结构经济学团队成员以及其他学者，运用新结构经济学对中国以外国家和地区甚至产业进行了研究。

林毅夫（2013）认为现代经济的发展往往伴随着从农业经济向工业经济的结构转型。18世纪以来，所有成功实现工业化的国家，包括新兴市场国家（如中国、巴西、印度和印度尼西亚）都充分利用了其比较优势与后发优势。目前有这样一种看法：中国在制造业中的主导地位阻碍了贫困国家在类似产业的发展。但林毅夫认为，逐渐高涨的劳动力成本推动中国从发展劳动密集型产业向发展资本密集型和技术密集型产业转型，这将使低技术含量的制造业工作机会转移至其他低收入国家。这一过程就是我们所谓的“领头龙现象”，会为那些低收入国家带来前所未有的机遇。这些低收入国家可以通过吸引来自中国、巴西、印度和印度尼西亚等国不断增长的直接投资来抓住这个机遇。所有的低收入国家都应积极争取从中

国和其他新兴经济体溢出的工作机会，而最后的赢家会是那些实施稳妥可靠并且符合自身比较优势的经济发展战略的国家。

黄梅波（2014）叙述了纵观非洲整体经济，在第一轮及第二轮发展经济学思潮的指导下，非洲的经济走出一条蜿蜒的发展之路。虽然整体上来说一直保持中速增长的良好态势，但是非洲经济发展模式仍然是资源开发和出口需求驱动的单一经济增长模式、投资增长未能拉动经济发展、经济结构不完整等问题已经逐渐成为非洲经济发展的新障碍。如果非洲不能通过转型改变其单一经济结构支撑整体经济发展的情况，那么非洲经济结构增长则是不可持续的。此外，非洲还存在人口素质低下、人力资本不足、国家企业普遍存在资金渴求、基础设施差、交通运输极为不便等问题，这些问题成为了非洲转型过程要面临的问题。新结构经济学认为非洲可以将资源优势转化为比较优势，并逐步将比较优势产业动态升级；FDI 若能流向生产需要大量资源的产业，如非洲的制造业，不仅能创造就业，而且能带来资本积累和技术，促进非洲的产业升级，保障非洲积极的持续稳定发展；非洲政府应该活用财政收入投资“潜力”产业，亦可以缓解就业问题，促进产业升级和结构变迁；发展地方性中小银行，服务非洲企业成长；非洲政府应该制订与经济建设相适应的人力资源发展计划。

孙瑾（2014）基于新结构经济学方法，对世界 215 个国家的要素禀赋结构进行系统分析，用相关指标找到要素禀赋结构相似并且人均 GDP 相差一倍的国家进行研究，筛选出以下几种不同类型的国家地区：第一类为德国、法国、日本、韩国发达国家；第二类为美国与北欧富裕国家；第三类为亚洲劳动密集型国家；第四类为亚洲落后国家。在此基础上，依据出口额列出其主要贸易产品出口的清单。作者认为，升级产业甄别之后，更重要的是发挥政府因势利导的作用，使具有潜在比较优势的产业成为经济的竞争优势产业。通过对以上四大类国家的出口产业甄别和分析，清晰地表明了其他国家的发展道路，其中两组发达国家对我国产业扶持与培养具有“指南针”的作用，另外两组发展中国家对我国企业实行“走出去”战略具有指导作用。

钟飞腾（2015）阐述了“一带一路”倡议下的产能合作的含义与意义，并指出中国产业层面的推进举措将进一步围绕两个方向展开，一个是向外的国际产能合作，另一个是向内的产业创新。产能合作具体而言是把“产业整体输出到不同的国家，同时帮助这些承接国建立完整的工业体系、制造能力”。而在中国实施产能合作的最大问题则是国家和产业的如何进行选择。“一带一路”沿线国家进行产能转移是具有经济理性的，支持的三大理论分别是产品周期理论、投资发展路径理论以及以日本与东亚国家（地区）的产业转移为范本发展而来的“雁行模式”。这三大理论为产业转移国家的选择提供了指引。作者认为林毅夫教授的“两轨六步法”的筛选框架的前三步对于理解中国在“一带一路”沿线进行产业转移的经济理性具有重要参考价值。通过计算获得了“一带一路”沿线国家可以承接中国产业的国家，并通过添加五项参考因素，将可以承接的国家进一步划分为五个等级，选定好国家后考虑工资和就业的因素，进而对产业进行筛选。最后选出可以转移的国家，如约旦、越南、印度尼西亚、菲律宾、孟加拉国、斯里兰卡、印度和埃及等。最终得出由于制造业人均增加值上的显著差距，中国不能按照旧式进行产业转移，而要找到适合自身的发展道路。鉴于西方发达国家在历史上的产业转移曾导致国际政治和国内政治后果，强调要在熊彼特的“创造性毁灭”机制上，摸索属于中国特色的产业转移的“创造性转移”机制，以弥补产业转移产生的两大问题，应理性思考产业转移的国家风险以及与沿线国家的共同发展。

王聪（2015）认为产业结构转型与合作是以互联互通推动丝绸之路经济带建设的重要部分。产业转型合作是丝绸之路经济带的重要建设内容。从中亚各国产业结构演变与现状入手，结合新结构经济学理论框架，探究丝绸之路经济带核心区互联互通、产业转型与合作的可行路径：在产业转型与合作动力方面，要素禀赋升级与比较优势培育是基础，硬性与软性基础设施改善是突破口，科学技术与工业合作是关键；在产业转型与合作方向方面，需要侧重政府在信息提供与外部性补偿的作用，通过提升企业自生能力，将金融发展、技术创新与产业结构调整相结合。丝绸之路经济带的构建与发展是以各地区共同经济利益提升为基础的，产业结构的转型升级与合作能够推动经济结构优化与经济发展，是强化稳固丝绸之路经济带建设的重要内容与核心环节，而丝绸之路经济带核心区的经济发展水平相似且具有一定梯度性，产业间合作既有必要性也有可行性。丝绸之路经济带核心区各成员相似的资源禀赋与良好的技术适用性，使其在基础设施领域、能源资源领域与轻工领域的互补性都较为显著。各国各地区经济发展与产业转型合作关系的拓展，需要以本地区要素资源禀赋为基础，利用相互间已有的产业互补性，在开放的竞争性市场中形成比较优势，并转化为竞争优势，才能够以最小成本、最大利润推动并加速产业结构的转型。当前中国与中亚各国产业合作主要集中于能源、资源与农产品等相对低附加值领域，虽然合作产业较为单一，但具有要素禀赋决定的比较优势。基础设施能够影响市场交易费用与投资边际回报率，对企业生存能力至关重要，其主要供给方为政府。因而政府制定相关法规政策及其监管执行的能力、提供基础设施的成本与效率等，是丝绸之路经济带产业转型与合作的突破口。总之，丝绸之路经济带的发展需要以沿线各国，各地区产业转型与协同合作为基本内容，新结构经济学理论框架为理解并构建这一机制提供了新的视角，在当地经济向新常态过渡过程中，需要丝绸之路经济带核心地区产业转型与合作，以进一步释放成改革红利、培育可持续竞争力。

Sarah Hager（2017）运用 GIFF 分析框架研究尼泊尔经济发展。尼泊尔经济存在制造业增长缓慢、制造业增加值占低、GDP 增长落后于南亚其他国家的问题。若要发展尼泊尔经济，则要发展其潜在优势加入全球供应链。作者主要围绕尼泊尔可以承接哪里的产业、尼泊尔应该选择哪些产业、尼泊尔的约束条件以及尼泊尔如何通过经济特区来缓解现有的困境四个问题展开。简单介绍了 GIFF 模型的方法，并按照人均 GDP 为尼泊尔 1～3 倍、GDP 增长率持续 20 年在 5%～9%之间以及具有相似的要素禀赋的要求寻找到尼泊尔适合承接的国家分别是中国、印度、越南。再对中国、印度、越南三国与尼泊尔的政治和投资关系进行分析，得出中国是最适合尼泊尔承接的国家。通过增长甄别模型寻找尼泊尔的优势产业，发现尼泊尔的鞋业具有与世界产业链对接的实力。通过约束甄别判断了制约尼泊尔经济发展的因素为能源供给（特别是电力）、交通运输设施不足以支持尼泊尔经济发展以及劳动力问题。作者认为尼泊尔政府可以通过经济特区这一特殊方式，解决供电、交通和劳动力问题，并提出了政策建议。GIFF 模型可以很快地帮一个国家确定其具有的优势在哪里、应该去承接哪些国家、应该去承接哪些产业以及对约束因素的甄别。通过 GIFF 模型的应用，为尼泊尔政府提出了经济特区的解决方法，可以快速帮助尼泊尔进行经济的产业结构升级。

赵邱运、赵磊（2017）指出中国政府提出“一带一路”倡仪，正值全球经济增长低迷、中国产能过剩之时。加强“一带一路”建设，一方面，可以促进中国产业的升级和优化，另一方面可以促进沿线国家的共同发展。一个国家或者地区要持续健康地发展，必须选择合适的产业结构、技术结构，而这两者则由其比较优势所决定。只有与其比较优势相符时，产业结构和技术结构才最适合这一国家或地区，才能最大限度地促进发展。采用新结构经济学理论，分析承接产业转移的对象国以及转出产业的选择。以中国整体作为产业转出国，选择合适的产业转移承接国，中国的人均收入需要为承接国的 1～3 倍。在选定对象国之后，我们需要确定合适的转移出产业。这就需要考虑转入国与中国的比较优势，对于劳动密集型、低技术产业而言，可以用把工资和就业作为衡量比较优势的主要指标。根据新结构经济学关于产业转移的理论分析，转出国筛选出“一带一路”沿线承接产业转移的对象国。以中国整体作为产业转出对象，共有 21 个国家可以作为合适的承接产业转移的对象国；假如以中国各省市区作为产业转出对象，共有 50 个合适的承接产业转移的对象国。同时，根据新结构经济学对比较优势的阐述，通过比较“一带一路”沿线国与中国中低技术产业的人均工资，筛选适合转出的产业，发现较适于转移出的产业主要包括食品与饮料、服装、纺织品、非金属矿物、基本金属、金属制品等产业。

林毅夫、王燕（2017）认为世界经济需要一种增长提升策略，基础设施融资似乎是其中的解决之道。根据新结构经济学对长期导向和短期导向的资本异质性展开讨论。在其文章中，作者认为可将长期导向视为一种特殊的禀赋，在某些情况下可变成“耐心资本 的比较优势。“打包”公共基础设施和私人服务的能力，是海外合作获得成功的关键体制因素之一。在任何特定时间，一个国家的禀赋相对丰度都不相同，且会随着时间的推移而变化。此外，基础设施是任何特定时间的第四种禀赋，且会随着时间的推移而变化。这一框架意味着在任何特定时间，一个国家的要素禀赋结构（这个国家所拥有要素的相对丰度）决定着相对要素价格和最优产业结构。因此，一个国家的禀赋结构便是其最优产业结构的内生决定因素，而最优产业结构能够赋予这个国家最大的竞争力。长期导向被广泛视为人力和物力资本形成、技术进步与经济增长的一个重要影响因素。拥有短期导向的贫穷国家通常极少甚至不会收获经济发展，而长期导向型国家会继续发展下去。对于一个国家，个人的长期导向平均水平在经济学科中被公认为衡量这个国家时间偏好率的有效指标。资本有很多不同的分类方式，就基础设施融资而言，关键是要区分“耐心资本”和“非耐心资本”。我们根据一个国家或地区的长期导向以及银行和金融机构投资者的发展，提出了“耐心资本”和“非耐心资本”的概念。我们将“耐心资本”大致定义为投资于一种“关系”的资本，其中的投资方愿意看到被投资方在未来获得发展，从而获得可观的回报。我们探讨了“耐心资本”在基础设施融资方面的作用，这个新课题值得今后作出进一步的研究，特别是在具体衡量指标方面。我们在努力说明这样一点：具有长期导向的成功国家能将自己的“耐心资本”潜在比较优势转化成显性比较优势，对基础设施和制造领域的海外投资不断增加，超过了流入，便是很好的证据。

第二章 新结构经济学视角下我国区域经济增长与产业转型升级

第一节 我国区域经济增长与产业结构变迁

一、中国各地区经济发展

（一）生产总值

我国东、中、西部地区划分如表 2-1 所列。我国各个地区经济发展不平衡，以生产总值为视角，如表 2-2 所列。2016 年生产总值排名前 10 的省份分别为广东、江苏省、山东、浙江、河南、四川、湖北、河北、湖南、福建。其中，排名前三的省份广东、江苏和山东的生产总值较高，占全国生产总值的近 30%，排名第十的福建的生产总值占比仅达到 3.7%。东、中、西部经济发展的差异明显，排名前 10 的地区中，6 个省份属于东部地区，3 个省份属于中部地区，仅四川一个省份属于西部地区。2016 年生产总值排名后 10 的地区为西藏、青海、宁夏、海南、甘肃、新疆、贵州、山西、吉林、云南，多数属于西部地区。东部地区 12 个省、自治区和直辖市的生产总值占全国比重高达 58%；中部 9 个省和自治区生产总值占比 27%；西部地区 10 个省、自治区和直辖市生产总值占比仅为 15%。东部地区在经济体量上占据绝对优势，但与 2007 年相比，东部地区经济总量占全国的百分比为 61.13%，中部地区为 25.66%，西部地区为 13.20%，说明近十年来东部地区的经济增速不及中、西部地区。

表 2-1　我国东、中、西部地区划分

地区	省、自治区或直辖市
东部地区 （12 个省、自治区、直辖市）	北京、天津、河北、辽宁、上海、江苏、浙江、福建、山东、广东、广西、海南
中部地区 （9 个省、自治区）	山西、内蒙古、吉林、黑龙江、安徽、江西、河南、湖北、湖南
西部地区 （10 个省、自治区、直辖市）	四川、重庆、贵州、云南、西藏、陕西、甘肃、宁夏、青海、新疆

表 2-2　中国各地区生产总值（单位：亿元）

地区	2016 年	2015 年	2014 年
广东省	80854.91	72812.55	67809.85
江苏省	77388.28	70116.38	65088.32
山东省	68024.49	63002.33	59426.59
浙江省	47251.36	42886.49	40173.03
河南省	40471.79	37002.16	34938.24
四川省	32934.54	30053.1	28536.66
湖北省	32665.38	29550.19	27379.22
河北省	32070.45	29806.11	29421.15
湖南省	31551.37	28902.21	27037.32
福建省	28810.58	25979.82	24055.76
上海市	28178.65	25123.45	23567.7
北京市	25669.13	23014.59	21330.83
安徽省	24407.62	22005.63	20848.75
辽宁省	22246.9	28669.02	28626.58
陕西省	19399.59	18021.86	17689.94
江西省	18499	16723.78	15714.63
广西壮族自治区	18317.64	16803.12	15672.89

续表

地区	2016 年	2015 年	2014 年
内蒙古自治区	18128.1	17831.51	17770.19
天津市	17885.39	16538.19	15726.93
重庆市	17740.59	15717.27	14262.6
黑龙江省	15386.09	15083.67	15039.38
云南省	14788.42	13619.17	12814.59
吉林省	14776.8	14063.13	13803.14
山西省	13050.41	12766.49	12761.49
贵州省	11776.73	10502.56	9266.39
新疆维吾尔自治区	9649.7	9324.8	9273.46
甘肃省	7200.37	6790.32	6836.82
海南省	4053.2	3702.76	3500.72
宁夏回族自治区	3168.59	2911.77	2752.1
青海省	2572.49	2417.05	2303.32
西藏自治区	1151.41	1026.39	920.83

数据来源：中国国家统计局 http://www.stats.gov.cn/

（二）经济增速

2016 年，全国 31 个省、自治区、直辖市中，除辽宁省以外都实现了增长，但区域间的经济发展情况有较为明显的差异。如表 2-3 所列，GDP 增速排名前十的地区有重庆市、贵州省、西藏自治区、天津市、江西省、云南省、福建省、河南省和湖北省。这十个地区的经济增长均在 8%以上，其中排名前三的重庆市、贵州省、西藏自治区的经济增速超过 10%。西部地区经济增速排名进入前十的有 4 个省份，且包揽了前 3 名，其中重庆市增速高达 10.7%。中部地区有 4 个省份进入前十，江西省以 9%的经济增速位列中部地区首位。东部地区仅有经济增速为 9.1%的天津市和经济增速为 8.4%的福建省上榜。2016 年，西部地区的经济增速最快，10 个省、自治区和直辖市的 GDP 增长率为 9.06%。东部地区 12 个省、自治区和直辖市的

GDP 增长率为 7.72%，中部 9 个省和自治区的 GDP 增长率为 7.74%。

近三年，GDP 增长率排名前十的地区比较稳定，70%的地区与其他地区相比保持较快速度的增长。2014—2016 年，重庆、西藏、贵州、天津、福建、江西、湖北始终位列前十，而重庆、贵州和西藏的 GDP 增速一直稳居全国前三。回溯近五年的数据可发现，引领全国经济增长的地区有较大的改变，仅天津、贵州和重庆三地始终保持在前十，云南在五年中有四年进入前十，其他地区都仅保持 1～3 年的阶段性高增长。与东部和中部地区相比，西部地区上榜的省份和直辖市较多，总体经济增长也较快。回顾近十年的经济增长历史，仅有天津和重庆两地始终保持在前十。虽然经济增速较快的地区在近十年不断变化，但较为明显的趋势是，东部地区的城市逐渐退出高增长行列，中、西部地区发展逐步加快。2007—2012 年，中部地区城市进入前十又逐渐退出，与此同时，西部地区城市加快发展速度，2012 年和 2013 年，全国经济增速最快的省份和直辖市中，西部地区占 80%。2014 年以后，中部地区逐步兴起，部分省份重回前十。

表 2-3　中国各地 GDP 增长率

地区	2016 年/%	与全国 GDP 增长率的差距/%	2015 年/%
重庆市	10.7	4	11
贵州省	10.5	3.8	10.7
西藏自治区	10.1	3.4	11
天津市	9.1	2.4	9.3
江西省	9	2.3	9.1
云南省	8.7	2	8.7
安徽省	8.7	2	8.7
福建省	8.4	1.7	9
湖北省	8.1	1.4	8.9
宁夏回族自治区	8.1	1.4	8
河南省	8.1	1.4	8.3
青海省	8	1.3	8.2

续表

地区	2016 年/%	与全国 GDP 增长率的差距/%	2015 年/%
湖南省	8	1.3	8.5
四川省	7.8	1.1	7.9
江苏省	7.8	1.1	8.5
陕西省	7.6	0.9	7.9
甘肃省	7.6	0.9	8.1
新疆维吾尔自治区	7.6	0.9	8.8
山东省	7.6	0.9	8
浙江省	7.6	0.9	8
海南省	7.5	0.8	7.8
广东省	7.5	0.8	8
广西壮族自治区	7.3	0.6	8.1
内蒙古自治区	7.2	0.5	7.7
吉林省	6.9	0.2	6.3
上海市	6.9	0.2	6.9
河北省	6.8	0.1	6.8
北京市	6.8	0.1	6.9
黑龙江省	6.1	-0.6	5.7
山西省	4.5	-2.2	3.1
辽宁省	-2.5	-9.2	3

数据来源：中国国家统计局 http://www.stats.gov.cn/

纵观近十年以来中国各地区的经济发展情况，随着我国经济增长方式的改变，GDP 增速总体回落。如表 2-4 所列，其中 GDP 增速下降幅度最大的 10 个地区是辽宁省、内蒙古自治区、山西省、吉林省、上海市、海南省、陕西省、广西壮族自治区、北京市和广东省。辽宁省 GDP 年增长率降幅最大，从 2007 年的 15%下降到 2016 年的-2.5%。近十年来，与中、西部地区相比，东部地区的某些省、自治区和直辖市的经济增速下降最为明显，降幅最大的10个地区中有6个属于东部。相比之下，GDP降幅最小的10个省、自治区和直辖市均属于中部和西部，其中西部地区占80%。

表2-4 中国各地区10年来GDP增长率的变化

GDP增长率降幅最大地区	所属区域	10年来GDP增长率下降/%	GDP增长率降幅最小地区	所属区域	10年来GDP增长率下降/%
辽宁省	东部	17.5	安徽省	中部	5.5
内蒙古自治区	中部	12	青海省	西部	5.5
山西省	中部	11.4	重庆市	西部	5.2
吉林省	中部	9.2	甘肃省	西部	4.7
上海市	东部	8.3	宁夏回族自治区	西部	4.6
海南省	东部	8.3	新疆维吾尔自治区	西部	4.6
陕西省	西部	8.2	贵州省	西部	4.3
广西壮族自治区	东部	7.8	江西省	中部	4.2
北京市	东部	7.7	西藏自治区	西部	3.9
广东省	东部	7.4	云南省	西部	3.5

（三）人均GDP

如表2-5所列，2016年人均GDP排名前十的地区是北京市、上海市、天津市、江苏省、福建省、广东省、内蒙古自治区、山东省、重庆市。2016年人均GDP排名后十位的地区是甘肃省、云南省、贵州省、西藏自治区、山西省、广西壮族自治区、安徽省、江西省、四川省、河南省。北京市位居榜首，人均年收入达到11.8万元，排名第十的重庆市达到5.8万元。近十年来，虽然各地经济增速不同，但东部地区人均收入依然明显高于中、西部地区。在全国人均GDP排名中，十年之内占据前十位的省、自治区和直辖市中，除了内蒙古自治区之外均属于东部地区，而且非常稳定。辽宁省由于经济增速下滑最快，退出了前十，2016年属于西部地区的重庆首次进入了前十，位列第十名。

表 2-5 中国各地区人均 GDP（元）

地区	2016 年	2015 年	2014 年
北京市	118198	106497	99995
上海市	116562	103796	97370
天津市	115053	107960	105231
江苏省	96887	87995	81874
浙江省	84916	77644	73002
福建省	74707	67966	63472
广东省	74016	67503	63469
内蒙古自治区	72064	71101	71046
山东省	68733	64168	60879
重庆市	58502	52321	47850
湖北省	55665	50654	47145
吉林省	53868	51086	50160
陕西省	51015	47626	46929
辽宁省	50791	65354	65201
宁夏回族自治区	47194	43805	41834
湖南省	46382	42754	40271
海南省	44347	40818	38924
青海省	43531	41252	39671
河北省	43062	40255	39984
河南省	42575	39123	37072
新疆维吾尔自治区	40564	40036	40648
黑龙江省	40432	39462	39226
江西省	40400	36724	34674
四川省	40003	36775	35128
安徽省	39561	35997	34425

续表

地区	2016 年	2015 年	2014 年
广西壮族自治区	38027	35190	33090
山西省	35532	34919	35070
西藏自治区	35184	31999	29252
贵州省	33246	29847	26437
云南省	31093	28806	27264
甘肃省	27643	26165	26433

数据来源：中国国家统计局 http://www.stats.gov.cn/

二、中国各地区经济结构变迁

（一）各地区三大产业产值

如表 2-6 所列，2016 年全国三大产业的总产值分别为 28607.55 亿元、138898.30 亿元、112232.00 亿元。由于我国经济体量最大的省份广东、山东、江苏、浙江都属于东部地区，因此东部地区在第一产业、第二产业和第三产业产值方面相比中、西部地区更具备优势。但是，东部地区在三大产业的优势明显不同。第三产业产值最大的前六个地区均属于东部地区，中部地区的河南、湖南和湖北产值相对较大，西部地区仅四川位居第七，因此东部地区在第三产业的优势最为明显。第二产业产值最大的前四个地区属于东部地区，属于中部地区的河南排名第五，湖北和湖南分列第七和第十。因此，从总产值的角度而言，东部地区在第二产业方面的优势不及第三产业。东部地区在第一产业的优势更不显著，山东、江苏、广东分别位列第一、第三和第五。中部地区的河南和西部地区的四川分别位列第二和第四，除此之外，中部地区的湖北、湖南、黑龙江也位列前十。因此，在以省、自治区和直辖市为测度范围时，无论是第一、第二还是第三产业，东部拥有较大的产值量的地区均多于中、西部，尤其是第三产业，半数以上体量最大的地区均为东部省份和直辖市。

表 2-6 2016 年三大产业产值前十地区

排名	地区	第一产业产值/亿元	地区	第二产业产值/亿元	地区	第三产业产值/亿元
1	山东省	4929.13	广东省	35109.66	广东省	42050.88
2	河南省	4286.21	江苏省	34619.5	江苏省	38691.6
3	江苏省	4077.18	山东省	31343.67	山东省	31751.69
4	四川省	3929.33	浙江省	21194.61	浙江省	24091.57
5	广东省	3694.37	河南省	19275.82	北京市	20594.9
6	湖北省	3659.33	河北省	15256.93	上海市	19662.9
7	湖南省	3578.37	湖北省	14654.38	河南省	16909.76
8	河北省	3492.81	福建省	14093.47	四川省	15556.29
9	广西	2796.8	四川省	13448.92	湖南省	14631.83
10	黑龙江省	2670.46	湖南省	13341.17	湖北省	14351.67

数据来源：中国国家统计局 http://www.stats.gov.cn/

（二）各地区三大产业增加值占比

如表 2-7 所列，2016 年，中国三大产业结构中第一产业增加值占比为 8.6%，第二产业增加值占比为 39.9%，第三产业增加值占比为 51.6%。自 2007 年起，三大产业中，规模最大的第二产业增加值占比逐渐下降，与此同时，第三产业增加值占比增加。2012 年第二产业和第三产业占比均为 45.3%，2013 年后第三产业加速发展，逐渐超过第二产业，2015 年第三产业增加值占比超过 50%。第一产业增加值略有下降，从 2007 年的 10.3%下降为 2016 年的 8.6%。

表 2-7 中国三大产业增加值占比

年份	第一产业增加值/%	第二产业增加值/%	第三产业增加值/%
2016 年	8.6	39.9	51.6
2015 年	8.8	40.9	50.2
2014 年	9.1	43.1	47.8
2013 年	9.3	44	46.7

续表

年份	第一产业增加值/%	第二产业增加值/%	第三产业增加值/%
2012 年	9.4	45.3	45.3
2011 年	9.4	46.4	44.2
2010 年	9.5	46.4	44.1
2009 年	9.8	45.9	44.3
2008 年	10.3	46.9	42.8
2007 年	10.3	46.9	42.9

数据来源：中国国家统计局 http://www.stats.gov.cn/

从三大产业的角度观察东部、中部和西部地区的经济结构，发现近十年第一产业和第二产业增加值占比减少，同时第三产业占比增加的趋势与全国相同。如表 2-8 和表 2-9 所列，2007 年至今，东部、中部、西部三大地区的第一产业增加值占比分别下降 2.06%、3%和 2.66%，第二产业的增加值占比分别下降 7.35%、5.78%和 3.52%，第三产业的增加值占比分别增加 9.61%、8.78%和 6.2%。与中、西部地区相比，东部地区经济结构的变化趋势更为明显，逐渐从第二产业退出，大量增加的是第三产业的产出。

表 2-8　2007 年中国东部、中部、西部地区三大产业增加值占比

地区	第一产业增加值占比/%	第二产业增加值占比/%	第三产业增加值占比/%
东部地区（12）	9.63	46.98	43.38
中部地区（9）	13.72	49.41	36.87
西部地区（10）	14.22	45.32	40.45

数据来源：中国国家统计局 http://www.stats.gov.cn/

表 2-9　2016 年中国东部、中部、西部地区三大产业增加值占比

地区	第一产业增加值占比/%	第二产业增加值占比/%	第三产业增加值占比/%
东部地区（12）	7.57	39.43	52.99
中部地区（9）	10.72	43.63	45.65
西部地区（10）	11.56	41.80	46.65

数据来源：中国国家统计局 http://www.stats.gov.cn/

如表 2-10 和表 2-11 所列，从第一、第二、第三产业的视角观察东、中、西部地区占比，第一产业在中国的区域布局基本没有发生改变，东部地区略有下降，西部地区略有增加，中部地区完全相同。第二产业的空间分布格局呈现较为明显的改变，东部地区占比下降 5%，同时中部地区上升 2%，西部地区上升 3%。说明经过十年的发展，东部地区制造业有向中西部地区转移的趋势。第三产业的空间分布格局略有变化，东部地区占比下降 3%，中部地区上升 1%，西部地区上升 2%，说明中、西部地区第三产业发展速度超越东部地区。因此，近十年，东部地区三大产业发展增较慢，而中、西部地区的第二产业和第三产业的增长趋势明显。

表 2-10　2007 年三大产业东部、中部、西部占比

地区	第一产业占比/%	第二产业占比/%	第三产业占比/%
东部地区（12）	45	62	64
中部地区（9）	35	26	23
西部地区（10）	20	12	13
总值	100	100	100

数据来源：中国国家统计局 http://www.stats.gov.cn/

表 2-11　2016 年三大产业东部、中部、西部占比

地区	第一产业占比/%	第二产业占比/%	第三产业占比/%
东部地区（12）	42	57	61
中部地区（9）	35	28	24
西部地区（10）	22	15	15
总值	100	100	100

数据来源：中国国家统计局 http://www.stats.gov.cn/

从第一、第二、第三产业的视角对各省、自治区和直辖市的经济结构进行观察，通过 2007 年和 2016 年的数据对照，发现部分地区的经济结构有较为明显的改变。

如表 2-12 和表 2-13 所列，与全国其他地区相比，黑龙江第一产业占经济总量的比重排名大幅上升，归因于其第一产业增加值比重从 2007 年的 12.98%上升至 17.36%，同期全国其他地区第一产业增加值占比均有不同程度地下降。第一产业增加值占比进入全国前十的地区中，除黑龙江以外，贵州第一产业增加值占比略有上升，为 0.2%，其余地区均为下降。例如甘肃，近十年下降幅度较小，因此与其他地区相比，第一产业占经济的比重排名上升了。

表 2-12　2016 年三大产业增加值占比前十地区

地区	第一产业增加值/%	地区	第二产业增加值/%	地区	第三产业增加值/%
海南省	23.40	陕西省	48.92	北京市	80.23
黑龙江省	17.36	福建省	48.92	上海市	69.78
新疆维吾尔自治区	17.09	青海省	48.59	天津市	56.44
贵州省	15.68	安徽省	48.43	山西省	55.45
广西壮族自治区	15.27	江西省	47.73	海南省	54.25
云南省	14.84	河南省	47.63	黑龙江省	54.04
甘肃省	13.66	河北省	47.57	西藏自治区	52.67
四川省	11.93	吉林省	47.41	广东省	52.01
湖南省	11.34	内蒙古自治区	47.18	辽宁省	51.55
湖北省	11.20	宁夏回族自治区	46.97	甘肃省	51.41

数据来源：中国国家统计局 http://www.stats.gov.cn/

表 2-13　2007 年三大产业增加值占比前十地区

地区	第一产业增加值/%	地区	第二产业增加值/%	地区	第三产业增加值/%
海南省	28.79	山西省	57.34	北京市	73.49
广西壮族自治区	21.32	山东省	56.82	西藏自治区	55.08
四川省	19.24	江苏省	55.62	上海市	54.60

续表

地区	第一产业增加值/%	地区	第二产业增加值/%	地区	第三产业增加值/%
新疆维吾尔自治区	17.85	河南省	55.17	贵州省	45.52
云南省	17.55	天津市	55.07	广东省	44.30
湖南省	17.23	浙江省	54.15	天津市	42.84
安徽省	16.30	河北省	52.93	海南省	42.17
西藏自治区	16.08	青海省	52.55	湖北省	40.85
江西省	15.62	黑龙江省	52.02	福建省	40.76
贵州省	15.48	陕西省	51.87	湖南省	40.63

数据来源：中国国家统计局 http://www.stats.gov.cn/

第二产业发展方面，2007 年增加值占比较大的地区中一半属于东部地区的省份，但 2016 年隶属东部地区的省份仅剩 3 个，同时中部地区第二产业占比较大的省份数量明显增加。近十年来以第二产业作为优势产业的省份中 70%都发生了改变。山西省第二产业增加值占比从 2007 年的 57.34%下降到 2016 年的 38.54%，下降近 20 个百分点，山东、江苏、浙江、天津均下降了近 10 个百分点。黑龙江第二产业下降了近 30 个百分点，同时大力发展了第一产业。福建省保持了第二产业方面的发展优势，第二产业增加值占比从 2007 年的 48.40%到 2016 年的 48.92%，几乎没有改变。同期其他地区第二产业增加值占比下降，因此，福建省从 2007 年的 18 名上升至 2016 年的第二名。与 2007 年相比，2016 年才进入前十的安徽、江西、吉林、内蒙、宁夏中，属于中部地区的有 4 个省份。

第三产业占经济总量份额较大的地区中，2016 年的新增省份有山西、黑龙江、辽宁和甘肃，其中辽宁和甘肃第三产业增加值占比上升近 10 个百分点，山西和黑龙江则上升了近 20 个百分点。与第一、第二产业增加值占比变化的地区进行比对，黑龙江优势产业从第二产业转移至第一和第三产业；辽宁和山西近十年以来经济增长乏力，第三产业占比的增加是源于其第二产业及其优势制造业的萎缩。湖北的第三产业下降，同时第一产业占比增加。

以第一、第二、第三产业增加值占比的变化为视角，观测近十年各地区产业结构的变迁。如表 2-14 所列，黑龙江、陕西、贵州等地区，第一产业占 GDP 的比重上升最多，其中黑龙江第一产业增加值占比上升 4.47 个百分点，大幅度超过全国所有其他地区。西藏、广西和安徽是全国第二产业增加值占比提升最多的地区，安徽、吉林、湖北和湖南是第二产业增加值上升较多的地区，且均属于中部地区。第三产业占比增加最多的地区有黑龙江、江西和上海，东部地区的多个地市第三产业占比增加较多。

表 2-14 第一产业、第二产业、第三产业增加值占比上升幅度最大的地区

地区	第一产业增加值占比/%	地区	第二产业增加值占比/%	地区	第三产业增加值占比/%
黑龙江省	4.47	西藏自治区	8.43	黑龙江省	18.95
山西省	0.84	广西壮族自治区	3.52	山西省	17.97
贵州省	0.20	安徽省	2.64	上海市	15.18
辽宁省	-0.38	贵州省	0.65	天津市	13.60
上海市	-0.43	吉林省	0.56	山东省	13.24
北京市	-0.52	福建省	0.52	甘肃省	13.05
甘肃省	-0.68	湖北省	0.47	江苏省	12.60
新疆维吾尔自治区	-0.76	湖南省	0.15	海南省	12.08
广东省	-0.77	宁夏回族自治区	-2.53	河南省	11.73
天津市	-0.87	内蒙古自治区	-2.54	辽宁省	11.36

数据来源：中国国家统计局 http://www.stats.gov.cn/

近十年，最快退出第一产业的地区包括四川、广西和西藏，中部地区省份退出第一产业的比例最大。第二产业增加值占比减少最多是黑龙江、山西和上海，东部地区退出第二产业的趋势明显。全国仅有西藏和贵州的第三产业占 GDP 比重下降，其余地区均为上升，上升幅度最小地区为福建、广西和湖北，如表 2-15 所列。

表 2-15 第一产业、第二产业、第三产业增加值占比下降幅度最大的地区

地区	第一产业增加值占比/%	地区	第二产业增加值占比/%	地区	第三产业增加值占比/%
四川省	-7.31	黑龙江省	-23.42	西藏自治区	-2.41
广西壮族自治区	-6.05	山西省	-18.81	贵州省	-0.85
西藏自治区	-6.02	上海市	-14.76	福建省	2.12
湖南省	-5.89	天津市	-12.73	广西壮族自治区	2.53
安徽省	-5.78	甘肃省	-12.38	湖北省	3.09
海南省	-5.39	辽宁省	-10.97	安徽省	3.15
江西省	-5.32	江苏省	-10.88	吉林省	4.13
吉林省	-4.69	山东省	-10.75	陕西省	4.51
河南省	-4.18	浙江省	-9.29	内蒙古自治区	5.37
湖北省	-3.56	新疆维吾尔自治区	-8.97	宁夏回族自治区	5.56

数据来源：中国国家统计局 http://www.stats.gov.cn/

第二节 新结构经济学视角下浙江经济发展与产业转型升级

一、浙江省的经济发展概况

近十年来，浙江省的 GDP 呈逐年上升趋势，从 2007 年的 1.87 万亿增长至 2016 年的 4.73 万亿，如图 2-1 所示。如表 2-16 所列，与全国 GDP 增速逐渐下降的趋势相同，浙江省 GDP 增速从 2007 年的 14.7%下降至 2016 年的 7.6%。GDP 增速在全国 31 个省、自治区和直辖市中排名较为靠后，除了 2007 年进入前 20 之外，2008 年至今仅有 2015 年排名第 19 位，其余多数年份排名在 27～29 名，2014 年后排名有所上升。近十年来浙江省的人均 GDP 高于全国水平，2016 年浙江省人均 GDP 是全国平均水平的 1.6 倍，如图 2-2 所示。浙江省人均 GDP 在全国排名第四到第六之间，2013 年直接排名稳定在第五，如表 2-17 所列。

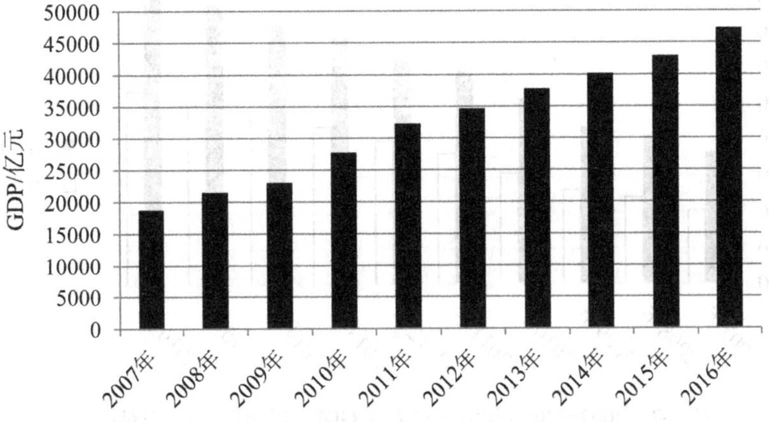

图 2-1　2007—2016 年浙江省 GDP

数据来源：国家统计局 http://data.stats.gov.cn/index.htm

表 2-16　2007—2016 年浙江省 GDP 增长率与全国对比

年份	浙江省 GDP 增长率/%	增长率全国排名
2007	14.7	16
2008	10.1	28
2009	8.9	28
2010	11.9	27
2011	9	29
2012	8	29
2013	8.2	27
2014	7.6	24
2015	9	19
2016	7.6	20

数据来源：国家统计局 http://data.stats.gov.cn/index.htm

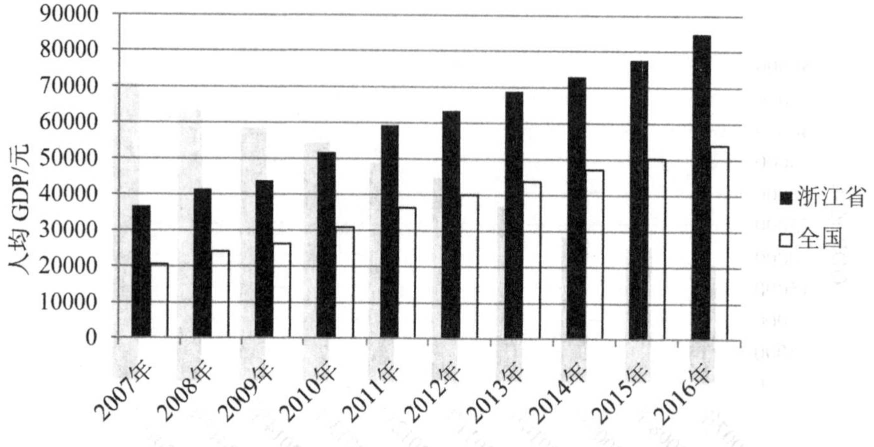

图 2-2　2007－2016 年浙江省人均 GDP 与全国平均水平对比

数据来源：国家统计局 http://data.stats.gov.cn/index.htm

表 2-17　2007－2016 年浙江省人均 GDP 在全国的排名

年份	浙江省人均 GDP/元	排名
2007	36676	4
2008	41405	4
2009	43842	5
2010	51711	5
2011	59249	5
2012	63374	6
2013	84916	5
2014	77644	5
2015	73002	5
2016	68805	5

数据来源：国家统计局 http://data.stats.gov.cn/index.htm

二、浙江省的产业结构

（一）浙江省三大产业结构

浙江省作为我国经济最为发达的省份之一，在经济发展的同时，其产业结构也经历了很大的变化。从图 2-3 中可以明显看出，浙江省第二、第三产业对 GDP 的贡献较大，近十年来，浙江省第一产业占 GDP 的比重变化不大，但浙江省的农业占比在不断减少；第二产业占 GDP 的比重呈逐渐下滑趋势，从 2007 年的 54.1% 下降为 2016 年的 44.8%，第二产业的增长率也在急速下降，近十年降低了 9.9 个百分点；第三产业占 GDP 的比重保持不断上升的趋势，近十年内从 2007 年的 40% 上升至 2016 年的 51%。由此可见，浙江省的第二产业在不断退出，而第三产业渐渐成了浙江省新的主导产业，见表 2-18 和表 2-19。

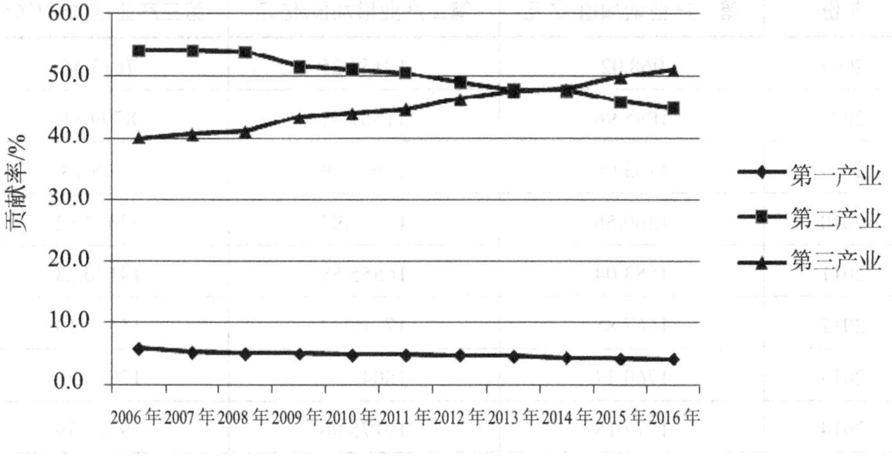

图 2-3 2007—2016 年浙江省三大产业占 GDP 的比重

数据来源：国家统计局 http://data.stats.gov.cn/index.htm

表 2-18 2007—2016 年浙江省三大产业的增长率

年份	第一产业增长率/%	第二产业增长率/%	第三产业增长率/%
2009	2.4	6.8	12.5
2010	3.2	12.4	12.3

续表

年份	第一产业增长率/%	第二产业增长率/%	第三产业增长率/%
2011	3.6	9.2	9.5
2012	2	7.3	9.4
2013	0.5	6.3	11.2
2014	1.4	7.2	8.6
2015	1.5	5.2	11.3
2016	2.7	5.7	9.7

数据来源：国家统计局 http://data.stats.gov.cn/index.htm

表 2-19　2007—2016 年浙江省三大产业增加值情况

年份	第一产业增加值/亿元	第二产业增加值/亿元	第三产业增加值/亿元
2007	968.02	10154.25	7613.46
2008	1095.96	11567.42	8799.31
2009	1163.08	11908.49	9918.78
2010	1360.56	14297.93	12063.82
2011	1583.04	16555.58	14180.23
2012	1667.88	17316.32	15681.13
2013	1760.34	18047.52	17948.72
2014	1777.18	19175.06	19220.79
2015	1832.18	19711.67	21341.91
2016	1965.18	21194.61	24091.57

数据来源：国家统计局 http://data.stats.gov.cn/index.htm

（二）第二产业内部结构的变迁

浙江省第二产业的生产总值保持持续增长，从 2007 年的 3.6 万亿增长至 2016 年的 6.8 万亿，2013 年后增速有所放缓，呈现波动上升状态，见图 2-4。

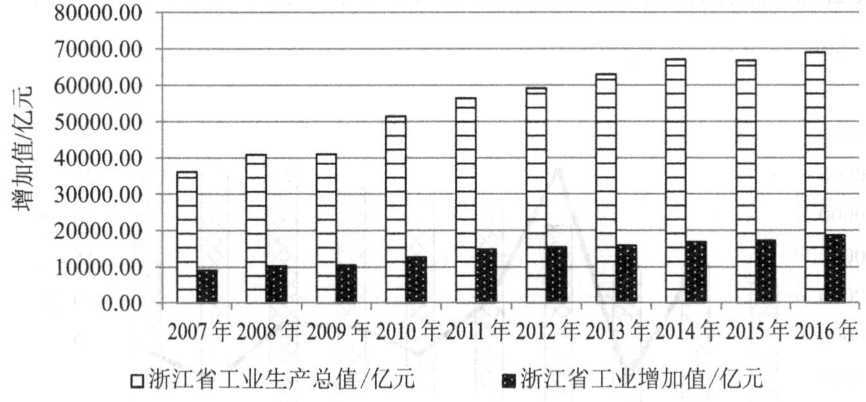

图 2-4 浙江省工业生产总值和浙江省工业增加值

数据来源：浙江统计年鉴

第二产业包括工业和建筑业，工业有采掘业、制造业、电力、燃气的生产和供应业等，其中制造业是工业的重要组成部分。到了近代，浙江省的轻型加工业比较发达，轻纺、食品等工业部门具有一定的市场竞争力，市场经济较为活跃。近十年，浙江省制造业占工业的比重超过 90%，2008 年达到近 93%，此后波动下滑，2013 年下降至 90.6%，近几年稳定在 90.8%，如图 2-5 所示。

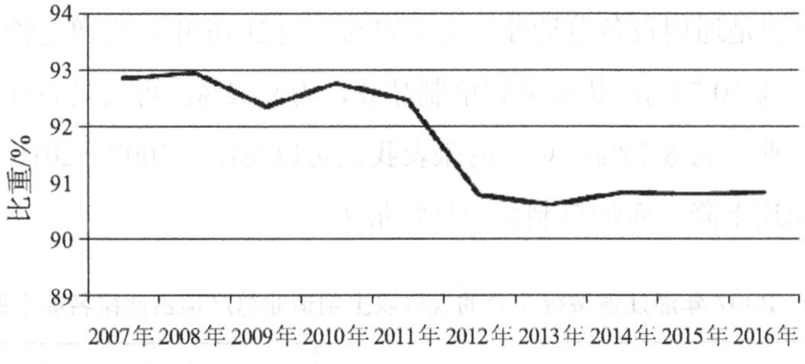

图 2-5 2007－2016 年浙江省制造业占工业的比重

数据来源：浙江统计年鉴

浙江省规模以上制造业企业的总产值基本保持上升趋势，但 2008 年金融危机之后，制造业增长率大幅波动，2009 年制造业呈负增长，2010 年制造业复苏而大幅增长 25%，此后增长率不断下滑，2015 年负增长，2016 年增长率达 3.2%，如图 2-6 所示。

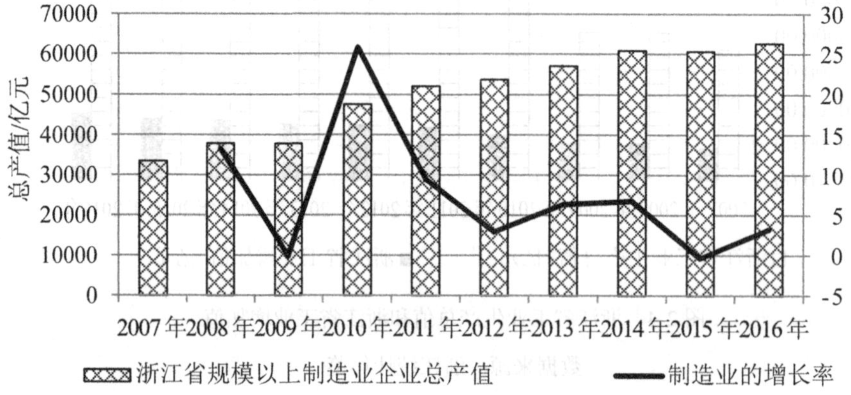

图 2-6　2007－2016 年浙江省规模以上制造业企业总产值

数据来源：浙江统计年鉴

（三）制造业产业结构及其变迁

如表 2-20 和表 2-21 所列，从浙江省分类行业占制造业总值的比重来看，2007 年纺织业占制造业的比重是最大的，为 12.5%；其次是电气机械及器材制造业，为 9.18%；再次是通用设备制造业，为 7.71%。到 2016 年，交通运输设备制造业的比重最大，为 10.74%；其次是烟草制品业，为 9.62%；再次是石油加工、炼焦及核燃料加工业，为 8.59%。对比两张表我们可以得出，2007－2016 年间，浙江省的纺织业急速下降，而烟草制品业增幅最大。

表 2-20　2007 年浙江省按行业分的规模以上制造业总产值占比排名前十的行业

排名	行业	2007 年制造业总产值/亿元	占制造业的比重/%
1	纺织业	4190.08	12.50
2	电气机械及器材制造业	3074.70	9.18
3	通用设备制造业	2584.46	7.71

续表

排名	行业	2007 年制造业总产值/亿元	占制造业的比重/%
4	交通运输设备制造业	2145.07	6.40
5	化学原料及化学制品制造业	2143.97	6.39
6	通信设备、计算机及其他电子设备制造业	1814.58	5.41
7	化学纤维制造业	1533.30	4.58
8	金属制品业	1452.70	4.33
9	有色金属冶炼及压延加工业	1403.33	4.19
10	塑料制品业	1382.05	4.13

表 2-21 2016 年浙江省按行业分的规模以上制造业总产值占比排名前十的行业

排名	行业	2007 年制造业总产值/亿元	占制造业的比重/%
1	交通运输设备制造业	6725.9	10.73
2	烟草制品业	6030.7	9.63
3	石油加工、炼焦及核燃料加工业	5381.7	8.95
4	通用设备制造业	4588.3	7.32
5	有色金属冶炼及压延加工业	4379.9	6.70
6	电气机械及器材制造业	3291.9	5.26
7	化学纤维制造业	2794.5	4.46
8	纺织业	2495.6	3.98
9	黑色金属冶炼及压延加工业	2483.9	3.97
10	医药制造业	2466.9	3.94

根据表 2-22 中制造业产业类型分类，对浙江省 2007—2016 年基于要素密度的制造业行业结构进行分析。劳动密集型产业从 2007 年的 40%逐渐下降到 2016 年的 31%；技术密集型产业在 2011 年前占比维持在 26%～27%之间，2011 年后

陡然下降至 23%，近年维持在 23%～24%之间；资本密集型行业占比大幅度上升，从 2007 年的 33%上升至 2012 年的 44%，2012－2016 年稳定在 44%～45%。2011－2012 年是浙江省制造业产业结构发生较大调整的时期，随着劳动力密集型行业和技术密集型行业占比的下降，资本密集型行业占比大幅上升。2016 年，制造业中排名前十的行业中有 6 个为资本密集型行业：烟草行业、石油加工、通用设备制造、有色和黑色金属冶炼、化学纤维制造，如图 2-7 所示。

表 2-22 浙江省制造业分行业情况

产业类型	细分行业
劳动密集型制造业	农副食品加工业、食品制造业、纺织业、纺织服装（料、帽）制造业、皮革毛皮羽毛（绒）及其制品业、木材加工及木竹藤粽草、家具制造业、印刷业和记录媒体的复制、文教体育用品制造业、橡胶制品业、塑料制品业、非金属矿物制品业、金属制品业
资本密集型制造业	饮料制造业、烟草制品业、造纸及纸制品业、石油加工与炼焦及核燃料、化学原料及化学制品制造业、化学纤维制造业、黑色金属冶炼及压延加工业、有色金属冶炼及压延加工业、通用设备制造业
技术密集型制造业	医药制造业、专用设备制造业、交通运输设备制造业、电气机械及器材制造业、通信设备计算机及其他电子、仪器仪表、文化办公用品机械

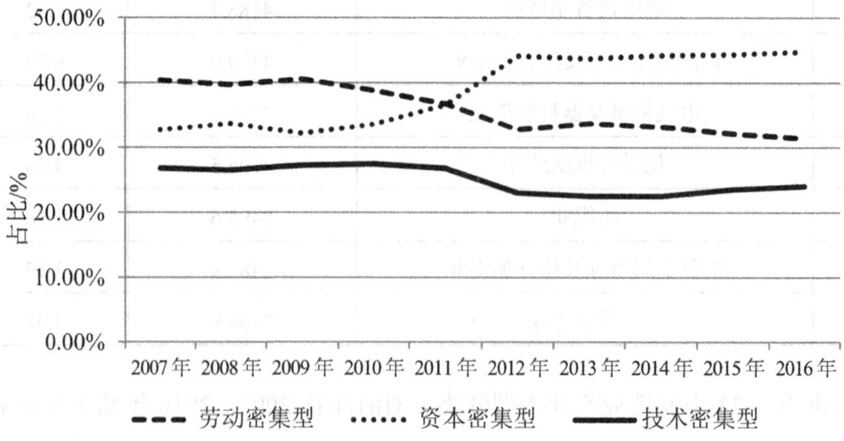

图 2-7 基于要素密集度的制造业行业结构

数据来源：浙江统计年鉴

（四）浙江省第三产业的结构

近年来，浙江省服务业占 GDP 的比重逐年上升。如表 2-23 所示，服务业增加值增速快于 GDP 和其他产业。2016 年，服务业增加值达 24001 亿元，比上年增长 9.4%，增速比全国高 1.6 个百分点，比 GDP 高 1.9 个百分点，比第一、第二产业分别高 6.7 和 3.6 个百分点，如图 2-8 所示。

表 2-23　浙江省服务业产值占 GDP 的比重

年份	服务业占 GDP 的比重/%
2007	40.60
2008	41.00
2009	43.37
2011	43.97
2012	44.65
2013	46.26
2014	47.54
2015	47.85
2016	49.76

数据来源：浙江统计年鉴

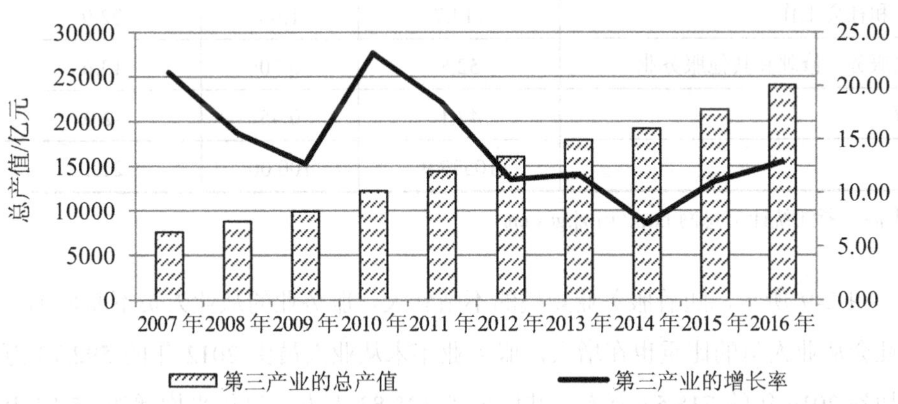

图 2-8　浙江省第三产业总产值和增长率

如表 2-24 所列，2016 年浙江省信息传输、软件和信息技术服务业占比最大达到 40%，交通运输、仓储和邮政业占比 21.82%，租赁和商务服务业与前两大服务业加总占比接近 80%。规模以上服务业企业按行业门类分类来看，信息传输、软件和信息技术服务业行业发展较快，2016 年营业收入 4297 亿元，比上年增长 34.4%，增速居各行业首位，对规模以上服务业营业收入的增长贡献率达到 59.6%。交通运输、仓储和邮政业发展趋好，营业收入 2307 亿元，增长 7.2%，增速比上年提高 5.6 个百分点；租赁和商务服务业，科学研究和技术服务业，水利、环境和公共设施管理业保持较好的发展态势，营业收入分别为 1992、883、269 亿元，分别增长 21.0%、15.0%和 16.5%，增速比上年分别提高 4.4、8.0、8.0 个百分点。

表 2-24　2016 年浙江省规模以上服务业发展情况

行业	营业收入/亿元	占比/%	比上年增长/%
信息传输、软件和信息技术服务业	4296.8	40.64	34.4
交通运输、仓储和邮政业	2306.8	21.82	7.2
租赁和商务服务业	1992.5	18.85	21
科学研究和技术服务业	882.9	8.35	15
文化、体育和娱乐业	337.8	3.19	9.3
房地产业（除房地产开发经营）	272.7	2.58	15.6
水利、环境和公共设施管理业	268.7	2.54	16.5
卫生和社会工作	114.7	1.08	22.9
居民服务、修理和其他服务业	52.8	0.50	13.6
教育	47.1	0.45	-2.9
总计	10572.9	100.00	21.1

数据来源：浙江统计信息网 http://tjj.zj.gov.cn/

如图 2-9 所示，随着服务业规模的不断壮大，服务业的从业人员不断增加，占全社会从业人员的比重也在增大，服务业年末从业人员由 2012 年的 592.73 万人增加到 2016 年的 718.58 万人，共增加了 125.83 万人，每年平均增加 25.17 万人。在这十个行业中，交通运输仓储和邮政行业就业人数最多。信息传输、软件和信息技术服务业的就业人数的增长率始终占据首位，其次是租赁与商务服务业，再次是科学研究和技术服务业。

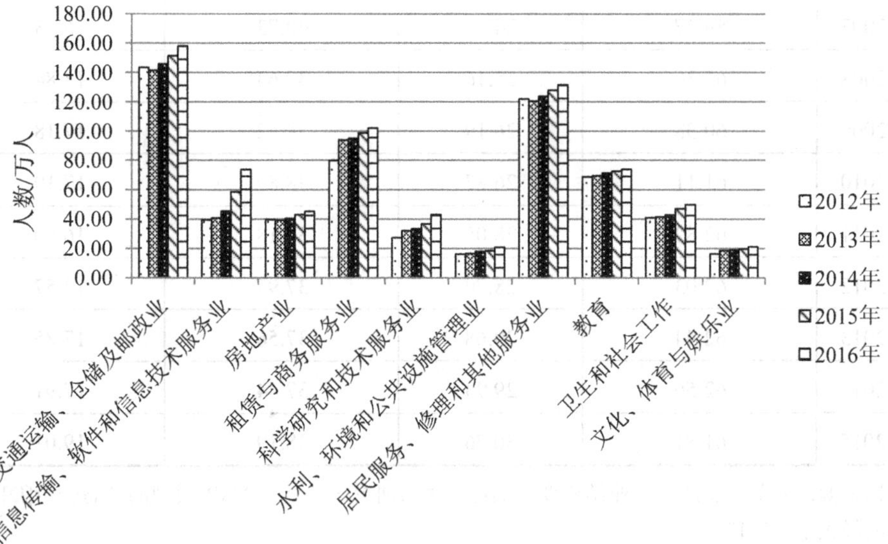

图 2-9 浙江省服务业分行业就业人员总数（年末数）

数据来源：浙江统计年鉴

依据国家统计局网站中的分类，将服务业分为生产性服务业与生活性服务业。生产性服务业是指那些为进一步生产或者最终消费而提供服务的中间投入，一般包括对生产、商务活动和政府管理而非直接为最终消费者提供的服务，主要包括金融、物流、会展、中介咨询、信息服务、软件外包、科技研发、创意、教育培训等服务行业；生活性服务业主要是指直接满足人们生活需要的服务行业，主要包括商贸、旅游、房地产、社区养老服务、就业服务、家政、物业管理服务、医疗、休闲娱乐、体育健身服务。从表 2-25 中可以看出，生产性服务业占整体 GDP 的比重不断增加，生活性服务业占整体 GDP 的比重不断下降。但从浙江省生产总值的角度来考虑，两者的比重都是在增加的，这也反映了浙江省服务业整体的发展趋势。

表 2-25 浙江省服务业分行业产值变动情况

年份	生产性服务业增加值/服务业增加值/%	生产性服务业增加值/GDP/%	生活性服务业增加值/服务业增加值/%	生活性服务业增加值/GDP/%
2007	59.27	24.16	40.73	16.43
2008	61.36	25.16	38.64	15.84
2009	60.38	26.19	39.62	17.18
2010	61.11	26.87	38.89	17.10
2011	62.82	28.05	37.18	16.60
2012	62.03	28.70	37.97	17.57
2013	62.44	29.68	37.56	17.85
2014	62.56	29.93	37.44	17.91
2015	61.81	30.76	38.19	19.01

数据来源：龚莹．浙江省产业结构变迁的影响因素研究——基于 VAR 模型的动态分析[D]．浙江财经大学，2017

（五）浙江省经济发展主要问题总结

2008 年至今，浙江省年经济增长率在全国排名靠后，虽然近 3 年有所回升，但基本位于后三分之一的梯队中。浙江省第二产业占经济总量的比重下降，第二产业中的制造业占工业的比重也在下降，作为制造业大省，浙江省的制造业被其他行业挤出的现象较为明显。制造业中，随着工人工资的上涨，原本具备优势的劳动密集性行业（如纺织业）大量退出，与此同时，技术密集型行业占比下降，上升的是资本密集型行业，如烟草等。因此，制造业中资本密集型行业是否能支撑浙江省经济长期可持续增长、劳动密集型行业如何借助技术转型升级、技术密集型行业是否有突破的空间，都将决定制造业大省保持制造业优势，并以此推进经济长期稳定发展的关键问题。同时，浙江省服务行业占比上升，但其服务行业的增速波动较大，近年有下降趋势。而且，浙江省服务行业中，生产性服务业占总体服务业增加值比重超过 60%。在服务业中，信息传输、软件和信息技术服务业；交通运输、仓储和邮政业，租赁和商务服务业的产值占比超过 80%，而这些行业都与制造业相互关联。因此，浙江省经济的可持续发展与制造业优势的保持密切相关，同时制造业与服务业联动发展、制造业服务化也将成为浙江省经济增长的关键。因此，本书将重点分析浙江省制造业的要素禀赋结构及其变迁，并在此基础上为制造业转型升级提出建议。

三、浙江省制造业要素禀赋结构及其变迁

（一）劳动力和工资水平

1. 人口老龄化趋势短期内不可逆转

近年来我国人口结构呈现老龄化的趋势，浙江省的人口结构也有明显的老龄化趋势。如表 2-26 所列，65 岁以上的人口占比从 2007 年的 10.63%上升至 2016 年的 11.64%，虽然我国已开放了二胎政策，但是实际符合二胎政策条件的家庭不生育二胎的情况较多，因此未来人口老龄化将进一步加速。

表 2-26 浙江省人口结构的构成

年份	0～14 岁人口占比/%	15～64 岁人口占比/%	65 岁及以上人口占比/%
2007	14.66	74.71	10.63
2008	14.02	75.33	10.65
2009	13.85	75.08	11.07
2011	12.61	78.82	8.57
2012	12.34	78.91	8.75
2013	11.94	78.86	9.20
2014	12.03	78.35	9.62
2015	12.91	75.82	11.27
2016	12.95	75.42	11.64

数据来源：国家统计局 http://data.stats.gov.cn/index.htm

如图 2-10 所示，2007 年，浙江省第二产业的就业人口数量超过 1500 万人，第三产业的就业人口数量约为 1100 万人，第一产业排第三约为 600 万人。其中第二产业在 2012 年达到顶峰，为 1880.92 万人，但是自此之后就业人口呈逐渐下滑

趋势，而浙江省的第三产业就业人口逐年上升。

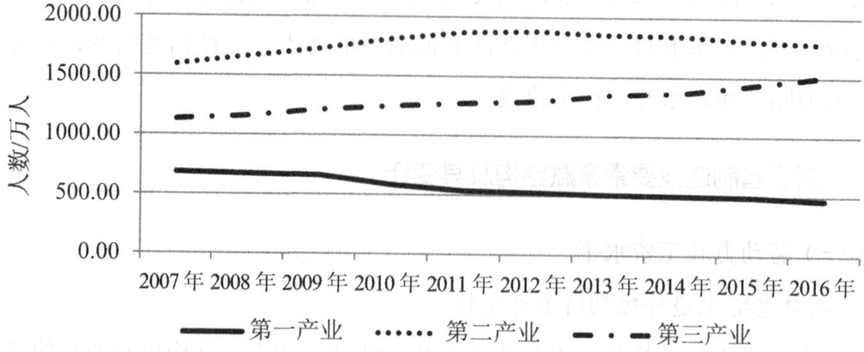

图 2-10 浙江省三大产业的就业人口

数据来源：浙江统计年鉴

2. 制造业工资水平增速高于全国水平

浙江省制造业工人的平均工资水平持续上升，如图 2-11 所示。从 2007 年的 21144 元上涨到 2016 年的 60390 元，增幅达 195%。如图 2-12 所示，自 2011 年之后，浙江省制造业就业人员平均工资增长率开始超过全国制造业就业人员平均工资增长率，2014 年后浙江省制造业工人平均工资水平超过的全国制造业的平均水平。

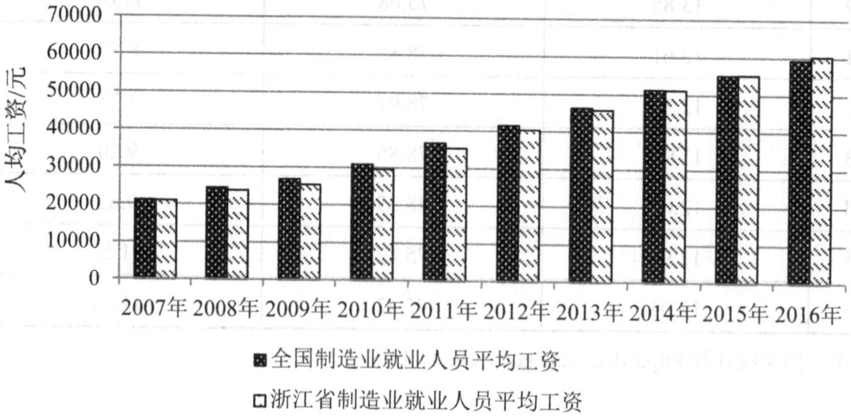

图 2-11 浙江省和全国制造业就业人员平均工资水平的对比

数据来源：国家统计局 http://data.stats.gov.cn/index.htm

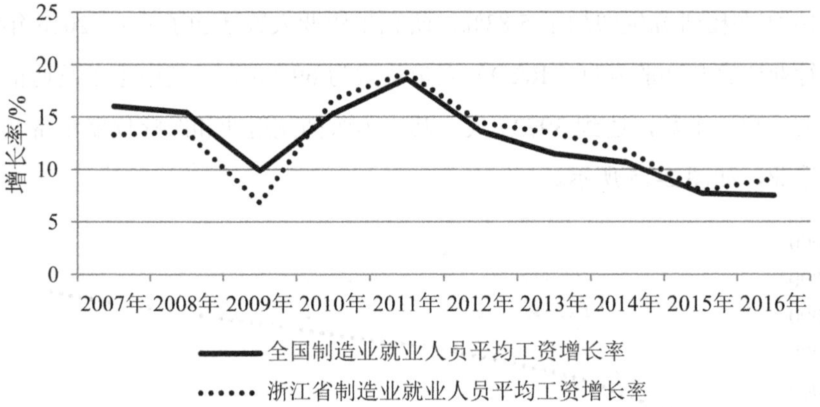

图 2-12 浙江省和全国制造业就业人员平均工资增长率的对比

数据来源：国家统计局 http://data.stats.gov.cn/index.htm

（二）资本投入

自 2010 年开始制造业固定资产投入增幅持续上升，到 2016 年达到最大值 7822.10 亿元，如图 2-13 所示。

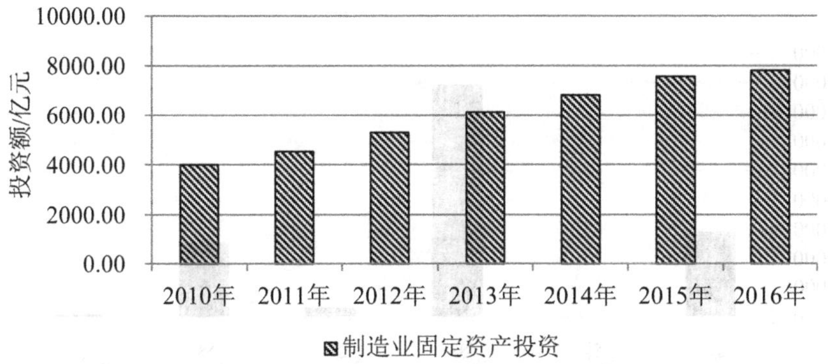

图 2-13 浙江省制造业固定资产投资

数据来源：浙江统计年鉴

（三）技术

1. 高技术人才

目前浙江省的高校研究生和研究生毕业人数呈逐年上升趋势，如图 2-14 所示。2016 年在校研究生增加了 5.83%，研究生毕业人数增加了 4%。2016 年六大高技术行业研究与实验发展（R&D）人员总数为 69990 人，其中电子及通信设备占比最大，超过半数，达到 39729 人；其次为医药制造业和医疗仪器设备及仪器仪表制造业，如图 2-15 所示。

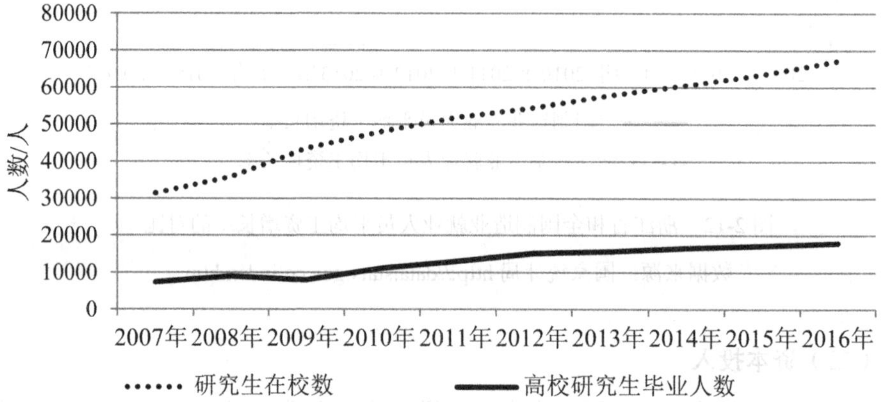

图 2-14　2007—2016 年浙江省高等学校基本情况

数据来源：浙江统计年鉴

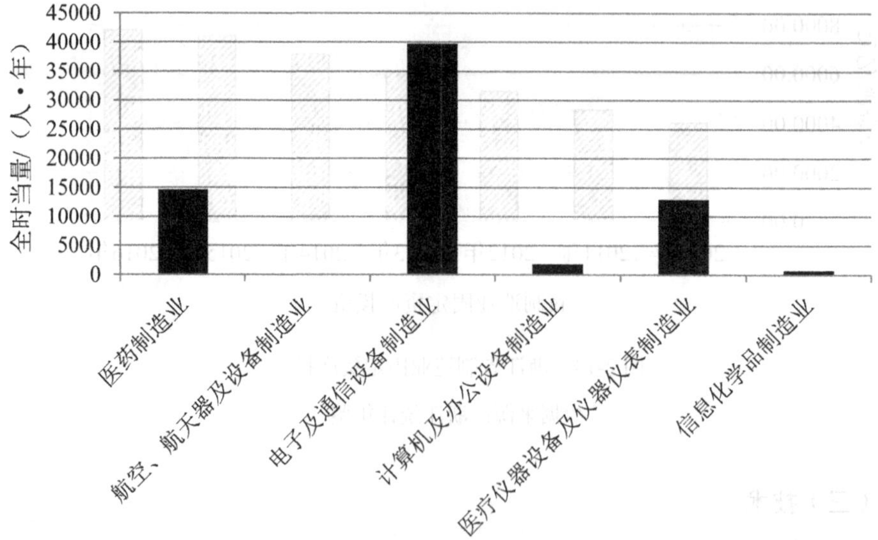

图 2-15　2016 年浙江省高技术产业研发人员折合全时当量

数据来源：中国高技术产业统计年鉴

2. 科研经费投入

按产业部门看，高技术制造业研究与试验发展经费为 3558315 万元，其中电子及通信设备行业研究与实验发展经费支出为 2713376 万元，占总量的 76.25%；其次是医药制造业研究与实验发展经费支出，为 442974 万元；再次是医疗仪器设备及仪器仪表制造业经费支出，为 303020 万元，如图 2-16 所示。

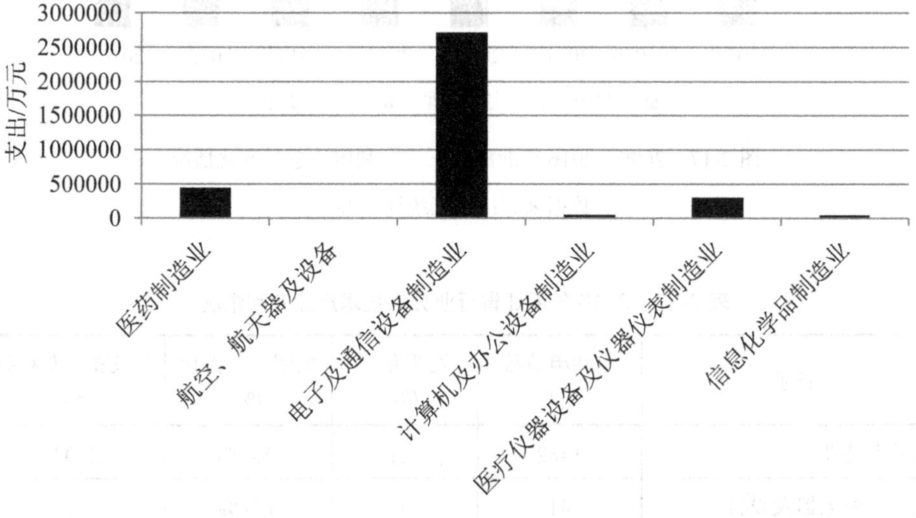

图 2-16 浙江省高技术行业研究与实验发展支出

数据来源：中国高技术产业统计年鉴

3. 专利

2016 年，浙江省发明专利申请量达到 393147 件，比上年增长 28%，占专利申请总量的 20.6%。国内专利申请结构进一步优化，发明专利的申请量和授权量均比上年有明显提升。浙江省发明专利授权量为 221456 件，如图 2-17 所示。

2016 年，浙江省六大高技术产业的专利申请总数为 13831 件，其中发明专利占 41.23%。电子及通信设备制造业专利申请数占高技术产业总申请量的 59.73%，其次为医疗仪器设备及仪器仪表行业和医药制造业行业，如表 2-27 所列。

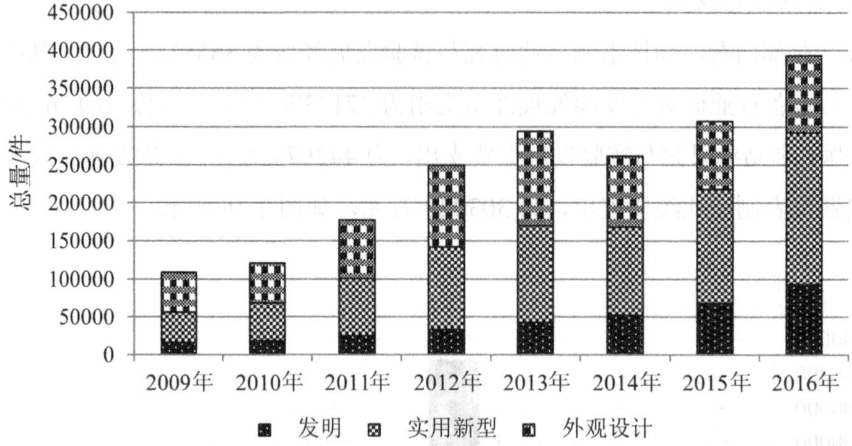

图 2-17 2009—2016 年浙江省三类专利申请总量变化情况

数据来源：浙江统计年鉴

表 2-27 2016 年浙江省行业分高技术产业专利情况

行业	专利申请数/件	发明专利/件	发明专利占比/%	有效发明专利数/件
医药制造业	1482	821	55.40%	2703
航空、航天器及设备	41	4	9.76%	32
电子及通信设备制造业	8262	3659	44.29%	7846
计算机及办公设备制造业	626	125	19.97%	124
医疗仪器设备及仪器仪表	3283	1054	32.10%	2035
信息化学品制造业	137	40	29.20%	160

数据来源：中国高技术产业统计年鉴

四、浙江省制造业和服务业的发展——基于要素禀赋

（一）浙江省制造业发展面临的困境

在全球经济一体化的进程中，凭借其地域及低成本的优势，浙江省制造业迅速融入了全国价值链体系，发展成为全球制造业基地。国内外巨大的市场需求，

让浙江传统加工制造业长期具有一定的利润空间和发展空间，从而形成了对低层次产业的强烈路径依赖。

1. 制造业工人工资上涨幅度高于全国平均水平，使得劳动密集型产业面临更大生存压力

浙江省以劳动密集型的加工制造业为主，“产业集群”是浙江省产业结构的最主要特征之一。正是这样的产业结构和生产方式导致浙江省的中小企业只是相互模仿，而缺乏创新因素。由于缺乏足够的资金，很多中小微企业很难投资研发一些高端的产业，想要成为具有竞争优势的大企业还很困难。所以，现在大多数浙江制造企业仍然处在价值链上的加工制造环节，产品的附加值很低，价值创造主要依靠压低成本。近年来，虽然高端产业有所发展，但是劳动密集型的制造业仍然占较大比重。在产品附加值方面，国外发达国家制造企业由于掌握核心技术往往占据有利优势，而浙江省制造业却相反。根据“微笑曲线”的原理，价值链两端的研发销售环节通常具有较高的产品附加值，而加工制造业的产品附加值往往较低。经验表明，以低端加工制造业为主的产业结构，不仅产品的附加值低，而且容易受宏观政策和外部环境的影响。这几年浙江省加工制造业的利润一再降低，随着浙江省制造业工人工资水平不断上升，且上升幅度和速度均高于全国平均水平，未来劳动密集性产业将面临更大的生产压力。

2. 技术密集型产业发展与要素禀赋结构存在一定偏离

在要素禀赋结构中，浙江省技术密集型产业、电子及通信设备制造业、医疗仪器设备及其仪表和医药制造业，在相关领域高科技人才数量、R&D 投入量以及专利数量均占据绝对优势。但是在制造业的产业结构中，技术密集型行业却是交通运输设备制造业、电气机械及器材制造业以及医药制造业占比较高。无论是具备较多技术要素禀赋的产业还是资金投入较大的技术密集型产业，从产出占比的角度而言并不占据优势。

3. 资本密集型制造业对经济可持续增长的拉动作用不显著

烟草目前是浙江省占比最大的制造业。该行业投入加大，且与其他制造业发展较难实现联动效应。不仅如此，其他占比较高的资本密集型行业（如石油加工、有色金属冶炼、黑色金属冶炼等）均与制造业服务化以及未来智能制造发展趋势

并无太大关联。因此，面临制造业人员工资快速上涨的压力时，资本更多的投入到对制造业转型升级无关的领域，对浙江省未来保持制造业的优势地位没有帮助，因此对经济可持续增长的拉动作用不强。

4. 对制造业转型升级起到关键作用的基础制造业萎缩

制造业转型升级的基础是设备制造和器材制造，只有设备制造和器材制造发展才能推动制造业的技术升级，逐步走向高端制造和智能制造，提高劳动生产率。而设备制造和器材制造行业近十年在浙江省制造业领域逐渐被挤出。2007 年浙江省电气机械及器材制造业和通用设备制造业占制造业比重分别为 9.18%和 7.71%，分别排名第二和第三。2016 年，通用设备制造业产值占比为 7.32%，排名第四；电气机械及器材制造业产值占比为 5.26%，排名第六。烟草制品行业、石油加工、有色金属冶炼等占据了制造业的主要产出份额。

5. 制造业服务化面临阻碍

近几年来浙江省制造业转服务化的趋势明显，随着卖方市场转变为买方市场，顾客对物品异质性、个性化的需要日益增强，纯粹的产品已经不能满足顾客的多样化需求，制造企业通过服务化增加其产品中的服务，使其产品效能最大限度地提升，产品购买及交付更加便捷，为了提升客户的满意度，制造业逐渐转向了服务业。但是在制造业服务化的过程中有许多阻碍因素。服务具有抽象度高、可见度低、劳动依赖性、异质性等特征，这些特征增加了制造企业服务化的不确定性。服务的无形性、难标准化等特征，使它不能像实物产品一样容易甄别好坏，很多专业服务甚至要等到消费后的很长一段时间才能判断好坏，因而制造企业在向客户提供服务产品时往往具有较高的成本和风险。企业认为只要增强物品的功能、可靠性、耐用性就可以形成差异化竞争优势，服务只是物品的附属，因此，厂商更愿意把资源投入到物品生产。此外，对于制造企业而言，服务通常是一个陌生的领域，即使企业意识到服务的重要性，也可能出于风险考虑而不愿意进入这一领域。最后，虽然部分制造企业提供了一定的服务，但是并未意识到服务的经济价值。虽然服务成本可以由部分的物品销售收入作为补偿，但是由于启动新服务时通常需要较高的成本，当协同效应带来的收入小于成本时，就会造成企业利润的下降甚至破产。

（二）政策和建议

改革开放以来，浙江省的制造业快速发展，迅速成为浙江省经济增长的主要支柱，但是在经济进入新常态之际，浙江省制造业呈现增速下滑、效益下降的趋势，迫切需要调整结构。以下是对浙江省制造业转型升级的对策和建议。

1. 在制造业关键领域提升技术创新及应用能力

制约制造业升级的主要“瓶颈”是缺乏核心领域的核心技术，而破解这一“瓶颈”的路径是通过引进、集成外源性的技术成果，进行消化吸收后再创新，同时通过建立独立的研发机构、产学研相结合等方式，在引进的基础上进行适合自己特点的最高层次的创新，并在创新中建立自己的品牌，形成自己的技术特色和产业优势，逐渐建立起与本地技术相适应的技术创新体系，把握主导权，不断提升自身的竞争力。

2. 完善服务平台的建设，为核心领域企业提供资金和人才支持

积极促进各类生产性服务平台与制造业的良性互动和共生发展。首先政府、行业协会和大型企业等应带头牵引和鼓励各类服务平台的建设，并在资金支持和政策优惠等方面积极培育其运行和发展。再次是建立各平台之间、平台与企业和项目之间成功对接的通道，发挥好服务平台的优势，增强服务平台的管理制度和信息的公开力度，增加企业对平台的信心及求助于平台的意愿。通过各类平台和相关优惠政策，给予企业在核心开发领域的资金和技术人才的支持。

3. 增强企业的自身实力

制造业企业是实现制造业升级和全球价值链攀升的最终载体，因此必须以强化企业自身的实力为最终目标，强化企业自身技术创新能力，鼓励和支持有条件的大中型企业自建研发机构，或与高等院校、科研院所联合建立研发中心或实验基地等。也要实现企业自身的战略转型升级，进一步扩大自己的优势。推动企业管理升级，改变原来的粗放式、家族试管理模式，转变为高度组织化、精细化的管理模式。

4. 加大政策支持力度

健康而有活力的市场环境和有效助推的产业政策是制造业产业在长期内实现不断升级的保障。因此，应该不断加大政策的扶持力度。产业政策的制定和实施，

要居于战略性高度、具备前瞻性眼光，合理布局，引导和扶持战略新兴产业发展。除此之外，为民资企业提供足够的发展空间，增强市场活力，降低市场交易成本，提高市场效率。还要致力于健全与全球经济接轨的市场规则和标准体系，创建健康公平的制度环境，发挥好企业、行业协会、高等院校、研发机构、驻外机构等单元体中的桥梁作用，为浙江省制造业升级助力。

5. 建立企业间良好的合作关系

制造企业服务化需要其他企业的合作与支持。制造企业服务化过程中的生产性服务外包和服务性生产外包需要建立与上下游服务企业和其他制造企业的良好合作伙伴关系。特别是针对提供复杂整体解决方案和高技术产品服务系统，需要在全球范围内建立包括制造企业、服务企业在内的合作网络。

第三节 新结构经济学视角下西藏经济发展与产业转型升级

一、西藏经济发展概况

（一）经济总量与人均 GDP

改革开放以来，西藏经济实现了飞速发展，如图 2-18 所示，GDP 由 1978 年的 6.65 亿元猛增至 2016 年的 1151.41 亿元，39 年间增长了 172.14 倍，GDP 连续 24 年保持两位数增长。如表 2-28 所列，自 2009 年起（除 2010 年以外）西藏的 GDP 增长率均高于全国平均水平，自 2013 年起西藏 GDP 增长率远高于全国平均水平。例如 2015 年和 2016 年西藏 GDP 增长率分别为 11%和 10.1%，而全国平均水平仅为 7.96%和 7.55%。但是相对于全国 30 年来持续、快速的经济增长而言，西藏的经济总量仍然偏小，人均收入水平偏低。以 2016 年为例，GDP 全国平均水平为 25163.5474 亿元，西藏仅为 1151.41 亿元；如图 2-19 所示，人均 GDP 全国平均水平为 56766.23 元，西藏仅为 35184 元。2008—2016 年西藏人均 GDP 连续 9 年在全国排名倒数第四，仅略高于贵州、云南和甘肃，如表 2-29 所列。

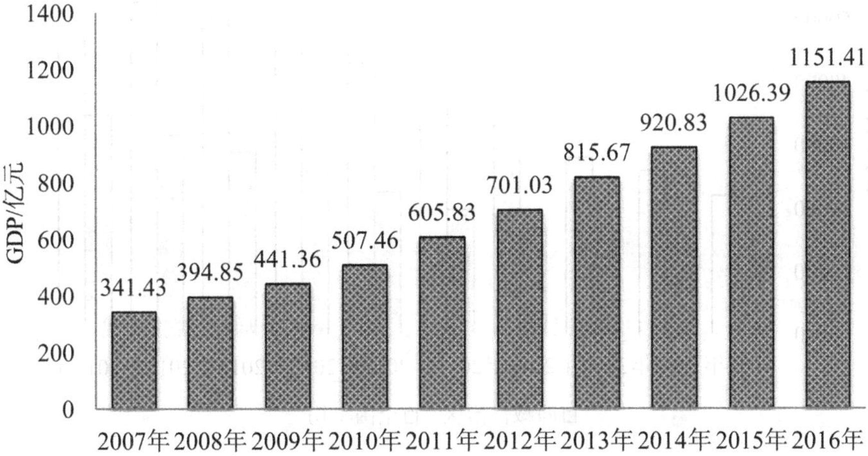

图 2-18 2007—2016 年西藏自治区 GDP

数据来源：国家统计局 http://data.stats.gov.cn/index.htm

表 2-28 2007—2016 年西藏自治区 GDP 增长率与全国平均水平对比

年份	西藏自治区 GDP 增长率/%	全国平均 GDP 增长率/%
2007	14	14.53
2008	10.1	12.28
2009	12.4	11.93
2010	12.3	13.52
2011	12.7	12.53
2012	11.8	11.00
2013	12.1	9.94
2014	10.8	8.48
2015	11	7.96
2016	10.1	7.55

数据来源：国家统计局 http://data.stats.gov.cn/index.htm

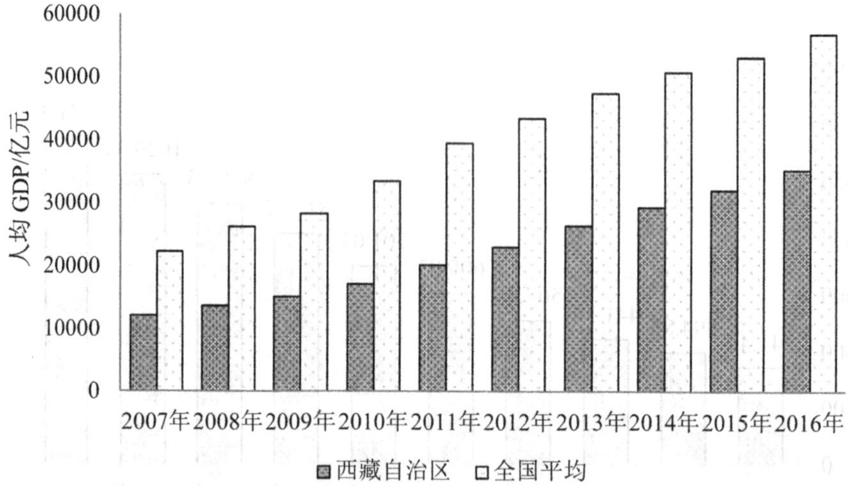

图 2-19　2007—2016 年西藏自治区人均 GDP 与全国平均水平对比

数据来源：国家统计局 http://data.stats.gov.cn/index.htm

表 2-29　2007—2016 年西藏自治区人均 GDP 在全国的排名

年份	人均 GDP/元	排名
2007	12083	27
2008	13588	28
2009	15008	28
2010	17027	28
2011	20077	28
2012	22936	28
2013	26326	28
2014	29252	28
2015	31999	28
2016	35184	28

数据来源：国家统计局 http://data.stats.gov.cn/index.htm

（二）产业结构

近十年来，西藏第一产业占 GDP 的比重不断下降，从 2007 年的 16.1%下降到 2016 年的 9.2%；第二产业占 GDP 的比重不断上升，从 2007 年的 28.8%上升到 2016 年的 37.5%；第三产业占 GDP 的比重总体上变化不大，但呈缓慢下降趋势，从 2007 年的 55.1%缓慢下降为 2016 年的 53.3%，如图 2-20 所示。

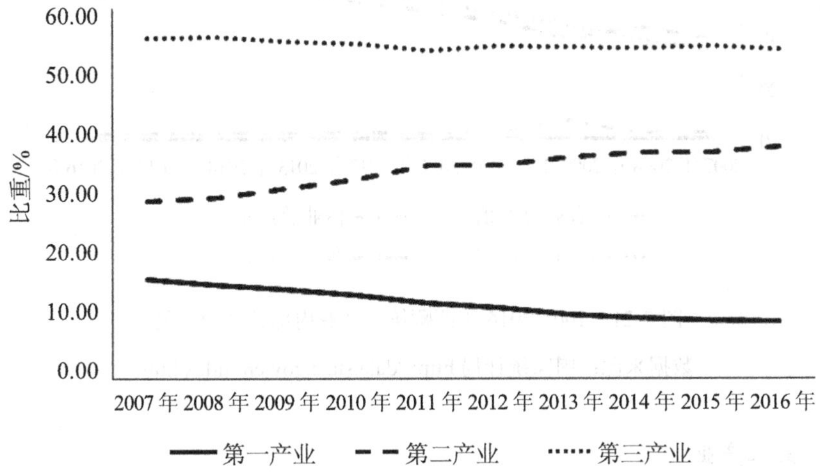

图 2-20　2007—2016 年西藏自治区三大产业占 GDP 的比重

数据来源：《西藏统计年鉴 2008—2017》

1. 第一产业

西藏第一产业结构单一，农牧业在第一产业中始终占据主导地位，长期保持在 95%左右的比重。如图 2-21 所示，牧业总产值从 2009 年开始逐渐超过农业，并在 2016 年迅速拉大与农业的差距，占第一产业产值的比重比农业高出 35%左右。而具有比较优势的渔业和林业对第一产业的贡献微乎其微，远低于全国同期平均水平：渔业占第一产业的比重不到 0.15%，林业占第一产业的比重不到 2%。且西藏由于地处青藏高原，气候条件恶劣、自然灾害频繁、生态脆弱，土地资源质量不高，再加上科技投入不足和劳动力素质较低等，导致西藏农业生产总体水平不高，还停留在粗放型生产上[27]。具体表现为：农业生产方式落后，农产品品种少，主要以青稞和冬小麦为主；牧业生产方式粗放，产品创新缓慢[27]。因此，第一产业对西藏经济发展的贡献程度也在不断下降。

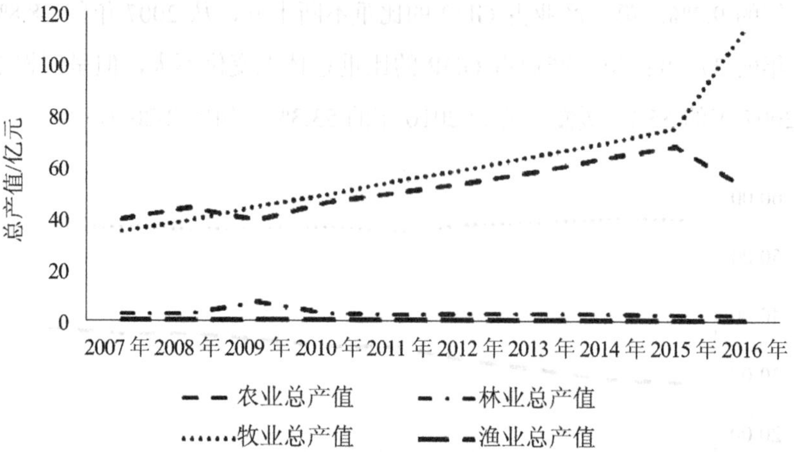

图 2-21 2007-2016 年西藏第一产业内部各产业产值

数据来源：国家统计局 http://data.stats.gov.cn/index.htm

2. 第二产业

西藏第二产业中建筑业占据主导地位，如图 2-22 所示，2007—2013 年西藏建筑业占第二产业比重从 71.9%逐年上升到 79.1%，2014 年更是突破了 80%，且 2014—2016 年建筑业占第二产业的比重都保持在 80%左右。建筑业占第二产业比重远高于工业。总体来说，西藏工业发展十分滞后，工业化水平较低，产业规模较小，现代工业仍未得到有效建立。2016 年全国规模以上工业企业单位数为 379000 个，西藏仅为 108 个，占全国总量的 0.028%。全国规模以上工业企业主营业务收入为 1158998.5 亿元，西藏仅为 171.82 亿元，占全国总量的 0.015%。全国规模以上工业企业利润总额为 71921.4 亿元，西藏仅为 16.94 亿元，占全国总量的 0.024%。反映出西藏工业化水平低下，难以形成集聚效应和规模效应。即使在经济发展相对落后的西部地区当中，西藏工业化发展也处于最落后的状态。2016 年西藏规模以上工业企业主营业务收入仅为内蒙古的 0.9%、广西的 0.8%、重庆的 0.7%、四川的 0.4%、贵州的 1.5%、陕西的 0.8%、甘肃的 2.2%、青海的 7.7%、宁夏的 4.7%、新疆的 2.1%。主要原因在于西藏工业过多依赖于农业品加工、矿产资源开发和加工、藏医药生产加工等轻工业领域，这些行业的原材料来源、生产条件、生产环境等生产要素受到自然条件的约束较大[32]。再加上原材料和人才技能不能支撑制造业的发展，因此致使工业发展相对滞后。而西藏近年来第二产业占 GDP 的比重逐年上升的主要原因是西藏安居工程的实施和长期以来大规模的交通、公共基础设施和国防等公共基础设施建设，极大地推动了建筑业的快速发展的结果[32]。

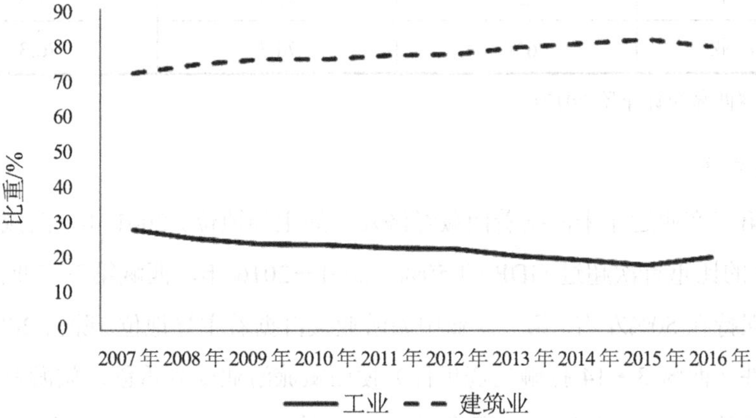

图 2-22　2007—2016 年西藏自治区第二产业内部各产业比重

数据来源：《西藏统计年鉴 2008—2017》

西藏的大规模经济增长主要是由于中央大规模的资本投入和内地各省市的援藏投资项目，但这种大规模的中央资本投入主要用于第三产业。西藏第三产业全社会固定资产投资从 2010 年的 65.9%上升到 2016 年的 76.3%。而第二产业全社会固定资产投资则从 2010 年的 29%下降到 2016 年的 17.8%，如表 2-30 和表 2-31 所列。

表 2-30　西藏自治区资金来源结构占比（%）

资金来源结构＼年份	2010 年	2015 年	2016 年
国家预算内资金	62.1	68.6	71.8
国内贷款	0.7	0.7	4.6
自筹和其他投资	30.7	30.7	23.6

数据来源：《西藏统计年鉴 2017》

表 2-31 西藏自治区全社会固定资产投资占比（%）

指标＼年份	2010 年	2015 年	2016 年
第一产业	5.1	6.2	5.9
第二产业	29	19.7	17.8
第三产业	65.9	74.1	76.3

数据来源：《西藏统计年鉴 2017》

3. 第三产业

西藏第三产业近年来占据着西藏经济发展的主导地位。2001 年，西藏第三产业占 GDP 的比重首次超过 GDP 的 50%。2001—2016 年，西藏第三产业占 GDP 的比重都保持在 50%左右。第三产业中旅游业又占据着主导地位。除去 2008 年因为特殊事件（西藏 3·14 打砸抢烧事件）使西藏旅游业受到重创，旅游业占第三产业的比重从 2007 年的 25.80%骤降到 2008 年的 10.33%，占 GDP 的比重从 2007 年的 14.20%下降到 2008 年的 5.72%之外，其余年份西藏旅游总收入、旅游业占第三产业的比重、旅游业占 GDP 的比重均稳步增长。2015 年西藏旅游业占第三产业比重突破了 50%，达到了 51.06%，并在 2016 年达到 54.54%。西藏旅游业占 GDP 的比重也高达 28.72%，远高于第一产业占 GDP 的比重，也仅比第二产业占 GDP 的比重低 8.78%，可见旅游业对西藏经济发展的贡献程度之大，如表 2-32 所列。

表 2-32 2007—2016 年西藏自治区旅游业、第三产业、GDP 之间的关系

年份	第三产业产值/亿元	第三产业占 GDP 的比重/%	旅游总收入/亿元	旅游业占第三产业的比重/%	旅游业占 GDP 的比重/%
2007	188.06	55.08	48.51	25.80	14.20
2008	218.67	55.38	22.58	10.33	5.72
2009	240.85	54.56	55.98	23.25	12.68
2010	274.82	54.15	71.44	26.00	14.10
2011	322.57	53.24	97.06	30.09	16.02

续表

年份	第三产业产值/亿元	第三产业占GDP的比重/%	旅游总收入/亿元	旅游业占第三产业的比重/%	旅游业占GDP的比重/%
2012	377.8	53.83	126.48	33.48	18.04
2013	438.07	53.70	165.18	37.71	20.21
2014	492.35	53.46	204	41.43	22.15
2015	552.16	53.79	281.92	51.06	27.45
2016	606.46	52.67	330.75	54.54	28.72

数据来源：《西藏自治区国民经济和社会发展统计公报》《西藏统计年鉴》

基于上述分析，西藏地区第一产业正在萎缩，第二产业增长主要来自建筑业，因此西藏最主要且可持续的经济增长来源是第三产业。虽然近年第三产业占GDP的比重略有下降，但第三产业中的旅游业占第三产业的比例始终超过50%，不仅如此，旅游业占GDP的比例接近30%且逐年增加。因此，西藏经济发展的重点在于旅游业的转型升级和可持续发展。

二、西藏旅游业发展的比较优势

新结构经济学认为，分析经济发展或产业发展的起点是要素禀赋结构。要素禀赋结构决定了该地区该产业具备的比较优势。因此，西藏旅游业发展的基础是其具备的要素禀赋决定的比较优势。截至2018年3月，西藏共拥有国家A级景区116处，其中：5A级景区4处，分别为拉萨布达拉宫景区、巴松措、大昭寺、扎什伦布寺；4A级景区13处；3A级景区45处；2A级景区38处；1A级景区16处。国家级风景名胜区4处，分别为土林-古格风景名胜区、唐古拉山一怒江源风景名胜区、纳木措一念青唐古拉山风景名胜区、雅砻河风景名胜区。还有全国重点文物保护单位55个、国家历史文化名城3座和中国历史文化名城2座。根据西藏旅游资源的特殊性，对西藏旅游业发展的自然资源优势和历史文化资源优势进行分析。

（一）自然资源优势

西藏旅游区域可以根据不同的旅游特色及旅游最佳时间划分为6个部分：I

区包括安多和南部边缘的部分地区，旅游特色以草原风光为主，旅游最佳时间为7月和8月；Ⅱ区主要为阿里北部和那曲地区大部，旅游特色主要是众多的神山神湖和草原风光，旅游最佳时间为5～9月；Ⅲ区包括阿里地区南部、昌都市的大部分地区、日喀则市西南部，旅游特色为登山探险和原始森林风光，旅游最佳时间为5～10月；Ⅳ区涵盖沿江（雅鲁藏布江）一线的大部分地区，旅游特色主要以藏传佛教文化为主，旅游最佳时间为3～11月；Ⅴ区主要是林芝市西部、昌都、八宿等地区，旅游特色主要以雅鲁藏布大峡谷为主，辅以原始森林、湖泊和山峰，旅游最佳时间为2～12月；Ⅵ区为林芝市东南部，旅游特色主要是森林系统类型的自然保护区，全年皆为旅游最佳时间。

1. 独特的地形地貌

西藏地形复杂多样、景象万千，有山脉——世界第一高峰珠穆朗玛峰、冈底斯山-念青唐古拉山脉、世界第二高峰喀喇昆仑山脉、唐古拉山脉、昆仑山脉、横断山脉；峡谷——雅鲁藏布大峡谷；冰川——卡钦冰川、日结措嘉冰川、东绒布冰川、世界第三大冰川普若岗日冰川、曲登尼玛冰川、世界海拔最低的冰川米堆冰川。还有裸石、戈壁等地形地貌，并且有着垂直分布的“一山见四季、十里不同天”的自然奇观。

位于雅鲁藏布大峡谷的多雄拉雪山是一座理想的滑雪场所。印度洋的暖湿气流与大峡谷的冷空气在多雄拉雪山相遇，形成了墨脱峡谷。这样的自然环境使得多雄拉雪山有充沛的降雪量，年平均降雪量在1～2米以上。一年当中雪的保有期有9个月左右。多雄拉雪山位于雪线附近，因此能看到厚厚的积雪，还有潺潺奔流的溪水。其隘口风势很大，使得多雄拉雪山大部分时间都隐蔽在云雾之中，颇有一番仙境的感觉。相对于西藏其他地区来说，多雄拉雪山的海拔不算特别高，因此也不会特别寒冷，即便是在冬季温度最低的时候，也只有零下10° 左右，白天温度甚至可以达到10° 以上。以上种种有利条件，使得多雄拉雪山成为全中国最天然、最舒适的滑雪地点。

2. 极为丰富的植物资源

（1）巨大的天然植物博物馆。西藏是植物的天然博物馆、天然的种质基因库，也是亚洲植物的缩影，有分属寒带、温带、亚热带、热带的种类繁多的植物类型。

藏西吉隆、亚东、陈塘等地，藏东南墨脱、察隅和珞瑜等地，是中国少有的天然植物博物馆。连自然条件比较特殊的藏北地区也有100多种植物。海拔4200米以上的高山灌丛草甸地带有众多的高山花卉植物，尤以杜鹃花、报春花属植物特别丰富。每当盛夏时节，草原上百花竞放、色彩斑斓。喜马拉雅山南麓的墨脱、察隅地区，被人们誉为“西藏的江南”“西藏的西双版纳”。在海拔1200米以下地带发育着雨林、季雨林，有许多典型的热带科属植物以及只有在热带才可见到的巨大藤本植物和种类繁多的附生植物。野生的香蕉、芭蕉随处可见。热带才有的咖啡，这里也有两个野生种。在雅鲁藏布大峡谷海拔2500～3200米之间的广大地区，濒危珍稀植物、名贵旅游观赏树种——红豆杉分布面积达上千平方千米。

（2）中国第一大林区。西藏保持着原始森林的完整生态属性。海拔1200～3200米属于亚热带，分布着郁郁葱葱的常绿阔叶林和针阔混交林。海拔3200～4200米是针叶林带，多种冷杉、云杉组成大面积的森林。北半球从热带到寒带的主要树种在这里几乎都可以看到。西藏林木以云杉、冷杉、铁杉等各种杉类和圆柏等针叶树为主，也有木棉、高山栋、杨、桦等阔叶树生长。常见的树种有乔松、高山松、云南松、喜马拉雅云杉、喜马拉雅冷杉、急尖长苞冷杉、铁杉、大果红杉、西藏落叶松、西藏柏和圆柏等。云杉、冷杉和铁杉组成的针叶林带分布最广，占西藏森林总面积的48%和总蓄积量的61%，主要分布于喜马拉雅山脉、念青唐古拉山脉和横断山脉的湿润亚高山地带。西藏松林面积约92.6万公顷，其中西藏长叶松和西藏白皮松是特有树种，已被列为中国保护树种。

西藏是中国森林资源最为丰富的省区之一。中国第四次森林资源清查表明，西藏林地覆盖率在中国各省、市、自治区中居第四位；西藏木材蓄积量居中国首位，为中国第一大林区；活立木总蓄积量居首位。察隅、米林、墨脱、波密等县的森林覆盖率达90%以上，“绿色林海”的真正含义，只有身临其境才能领悟出来。西藏林木的特点是生长快、持续时间长、单位面积蓄积量高。波密箭竹云杉林每公顷蓄积量超过2000立方米，创世界最高纪录。个别植株胸径2米，高达80米。森林中，树龄200年的云杉的平均直径为92厘米，平均树高为57米。其中有些云杉竟高达80米，直径2.5米，一株树即可做出60立方米的木材。

（3）世界最大的高山植物分布区。西藏高原是世界上面积最大的高山植物分布区。在西藏海拔 4200 米以上的草原、草甸带尤其是平缓的山坡和河谷中，均可发现一些铺地而生、高不过 10 厘米的垫状植物。它们是由许多分枝交织而成的植物。这类植物在北极高寒地区也有分布，但在西藏最为丰富，有 11 科 15 属 40 余种。常见的有雪灵芝属、点地梅属、虎耳草属、凤毛菊属等。座垫状植被中分布较广泛的是“垫状点地梅”，这种属报春花科而略带木质化的植物，紧密而扎实，铁铲都不易砍入。一株典型的垫状点地梅像是一把撑开的雨伞，非常奇特。西藏还有着高海拔地区顽强生命力的象征——雪莲花。

（4）优质的草场资源。西藏各类草场面积占自治区土地面积的 2/3，占中国草场面积的 23%。草场主要分布在藏北高原和阿里地区。类型以高山草甸草原为主，其次是高山草原、半沼泽化草甸草原、灌木草原、林间草原等，牧草以禾本科、莎草科为主。西藏草场的牧草虽然产量低，但草质较好、营养成分高，粗蛋白质等的含量均高于内蒙古草原的牧草。不仅如此，西藏一望无际的辽阔大草原还是旅游观光的好去处。

（5）药用植物宝库。西藏 5000 余种野生植物中，有经济利用价值的达 1000 余种，尤以药用植物著称。药用植物是西藏另一类重要的植物资源。野生药用植物有 1000 多种，其中常用中草药 400 多种。比较著名的有藏红花、雪莲、冬虫夏草、贝母、胡黄连、大黄、天麻、三七、党参、秦艽、丹参、灵芝、鸡血藤。在已鉴定出的 200 多种菌类中，松茸、猴头、獐子菌、香菇、黑木耳、银耳、黄木耳等都是有名的食用菌，还出产茯苓、松橄榄、雷丸等药用菌。补肺益肾的虫草产量居中国第一，贝母、胡黄连等也名列前茅。

藏族对植物的药用研究具有悠久的历史。1835 年，帝玛尔·丹增彭措等人完成的《晶珠本草》一书，收载了植物药 1006 种。藏药的原植物大多是生于西藏及青藏高原其他地区的特有植物。藏药的有效性和特有性已越来越引起国内外的重视。从众多的藏药中寻找有效成分含量高、具有特殊用途的新药特药，已引起药学界的关注。

3. 最大的珍惜动物宝库

西藏复杂的自然条件为动物提供了不同的生存环境，动物资源十分丰富，很多是世界稀有品种。在西藏，动物对于加强旅游景观的整体美感具有不可或缺的作用。西藏自治区有中国重点保护的珍稀动物125种，占中国保护动物种类的三分之一。野生动物有长尾叶猴、滇金丝猴、熊猴、猕猴、鹿子、毛冠鹿、野牦牛、红斑羚、鬣羚、金钱豹、云豹、黑熊、野猫、青鼬、小熊猫、马鹿、麝、白唇鹿、野牦牛、藏羚羊、野驴、盘羊、黄羊、狐狸、狼、猞猁、马熊、豺、岩羊、雪豹等。在这些兽类中，藏羚羊、野牦牛、野驴、盘羊等系青藏高原特产珍稀动物，均属中国保护动物；白唇鹿为中国特有，也是世界珍稀动物之一。鸟类中的黑颈鹤、藏马鸡等亦被列为国家级保护动物。受重点保护的动物中，34种特别宝贵的珍禽异兽总储量超过90万头（只）。西藏高原特有的野牦牛现存约1万头，藏野驴5～6万头，藏羚羊4～6万头，藏原羚16～20万头，羚牛2～3千头，滇金丝猴570～650只，孟加拉虎5～10只。此外，熊、豹、野鹿、野羊、珍稀鸟类、高原裂腹鱼的存量也颇可观。

西藏有迄今地球上尚存的极少数自然生态保持完好的高大陆，空旷、辽阔、幽静，是世界上最大的天然动物园。藏北草原，藏语称“羌塘”（北方旷原），有40万平方千米，地广人稀，天高地阔，是野生动物的乐园，也是观赏野生动物的最好去处。

4. 世界级自然保护区资源

西藏目前拥有11处世界级自然保护区，分别为珠穆朗玛峰自然保护区（以全面保护区内完整的生态系统为主要目的）、雅鲁藏布大峡谷自然保护区（以保护从“热带到寒带”完整的生物生态系统为主要目的）、察隅慈巴沟自然保护区（以保护山地亚热带原始常绿阔叶林、云南松林、亚高山原始常绿针叶林生态系统及其珍惜物种为主要目的）、羌塘自然保护区（以保护高原生态系统和珍稀野生动物为主要目的）、色林错自然保护区（以保护濒危生物物种，如黑颈鹤、棕头鸥、斑头雁、赤麻鸭为主要目的）、拉鲁湿地自然保护区（以保护高寒湿地生态系统为主要目的）、玛旁雍错湿地自然保护区（以保护动物生存环境、维护生态平衡为主要目的）、雅鲁藏布江中游河谷黑颈鹤自然保护区（以保护国家一级保护动物黑颈鹤及其越冬栖息地为主要目的）、类乌齐马鹿自然保护区（以保护马鹿、白唇鹿等野生动物和青藏高原亚高山森林与高山草甸过渡区附近自然植被为主要目的）、芒康滇金丝猴自然保护区（以国家一级保护动物滇金丝猴、班尾榛鸡马来熊、绿尾虹雉等珍惜濒危动物为主要目的)、麦地卡湿地自然保护区(以保护区内高原湖泊沼泽草甸湿地为主要目的)。自然保护区可以分为核心区、缓冲区和实验区三大块。核心区禁止入内，缓冲区可以从事科学研究观测活动，而实验区可以进行科学试验、教学实习、参观考察、旅游以及驯化、繁殖珍稀、濒危野生动植物等活动。

5. 大量的绝美湖泊

西藏是中国湖泊最多的地区，湖泊类型多种多样，湖泊总面积约 2.38 万平方千米，约占全国湖泊总面积的 30%。西藏约有 1500 多个大小不一、景致各异的湖泊，其中比较著名的湖泊有纳木错湖、羊卓雍湖、玛旁雍错湖、班公湖、巴松湖、森里错等。许多湖泊都被赋予宗教意义，其中纳木错、玛旁雍错、羊卓雍错，被并称为西藏的三大"圣湖"。此外，还包括在藏传佛教活佛转世制度中具有特殊地位的拉姆拉错湖、地处藏北的苯教著名神湖当惹雍错、位于安多县的热振活佛"魂湖"——错纳湖等。并且，西藏的饮用水天然、纯净、健康，被誉为世界公认的最好淡水资源之一。

(二)文化资源优势

1. 独特且多样的建筑文化

(1)陵墓建筑。藏王墓是西藏陵墓建筑的代表，是吐蕃王朝时期第 29 代赞普至第 40 代(末代)赞普、大臣及王妃的墓葬群，总面积 385 平方千米，是西藏保存下来的最大规模的王陵。各陵墓封土高大，为土垒成的高台丘墓，其中最为著名的是松赞干布墓。藏王墓附近地面开阔、气候宜人、土地肥美、山川秀丽，自然条件很好。藏王墓不仅反映了 1000 余年前西藏的丧葬制度，同时对吐蕃王朝的兴起、衰落，吐蕃文化与唐文化交流的研究具有重要价值。

(2)宫殿建筑。建于吐蕃第一代赞普聂赤赞普时期的雍布拉康宫是西藏历史上最早的宫殿建筑，位于西藏山南泽当镇境内的扎西次日山上。雍布拉康分为两部分，前部为一幢三层建筑，第一层距地数十级石阶，前半部为门厅，厅外是一个带檐的小平台。从门厅往里是佛殿，殿堂内供奉三世佛和历代赞普塑像，另外还有文成公主、尼泊尔尺尊公主及吐蕃两位著名大臣吞米桑布扎和禄东赞的塑像，造型精美，甚为传神，为西藏早期雕塑。第二层亦分前后两部分，前半部为三面环绕矮墙的平台，后半部是带天井的回廊。后部是一座方形高层碉堡望楼，与前部相连，均以石块砌成，巍峨挺拔，气势雄伟。南面山坡平缓，可自山下盘旋而上，宫门前有石阶数十级。雍布拉康宫主要供奉释迦牟尼佛像。宫殿内的壁画上生动地描绘了西藏的第一位国王、第一座建筑、第一块耕地的历史故事，是游客了解西藏历史的好去处。

位于阿里地区札达县扎布让区象泉河南岸的阿里古格王国古城遗址被众土林环抱其中，古老城堡的断壁残垣与脚下的土林浑然一体。在相对高度300余米的山上，从下而上依山而建的房子有300余间，洞穴300余孔，碉堡佛塔林立，工事地道遍布，山腰数处寺庙完好，山顶白宫嵯峨。每当朝霞初起或夜幕降临之时，古格遗址便会在土林的映衬下透射出一种残缺美、悲壮美，是摄影爱好者的好去处。

帕拉庄园是旧西藏12大庄园之一，也是目前西藏地区保存最为完整的旧西藏贵族领主庄园。主体楼高三层，颇为壮观，现存房屋57间，建筑配套完整，装修考究。设有经堂、日光室、会客厅（上接待室）、卧室，还有麻将厅。房内雕梁画栋，富丽堂皇。经堂陈设考究，经书、佛龛保存完好。此外，园内还有酿酒坊、磨坊、农奴大灶等。楼道中陈列有皮鞭、脚镣、站笼、牛皮筒等刑具，甚至还保存有旧时的监狱。这一切都生动再现了当年农奴主的奢华生活和对农奴的剥削和压迫，使游客身临其境。

（3）寺庙建筑。西藏有许多非常著名的寺庙建筑，如拉萨市中心的大昭寺和布达拉宫、拉萨市北郊的扎希寺、西郊的哲蚌寺、日喀则市西南郊的扎什伦布寺等。许多寺院还具有汉藏文化技术交流的印迹，如在西藏建筑史上具有代表性的萨迦寺，是一组十分典型的元代城堡建筑；体现了汉藏混合结构的夏鲁寺，底层是藏式的殿堂，顶层是汉式的明厅，上覆琉璃瓦顶，兽吻飞檐，十分精巧别致；再如著名的布达拉宫，其建筑结构除了显示藏族传统的建筑形式和特点之外，也同时吸收了汉族建筑方面的雕花梁架和复杂的斗拱等建筑特色[108]。

（4）园林建筑。罗布林卡是历代达赖喇嘛夏季办公的夏宫，存有大量的遗迹和珍宝。园内有300多间房屋，是西藏历史上规模最大，也是建筑最为精美的一处园林。园内共分为三个区域，分别为东边入口阁楼的前园区、中部的核心宫殿区和西部以植物丛林为主的金色林卡区。罗布林卡环境优美，植物、花卉种类和数量众多，树荫蔽日，是西藏的“世外桃源”。清新的空气，安谧的环境，别具一番西藏园林特有的朴实自然的情趣。

2. 丰富的民族文化

（1）民间戏曲文化。西藏的民间戏曲文化有藏戏、果谐、堆谐、囊玛、勒谐、鼓舞与热巴舞[35]。藏戏拥有众多的艺术品种和流派，被誉为藏文化的“活化石”。藏戏种类繁多，但主流的是蓝面具藏戏。演出一般分为三个部分，第一部分为“顿”，主要是开场表演祭神歌舞；第二部分为“雄”，主要表演正戏传奇；第三部分称为“扎西”，意为祝福迎祥。藏戏的服装从头到尾只有一套，演员不化妆，主要是戴面具表演。果谐是西藏农民群众喜爱的一种自娱性的古老的民间歌舞，在藏族广大农村的村广场、打麦场上非常流行，不用乐器伴奏，男女分班一唱一和，此起彼落，载歌载舞。堆谐流传于雅鲁藏布江流域，是流行于地势高耸的日喀则以西至阿里整个地区的圆圈舞。囊玛是流传于拉萨、日喀则、江孜等地的一种结构庞大并包含诗、歌、舞、乐的综合型音乐舞蹈艺术样式，因其历史悠久、发展成熟，被称为藏族的古典音乐。勒谐是西藏人民在进行铲土、打夯、垛麦等劳动时，边唱边配合手中动作时的劳动歌舞。

（2）民间工艺文化。西藏民间工艺文化有壁画、塑像、唐卡等[35]。西藏有许多著名的壁画和塑像，如布达拉宫中的“赛马骑射和角力摔跤”“五世达赖朝见顺治皇帝”；日喀则德庆颇章宫内的“八思巴与元世祖忽必烈会于六盘山下”；大昭寺内的“文成公主入藏图”；罗布林卡的“宴前认舅”等。

（3）节庆文化。西藏是众多少数民族的聚集地，如藏族、门巴族、珞巴族、纳西族、回族、蒙古族、怒族、独龙族等。因此有许多别具异域风情的节日和手工业品。如节日有藏历新年、花灯节、摆花节、雪顿节、沐浴节、望果节等；手工业品有藏毯、氆氇、卡垫、茶壶、奶罐、器皿、木碗、竹器、鼻烟盒、木杓、木匙、祭器、法器、金灯、金碗、佛像、法号、雕像、牛头、牦牛尾巴、牛角、泥菩萨、石刻菩萨、小石片经文、藏刀、腰刀、金银手饰、珍珠玛瑙、骨雕、绘画、藏香、雕塑等。西藏还形成了自己特有的节庆旅游产品，如中国·拉萨雪顿节、西藏纳木错国际徒步大会、那曲“羌塘恰青赛马艺术节”、日喀则“西藏圣地游——珠峰文化节”、昌都“康巴文化艺术节”[34]。

三、西藏旅游业与我国其他旅游地区对比

西藏旅游业虽然具备得天独厚的自然资源和独特的历史文化资源，但与全国其他旅游大省相比存在较大差距。

（一）西藏旅游业发展迅速，但产业总量相对落后

2007 年西藏全年接待国内外旅游者 402.94 万人次，旅游总收入 48.52 亿元，占全区 GDP 的 14.18%。2017 年西藏全年接待国内外旅游者 2561.43 万人次，比 2007 年增长 5.4 倍；旅游总收入 379.37 亿元，比 2007 年增长 6.81 倍，占全区 GDP 的 28.94%，可见西藏旅游业发展之迅速。

从旅游资源状况来看，西藏与云南、四川的旅游资源有着很大的共性特征。自然资源上，云南、四川和西藏都有分属寒带、温带、亚热带、热带的种类繁多的动植物类型，森林资源十分丰富，还都拥有众多类型不一的湖泊。文化资源上，云南、四川和西藏都为少数民族聚居地，拥有众多历史古城，并且边境线长，为边境旅游提供了有利条件。但从旅游业发展状况来看，西藏旅游业的发展与云南、四川有着巨大的差距。如表 2-33 所列，2017 年西藏接待国内外旅游者人次仅为云南的 4.41%、四川的 3.8%；旅游外汇收入仅为云南的 5.58%、四川的 13.66%；旅游总收入仅为云南的 5.5%、四川的 4.3%；对全国旅游总收入的贡献也远不及两省，西藏旅游收入占全国旅游收入的比重仅为 0.70%，而云南和四川则分别达到了 12.82%和 16.52%。这种情况与西藏丰富的旅游资源其不相符，反映了西藏旅游业的发展仍处在较低发展水平的层面，旅游发展相对落后[1]。

表 2-33　2017 年云南、四川、西藏旅游业对比

指标	云南	四川	西藏
接待国内外旅游者/万人次	58064.66	67336.2	2561.43
旅游外汇收入/亿美元	35.5	14.5	1.98
旅游总收入/亿元	6922.23	8923.1	379.37
旅游收入占 GDP 的比重/%	41.87	24.20	28.94
旅游收入占全国旅游收入的比重/%	12.82	16.52	0.70

数据来源：《2017 年旅游市场及综合贡献数据报告》《2017 年云南国民经济和社会发展统计公报》《2017 年四川国民经济和社会发展统计公报》《2017 年西藏国民经济和社会发展统计公报》

（二）入境旅游人次少，游客年平均停留天数少

西藏入境游客过夜人次和入境游客年平均停留天数均处于全国平均水平以下，且在西部地区中排名较为靠后。2016 年西藏入境游客过夜人次为 244401 人次，而全国平均水平为 2817906 人次，是西藏的 11.53 倍；西藏入境游客年平均停留天数为 3.09 天，而全国平均水平为 3.29 天。这与西藏独特的高原气候有着很大的关系：西藏是青藏高原的主体部分，平均海拔 4000 米，被称为“世界屋脊”，因此空气稀薄、含氧量少、气压低。初来西藏的人常有头痛、胸闷、心跳加快、气喘、呼吸困难等高原反应。但新疆部分地区海拔与西藏不相上下，游客同样会有高原反应，且与西藏同处于西部地区，入境游客过夜人次和入境游客平均停留天数都远高于西藏：2016 年新疆入境游客过夜人次为 582061 人次，是西藏的 2.38 倍；入境游客年年平均停留天数为 3.93 天，是西藏的 1.27 倍。如图 2-23 和图 2-24 所示。

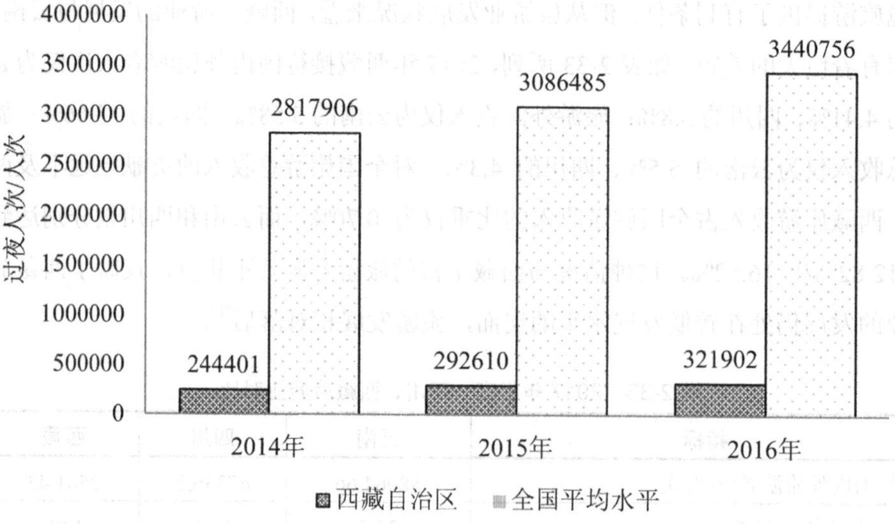

图 2-23　2014—2016 年西藏自治区入境游客过夜人次与全国平均水平对比

数据来源：《中国旅游统计年鉴 2015—2017》

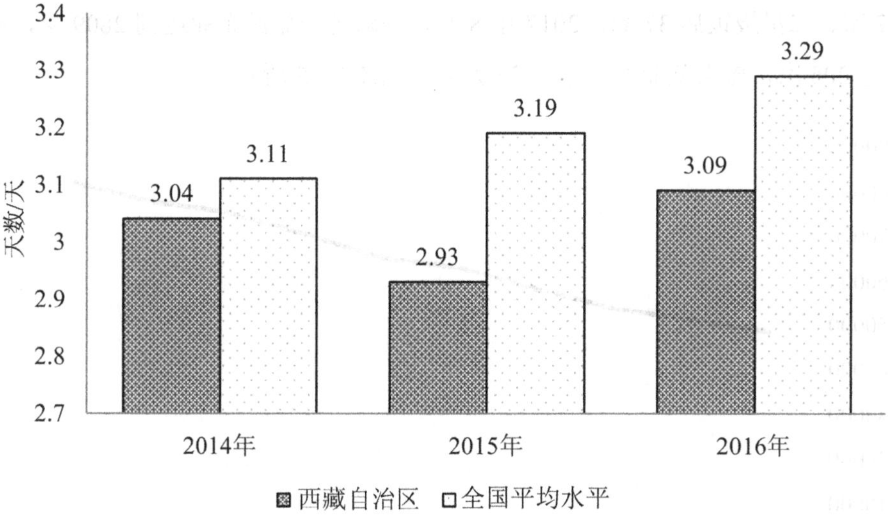

图 2-24　2014－2016 年西藏自治区入境游客年平均停留天数与全国平均水平对比

数据来源：《中国旅游统计年鉴 2015－2017》

四、从要素禀赋角度分析存在差异的原因

新结构经济学认为，任何产业的升级首先必须升级其要素禀赋，要素禀赋升级是产业升级的基础。因此，西藏旅游产业升级的基础是旅游产业要素禀赋的升级。必须从要素禀赋角度出发，分析西藏旅游业与其他旅游大省存在差距的原因，才能在此基础上，针对存在问题的要素禀赋进行升级，从而促进西藏旅游产业的可持续增长。

（一）基础设施建设不够完善，旅游接待能力仍略显不足

西藏旅游业经过 30 多年的发展，在旅游基础设施建设上已经具备了一定的基础，初步形成了“行、游、住、食、购、娱”六大要素比较配备、接待服务设施比较齐全的产业体系：2016 年西藏新增公路通车里程 4097 千米，达到 82097 千米；晴雨通车公路里程达 65374 千米；公路养护达 67118 千米；桥梁新增 1003 座/101699 米，达到 9191 座/307353 米。旅游周转量总计 606966 万人千米，其中：公路运输量 227034 万人千米；民航运输量 219580 万人千米；铁路运输量 160352 万人千米。饭店数达 169 家，其中五星级饭店 3 家、四星级饭店 42 家、三星级饭

店 87 家、二星级饭店 37 家。2017 年 8 月，西藏各类旅游企业达到 2809 家，旅行社达 205 家，旅游从业人员达到 35 万人，如图 2-25 所示。

图 2-25 2007—2016 年西藏自治区公路通车里程

数据来源：《西藏统计年鉴 2008—2017》

但与全国其他地区相比，西藏旅游接待能力仍略显不足，不能满足因旅游业快速发展而激增的需求。

1. 航空

西藏已建成投入使用的机场有 5 个，分别是拉萨贡嘎国际机场、阿里昆莎机场、昌都邦达机场、日喀则和平机场和林芝米林机场。阿里昆莎机场和昌都邦达机场位于海拔 4000 米以上的狭长山谷之中，起降航路上均有高山障碍物，飞机起降只能在蜿蜒的山谷中绕行；并且所在地气候恶劣、大风天多，因此都仅开通了往返拉萨的航班，日喀则和平机场也仅开通往返成都的航班。各地游客进藏主要以拉萨贡嘎机场和林芝米林机场为主。林芝米林机场开通了林芝到成都、重庆、深圳、拉萨的直达航班，目前没有国际航班。拉萨贡嘎机场国内航线涉及从拉萨通往北京、香港、深圳、厦门等国内主要城市的航班，主要集中在中部、东部地区，西部地区没有开通航线；国际航线也仅涉及到泰国苏梅岛和尼泊尔首都加德满都的直飞航班，许多外国游客进藏旅游需要转机，又因航班数较少，转机中途停留时间甚至长达十几个小时，十分不便。这也使西藏入境游客主要以亚洲游客为主：2016 年西藏入境亚洲游客比 2015 年增加 463.08 万人次，达到了 2125.08 万人次，是同年西藏入境欧洲游客人数的 3.9 倍、美洲游客的 6.29 倍、大洋洲游客的 25.8 倍、非洲游客的 36.64 倍，如表 2-34 所列。

表 2-34　2010—2016 年西藏自治区入境游客人数

年份	西藏自治区入境游客人数/万人次				
	亚洲	欧洲	美洲	大洋洲	非洲
2007	1607.03	620.73	272.1	72.85	37.91
2008	1456.17	611.27	258.19	68.87	37.84
2009	1377.93	459.12	249.12	67.24	40.12
2010	1620.37	567.28	299.54	78.93	46.36
2011	1665.02	591.08	320.1	85.93	48.88
2012	1664.88	592.16	317.95	91.49	52.49
2013	1608.83	566	312.38	86.34	55.27
2014	1636.15	548.41	310.65	81.01	59.69
2015	1662	489.14	311.53	77.64	58.02
2016	2125.08	543.99	337.88	82.35	58.86

数据来源：《中国旅游统计年鉴 2008—2017》

2. 公路

2016 年西藏等级公路 71356 千米，等级外公路 10741 千米。但在等级公路中，高速公路里程仅为 38 千米，在全国高速公路里程中排名最后一位，仅为倒数第二名海南的 4.8%。一级公路里程也仅为 266 千米，在全国排名倒数第一，如表 2-35 所列。

表 2-35 2014—2016 年西藏线路运输长度在全国的排名

指标	2014 年排名	2015 年排名	2016 年排名
铁路营业里程	29	30	30
公路里程	25	25	25
等级公路里程	26	26	25
高速公路里程	31	31	31
一级公路里程	31	31	31
二级公路里程	31	31	31

数据来源：《中国统计年鉴 2015—2017》

目前西藏有 11 条主要公路，除了机场-拉萨、江孜-日喀则、拉萨-泽当这三条条件良好的柏油路之外，其余都为沙路或者泥泞的道路，容易受天气影响，运价相对高昂且缺乏安全性。具体来说，西藏 318 国道中，然乌湖至波密段有约 90 千米长的路段为落石、泥石流、滑坡、过水路面、临水临崖路段，在进入雨季后，这些危险路段更容易发生自然灾害；318 国道米拉山口至墨竹工卡县有 56 千米高海拔、连续弯道路段；拉萨市区至日喀则地区仁布县有约 180 千米的傍山险路、临水临崖、事故多发和连续弯道路段；日喀则地区聂拉木县向南有约 100 千米连续下坡、多弯道、道路狭窄、急速落差、多滑坡、泥石流路段。109 国道南山口至那曲县为危险路段，其中雁石坪镇附近约 600 千米的道路属于易滑、连续急弯道、事故多发路段，那曲地区安多县至那曲县约有 240 千米为事故多发和高寒缺氧路段。拉萨市区至山南地区洛扎县为危险路段，其中羊卓雍措附近与 318 国道交汇处约 180 千米为傍山险路、临水临崖、事故多发、连续弯道路段，羊卓雍措至浪卡子县约 90 千米为连续反向弯道、临水临崖路段，浪卡子县至洛扎县约 120 千米为高海拔、多弯道、泥石流、多滑坡路段。并且西藏公路密度偏低，仅为西部地位平均水平的 1/3，再加上西藏地处高原、多高山峡谷、路面情况复杂、生态环境脆弱，公路的建造和维护成本都大大增加。

3. 铁路

2016 年西藏铁路营运里程仅为 786.3 千米，在全国排名倒数第二。这与西藏恶劣的自然环境有着很大的关系：西藏海拔高、高寒缺氧、生态环境脆弱，许多路段存在冻土，修建铁路难度大。因此青藏铁路被誉为“天路”，是世界上海拔最高、在冻土上路程最长的高原铁路，是世界铁路建设史上的一座丰碑。

4. 星级饭店

2016年全国星级饭店总数9861家，西藏仅为68家，占全国总量的0.69%；客房总数1420489间，西藏仅为6812间，占全国总量的0.48%；床位总数2482841张，西藏仅为13834张，占全国总量的0.56%。

5. 旅行社

2016年全国旅行社总数27939家，西藏仅为205家，在全国排名倒数第二，占全国总量的0.73%。

（二）旅游教育专业人才缺乏

2016年西藏旅游院校数为9家，其中高等院校4家、中等职业院校5家。旅游院校学生数3001人，其中高等院校旅游学生数1259人、中等职业院校旅游学生数1742人，旅游学生数非常稀少。且西藏旅游教育还停留在本科教学层次，旅游专业研究生教育仍为空白。如表2-36和表2-37所列。

表2-36 2007—2016年西藏自治区旅游院校及学生数

年份	院校总数	高等院校	中等职业院校	学生总数	高校人数	中职人数
2007	1	1	0	563	563	0
2008	3	2	1	380	250	130
2009	4	4	0	1800	1800	0
2010	2	2	0	485	485	0
2011	3	3	0	1069	1069	0
2012	3	3	0	945	945	0
2013	3	3	0	1296	638	658
2014	3	3	0	1323	638	685
2015	4	4	0	1268	1268	0
2016	9	4	5	3001	1259	1742

数据来源：《中国旅游统计年鉴2008—2017》

表 2-37　2014—2016 年西藏自治区旅游院校、旅游学生总数在全国的排名

指标	2014 年排名	2015 年排名	2016 年排名
旅游院校总数	31	31	30
旅游学生总数	31	31	29

数据来源：《中国旅游统计年鉴 2015—2017》

（三）环境恶化影响旅游自然资源优势

1. 冰川面积不断减少

西藏珠穆朗玛峰周围山地发育着大大小小、形形色色的冰川，是大自然留给西藏的不朽珍品。珠穆朗玛峰北坡最长最大的山谷冰川——东绒布冰川，其上的冰塔林地形，构成了群山中最奇丽的景观[38]。

近 40 年来，随着全球气温变暖西藏珠穆朗玛峰自然保护区的冰川持续退缩明显，总面积减少近 500 平方千米。冰川面积的减少又导致冰碛湖面积迅速扩张，净增加近 40 平方千米[38]。不仅如此，卡若拉冰川、纳木措流域冰川、普若岗日冰川等都有不同程度的退缩。

2. 湖泊经历严重萎缩－迅速扩张－增速减缓三个阶段

西藏是中国湖泊最多的地区，湖泊类型多种多样，湖泊总面积约 2.38 万平方千米，约占全国湖泊总面积的 30%。西藏约有 1500 多个大小不一、景致各异的湖泊，其中最为著名的湖泊有纳木错湖、羊卓雍湖、玛旁雍错湖、班公湖、巴松湖、森里错等。许多湖泊都被赋予宗教意义，其中纳木错、玛旁雍错、羊卓雍错被并称为西藏的三大“圣湖”。此外，还包括在藏传佛教活佛转世制度中具有特殊地位的拉姆拉错湖、地处藏北的苯教著名神湖当惹雍错、位于安多县的热振活佛“魂湖”——错纳湖等。

近 25 年来，西藏新增湖泊 261 个，湖泊总面积从 24161.1 平方千米增加到了 30549.2 平方千米。时间上，流域内湖泊总面积在 1990—1995 年严重萎缩，1996—2006 年迅速扩张，2007—2013 年湖泊扩张速度减缓。空间上，不同地区湖泊变化存在较大的空间差异：西藏中部地区年平均温度相对较低、降雨量较大是湖泊

扩张的重要原因；北部地区温度偏高、降雨量少、蒸散发大，昆仑山脉和阿尔金山脉的冰川融化、冻土融化等是湖泊扩张的原因。虽然西藏地区人类生产生活对湖泊环境的干扰越来越严重，取用水不断增加，但由于西藏人口密度小，人为因素对湖泊面积产生的负效应远远小于气候因素的贡献率，气候因素对当地湖泊面积的变迁仍占主导作用[39]。

3. 草场退化严重

西藏草场资源丰富，是我国五大牧区之一。西藏各类草场面积占自治区土地面积的 2/3，占中国草场面积的 23%。西藏有九大著名的草原，分别为那曲高寒草原、藏北草原、鲁朗花海牧场、哲古草原、邦杰塘草原、帕里草原、仲巴草原、帕羊草原、邦达草原、美玉草原。站在西藏广阔无垠的草原上，蓝天、白云、远山、绿草浑然一体，让人心旷神怡。

但目前西藏天然草场沙化、退化十分严重，全区草场退化面积已达 6.4 亿亩，占全区草场面积的 51.45%。除了与西藏草场保护与建设投入不足、草场产权问题有关外，西藏自然条件恶劣是核心因素：西藏地处高原，自然条件严酷，冷季漫长，草场以高寒类型为主，牧草生长期短，造成草场季节性生产与牲畜饲养需求严重失衡，草畜矛盾突出；再加上西藏平均每十年发生一次大面积的雪灾，每五年有一次中型雪灾；年均 8 级以上大风日数达 30 天以上，并且鼠类活动猖獗，草场虫害时有发生，使本身脆弱的生态环境更加恶化，导致草场资源不断丧失[40]。

（四）旅游资源尚未深度开发

目前西藏的观光旅游区域主要集中于拉萨、日喀则、林芝、江孜和山南等地，藏东及藏北的旅游资源还基本处于闲置状态；在时间上，旅游活动的季节性非常突出，游客集中选择在 5～10 月到藏旅游；旅游内容以观赏西藏古老的宗教文化、民族风情和雪域自然景观为主[36]。这说明西藏的旅游资源并未深度开发，因为西藏旅游区域可以根据不同的旅游特色及旅游最佳时间划分为 6 个部分：Ⅰ区包括安多和南部边缘的部分地区，旅游特色以草原风光为主，旅游最佳时间为 7 月和 8 月。Ⅱ区主要为阿里北部和那曲地区大部，旅游特色主要是众多的神山神湖和草原风光，旅游最佳时间为 5～9 月。Ⅲ区包括阿里地区南部、昌都市的大部分地区、日喀则市西南部，旅游特色为登山探险和原始森林风光，旅游最佳时间为5～10月。Ⅳ区涵盖沿江（雅鲁藏布江）一线的大部分地区，旅游特色主要以藏传佛教文化为主，旅游最佳时间为3～11月。Ⅴ区主要是林芝市西部、昌都、八宿等地区，旅游特色主要以雅鲁藏布大峡谷为主，辅以原始森林、湖泊和山峰，旅游最佳时间为2～12月。Ⅵ区为林芝市东南部，旅游特色主要是森林系统类型的自然保护区，全年皆为旅游最佳时间[33]。可见若深度开发旅游资源，西藏全年都是旅游旺季。

1. 自然资源

（1）雪山。

位于雅鲁藏布大峡谷的多雄拉雪山是一座理想的滑雪场所。印度洋的暖湿气流与大峡谷的冷空气在多雄拉雪山相遇，形成了墨脱峡谷，这样的自然环境使得多雄拉雪山有充沛的降雪量，年平均降雪量在1～2米以上，一年当中雪的保有期有9个月左右。多雄拉雪山位于雪线附近，因此能看到厚厚的积雪和潺潺奔流的溪水。其隘口风势很大，使得多雄拉雪山大部分时间都隐蔽在云雾之中，颇有一番仙境的感觉。并且相对于西藏其他地区来说，多雄拉雪山的海拔不算特别高，因此气温也不会特别寒冷，即便是在冬季温度最低的时候，也只有零下10° 左右，白天温度甚至可以达到 10° 以上。以上种种有利条件，使得多雄拉雪山成为全中国最天然、最舒适的滑雪地点。但西藏目前并没有对多雄拉雪山进行开发。

（2）冰川。

日结措嘉冰川位于山南地区洛扎县与不丹边境的卓木拉日康雪山下，是目前国内已知冰川中接近度最高的：游客完全可以零距离亲身接触，不需要任何专业装备。虽然规模较小，但是冰川发育完整、景观丰富、壮观震撼具有山岳冰川的所有特点。仁龙巴冰川位于昌都市八宿县然乌镇和林芝地区察隅县交界处，冰舌末端海拔4560米，长数千米，后面高耸着巍峨的雪山，是地球上少有的中低纬度海洋性现代山岳冰川，场面美丽壮观。岗布冰川位于浪卡子县与康玛县交界处，距离拉萨250多千米。这里冰川形态各异，置身其中如同进入一处冰塔迷宫。但目前西藏也没有对这三座冰川进行开发，又因其恶劣的交通状况，令许多游客望而兴叹。

（3）森林资源。

西藏森林景观绚丽多彩。在喜马拉雅山、横断山、念青唐古拉山高山峡谷中，自海拔几百米的谷底到海拔7000多米的雪峰，依次分布着低山热带雨林、低山准热带雨林、山地亚热带常绿阔叶林、山地亚热带常绿落叶阔叶混交林、山地温带松林、亚高山寒温带冷杉林、高山灌丛疏林和高山草甸。蓝黑而茂密的森林中，长艳不败的各色野花散布其间，景致宛如童话世界，是旅游的最佳去处。但由于缺乏开发建设资金、交通不便，再加上西藏各级领导对森林旅游资源开发缺乏足够的认识，西藏森林资源并没有被深度开发[109]。

2. 文化资源

西藏文化旅游产品结构较为单一，文化旅游产业发展还基本停留在以寺庙为主题的观光旅游层面上，“下车观庙，上车睡觉”已是西藏旅游不争的事实，这不仅使游客兴趣大减，也失去了对西藏民族文化进一步了解的可能性[35]。但西藏的文化资源远不止寺庙这一项，西藏的文化资源分为建筑文化和民族文化。建筑文化包括陵墓建筑、宫殿建筑、寺庙建筑、园林建筑；民族文化包括民间戏曲文化、民间工艺文化、节庆文化。民间戏曲文化包括藏戏、果谐、堆谐、囊玛、勒谐、鼓舞与热巴舞；民间工艺文化包括壁画、塑像、唐卡；节庆文化包括藏历新年、染灯节、摆花节、雪顿节、沐浴节、望果节等。每项文化资源都独具特色。

五、西藏旅游业转型升级的政策建议

（一）加强旅游基础设施建设，完善全区交通网络

加大对西藏旅游基础设施特别是交通方面基础设施的投资力度。如表2-38所列，西藏入境游客进藏方式主要以乘坐飞机为主，2014－2016年西藏外国游客入境方式中飞机占比分别为59.9%、59.9%、53.7%。随着近年来进藏外国游客人数的快速增长，应根据实际情况开辟从拉萨飞往国外各城市的航线，增加航运班次，方便国外游客到藏旅游。如表2-39所列，2007－2016年韩国、日本、马来西亚、新加坡、俄罗斯和美国的游客占西藏入境外国游客的前六位，因此尤其建议开通西藏到韩国、日本、马来西亚、新加坡、俄罗斯和美国的航班。再者，要增加西藏高速公路的建设，增加西藏公路密度，完善西藏已有公路的路况，还要增加西

藏星级饭店与旅行社的数量，提高饭店与旅行社的质量。

表 2-38　2014—2016 年外国游客进藏旅游方式

入境方式	外国游客进藏方式占比/%		
	2014 年	2015 年	2016 年
船舶	9.6	9.6	9
飞机	59.9	59.9	53.7
火车	1.9	1.8	1.3
汽车	13	12.5	14.1
徒步	15.7	16.2	21.9

数据来源：《中国旅游统计年鉴 2015—2017》

表 2-39　2007—2016 年到西藏旅游人数较多的外国国家

年份	到西藏旅游人数/万人次					
	韩国	日本	马来西亚	新加坡	俄罗斯	美国
2007	477.68	397.75	106.2	92.2	300.39	190.12
2008	396.04	344.61	104.05	87.58	312.34	178.64
2009	319.75	331.75	18.32	88.95	174.3	170.98
2010	407.64	373.12	124.52	100.37	237.03	200.96
2011	418.54	365.82	124.51	106.3	253.63	211.61
2012	406.99	351.82	123.55	102.77	242.62	211.81
2013	396.9	287.75	120.65	96.66	218.63	208.53
2014	418.17	271.76	112.96	97.14	204.58	209.32
2015	444.44	249.77	107.55	90.53	158.23	208.58
2016	476.22	258.74	116.39	92.19	197.6	224.78

数据来源：《中国旅游统计年鉴 2008—2017》

（二）加大对旅游专业人才的培养力度

旅游业作为西藏重要支柱产业所面临的一个严重问题就是人才的缺乏，西藏政府应加大对旅游教育的投资力度，增加旅游院校数量，并在各大高校开设旅游教育专业。可以通过对旅游教育专业的学生实施一定的补贴政策，通过政策鼓励或是降分录取等吸收西藏各地或其他省市的学生报考西藏当地高等院校的旅游专业。同时，大力培养旅游专业的研究生，使精通西藏旅游方面的人才为西藏当地旅游业的发展作贡献，从而更好地促进当地经济的发展。

（三）保护自然环境

西藏近年来冰川、草场等自然资源退化严重，而这些自然资源又是西藏旅游业十分重要的组成部分，其丧失必定会导致进藏游客减少，旅游收入下降，从而阻碍西藏经济的发展。因此应加大对自然环境的保护力度与建设投入。以草场为例，一是重点对天然草地开展围栏和水利建设，全面提高草地的产出水平和单位面积的载畜能力；二是实施草场责任制，按照以草定畜的原则，划定轮牧期、轮牧区和禁牧区，加大牲畜出栏，严禁草场的超载过牧，使天然草地得到有效保护；三是建设人工草地，减轻牲畜数量增加对自然草地的压力；四是运用科学手段，采取人工和生物等技术，加大对鼠害、虫害、毒草的预防和治理，维护草地的自然生态平衡。

（四）深度开发旅游资源

1. 开发高品质、高附加值的专项旅游

（1）登山旅游。

西藏是世界上登山旅游资源最丰富的地区，目前已经开放了44座山峰，南迦巴瓦峰-珠穆朗玛峰-冈仁波齐峰一线是登山活动最佳的区域，最佳攀登季节是4～5月和9～10月[36]。

（2）徒步旅游。

西藏的徒步旅游线路很多，如色季拉山、南伊沟、拉康林海、邦达草原等地都非常适合开展远距离徒步旅游，甚至是骑车旅行，游客可以在享受原始森林自然风光的同时，感受随着山体海拔高度的变化森林群落类型的改变；从南部的定日、吉隆、达卡至尼泊尔有多条传统商道，并且珠穆朗玛峰与尼泊尔国家高山公园相连，成为跨国徒步旅游的理想地区，具有形成国际路线的有利条件[36]。

（3）科学考察游。

西藏特殊的地质、地貌、水文、动植物、气候等地理要素都具有很高的科学考察价值，如著名的雅鲁藏布大峡谷沟谷幽深、岸陡流急、植被垂直分布明显、生物多样性极其丰富，是发展科考和探险旅游的理想地区[36]。

（4）游湖垂钓游。

西藏湖泊类型多种多样、景色各异。帕巴拉神湖湖岸环绕着东日神山，山顶呈锥形屹立蓝天，洁白如海螺。神山神湖相依，山因水更秀美，水因山更旖丽。然乌湖雪山山顶终年不化、重叠起伏，美不胜收，有“西天瑶池”的美誉。可以在然乌湖、帕巴拉神湖、亚措湖、错高湖等湖泊开展游湖、垂钓，在神化传说中体会高原湖泊的清、秀、美。

（5）滑雪游。

位于雅鲁藏布大峡谷的多雄拉雪山是中国最天然、最舒适的滑雪地点，可以对多雄拉雪山进行合理、适度的开发，打造中国滑雪第一品牌。

2. 开展区域合作，打造旅游精品

西藏与周边省区在旅游资源方面既有相似性又有互补性，这使得西部旅游业实现联合经营、优势互补、共同发展成为可能。如西藏、云南、四川已建成“中国香格里拉生态旅游区”，目前已被列为国家重点旅游开发区域，成为国内外游客向往、旅游业界青睐的旅游目的地。西藏可以借鉴“中国香格里拉生态旅游区”的成功建设经验，积极地与周边其他省市开展旅游合作。并不断加强与周边国家的区域联合，比如尼泊尔：珠穆朗玛峰与尼泊尔国家高山公园相连，可开展登山和跨国徒步旅游等项目，并且西藏的旅游淡季是尼泊尔的旺季，二者可形成互补[110]。

3. 大力发展冬季旅游

西藏地处低纬度地区，暖阳遍及每年的11月至次年3月，主要城镇白天平均温度高于北京 5℃以上，因此可以开展高原冬季日光浴旅游。拉萨、日喀则、山南、林芝、昌都地区主要旅游地都是著名的高原阳光地带，冬天的可进入性没有变化，游人可从容、安逸地在布达拉宫、大昭寺之巅享受拉萨“日光城”的冬日暖阳，欣赏迷人雪景，聆听喇嘛的天籁之音，收获别样的心境。岁末年初，西藏各地的节日、节庆延续不断，特别是藏历新年期间，西藏人民身着盛装、载歌载舞，几乎每天都是饱览绚烂多彩的藏民族风俗、服饰的好时机；享有“香巴拉腹地”美誉的林芝地区，在秋冬季节，原始丛林层林尽染，似一幅多姿多彩的“藏东油画”，身临其境，仿佛人在画中游[36]。

4. 深度挖掘旅游资源的文化内涵，提升西藏文化旅游的层次

大力挖掘西藏历史文化、宗教文化、古建筑文化、饮食文化、民俗风情文化等内涵，并将其与旅游相结合，使传统旅游升华为全方位、高层次、多效益的文化旅游；加大文化的切入，通过精选历史文化、传统习俗、节庆活动等文化资源，精心设计旅游产品，丰富西藏文化旅游的内涵，使藏族悠久的历史、古老的传说、多姿的民族风情得到更充分、更鲜活、更丰富多彩的表现；增加具有浓郁地方和民族特色，富有知识性、审美性与可参与性的休闲项目、趣味项目。如参与民俗活动、有代表性的民族手工艺品的制作活动、节日庆典活动等，让旅游者在观光旅游的同时，能够亲身体验藏族的生产、生活方式，亲身感受藏民族的服饰、饮食、歌舞等文化，对西藏文化有更全面的感触[35]。

5. 优化旅游项目的空间地域组合，构建复合型旅游项目体系

可以开发“朝圣转山、古格寻秘、绒布冰川探险”复合旅游产品：从拉萨出发，经日喀则、拉孜到达冈仁波齐，经玛旁雍错、札达到古格、狮泉河，再经日土、班公错、改则、措勤、萨嘎、吉龙、佩枯错、定日到达珠峰大本营，最后经定日、拉孜、日喀则、江孜、羊卓雍湖返回拉萨。这一旅游产品不仅包括对沿途自然和人文风光的观赏，还融入了转山、寻秘访古、冰川探险等特殊旅游内容，具有极佳的产品组合优势和良好的开发前景[36]。

第四节　新结构经济学视角下湖北省经济发展与产业转型升级

一、湖北省经济发展概况

2016 年湖北省的生产总值达到了 32665.38 亿人民币，其地区生产总值排名全国第八，较上年增长了 3115.19 亿人民币，是 2007 年湖北省生产总值的 3.5 倍，

是江西省2016年生产总值的1.8倍，是西藏自治区的28倍有余，如图2-26所示。

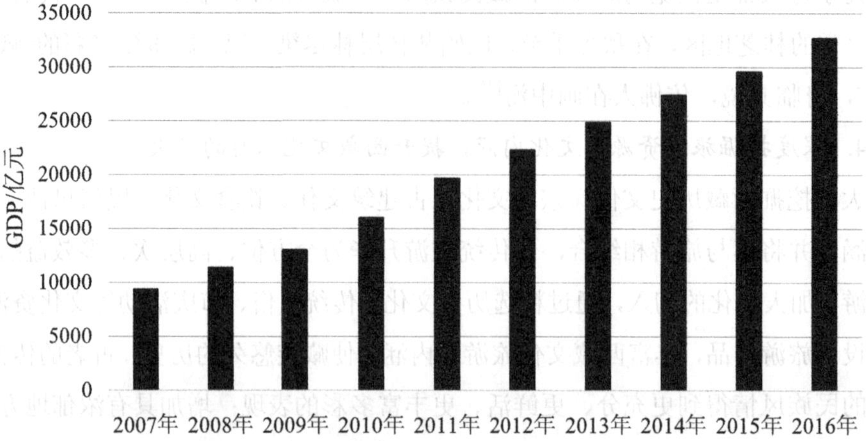

图2-26 湖北省GDP

数据来源：国家统计局 http://data.stats.gov.cn/index.htm

近十年湖北省“稳中求进”，逐渐放缓经济发展速度，全省GDP增长率呈现递减趋势。2016年，湖北省GDP增长率为8.1，是近十年来湖北省GDP增长率最低的一年，仅次于天津市（9.1）、安徽省（8.7）、福建省（8.4）、重庆市（10.7）、贵州省（10.5）、云南省（8.7）、西藏自治区（10.1），位列全国第8位。与全国GDP增长率相比较，湖北省历年增长率略高于全国平均水平，如图2-27和图2-28所示。

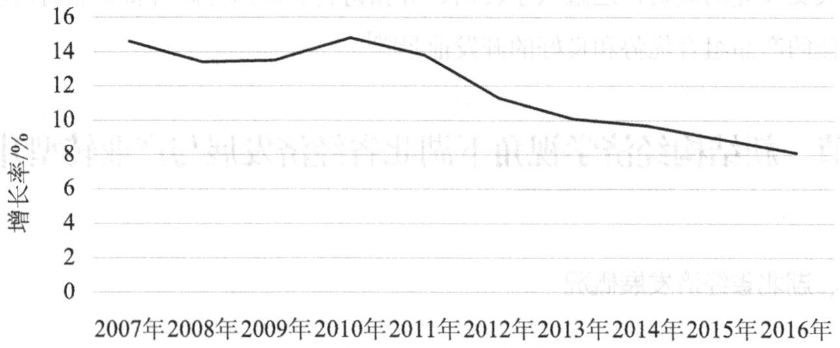

图2-27 湖北省GDP增长率

数据来源：国家统计局 http://data.stats.gov.cn/index.htm

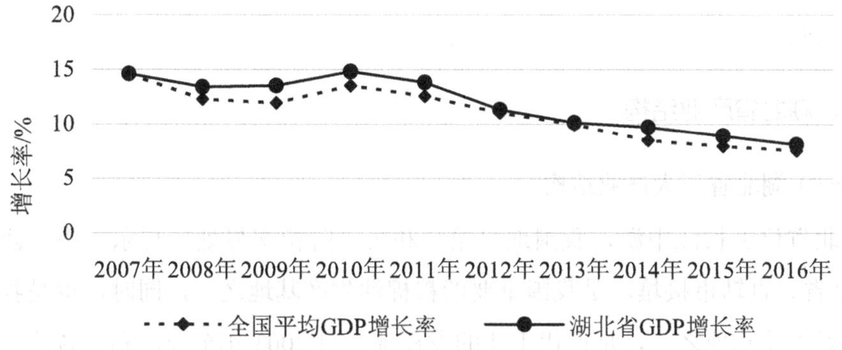

图 2-28　湖北省 GDP 增长率与全国对比

数据来源：国家统计局 http://data.stats.gov.cn/index.htm

湖北省人均 GDP 从 2007 年的 10386 元增长至 2016 年的 55665 元，2016 年人均 GDP 居全国第十，高于全国平均水平，如图 2-29 所示。

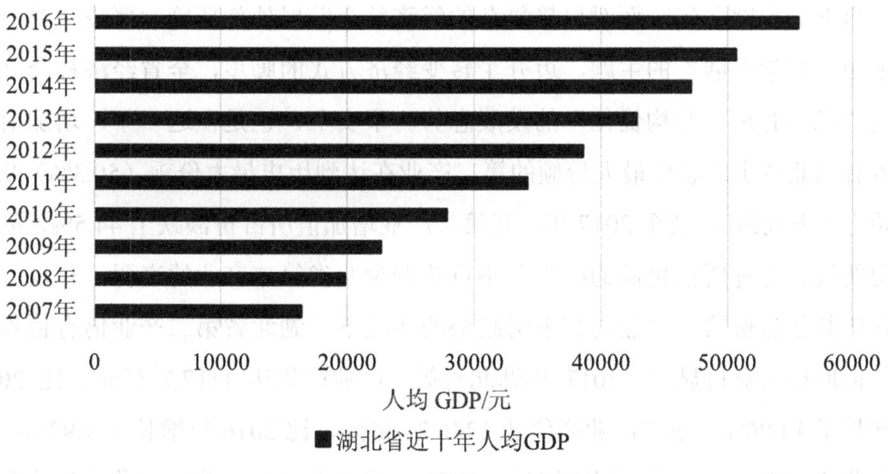

图 2-29　2007—2016 年湖北省人均 GDP

数据来源：国家统计局 http://data.stats.gov.cn/index.htm

由以上数据可见，近十年来，无论是省 GDP、省人均 GDP 还是省 GDP 增长率，湖北省一直都处于全国平均水平之上，这足以说明其总体经济实力之雄厚与其宏观经济发展之活力。一个地区的经济发展水平能反映出很多问题，一般来说，经济发展水平高的地区，其产业结构必有一定的组合优势来推动并维系其经济的高水平发展。

二、湖北省产业结构

（一）湖北省三大产业结构

湖北省位于长江中游，我国地势第二和第三阶梯交界处，与东、中、西部共 6 个省、直辖市接壤。是我国重要的粮棉油生产基地之一，同时，也是我国重要的老工业基地之一，是近代工业的发祥地。自 2003 年至今，湖北省第一产业占比逐步下降，第二产业和第三产业的发展历经了几次转折。如图 2-30 所示，2003—2007 年，湖北省第二产业占比从 47.8%逐渐下降至 42.1%，与此同时，第三产业占比从 37.4%逐步上升至 42%，与第二产业占比相同。2007 年后第二产业占比逐渐上升，在 2012 年达到峰值 50.3%，第三产业也逐步下降至 36.9%。2012 年是湖北产业经济的重要转折年。这一年，是湖北省实施“十二五”规划承上启下的关键之年，面对日趋复杂的经济社会发展外部环境的严峻考验，湖北紧扣“科学发展”的主题，迈开了转变经济方式的脚步，全省经济社会开始出现“稳中有进、结构优化”的发展态势。事实上，也是在这一年，增加值一向占有湖北省生产总值最大份额的第二产业在达到历史最大份额（50.3%）后，开始走“下坡路”，截至 2017 年，其第二产业增加值所占份额跌至 44.5%，创造历史新低。这种所占份额的减少并不意味着湖北省第二产业的衰弱，相反，在近几年其他省份第二产业均有下滑趋势的环境下，湖北省第二产业仍有稳步提升。根据相关资料显示，2017 年湖北省第一产业产值达 1117.7 亿元，比 2016 年增长了 14.06%；第二产业产值达 1246.28 亿元，比 2016 年增长了 9.97%；第三产业达 1089.55 亿元，同比增长 22.99%。这充分说明了第二产业增加值在湖北生产总值占比中的持续下滑是湖北省产业结构不断优化升级的表现。由于近 15 年来，湖北省第一产业占比下降，对经济增长提升的作用有限，因此后续将重点讨论第二产业和第三产业的内部结构。

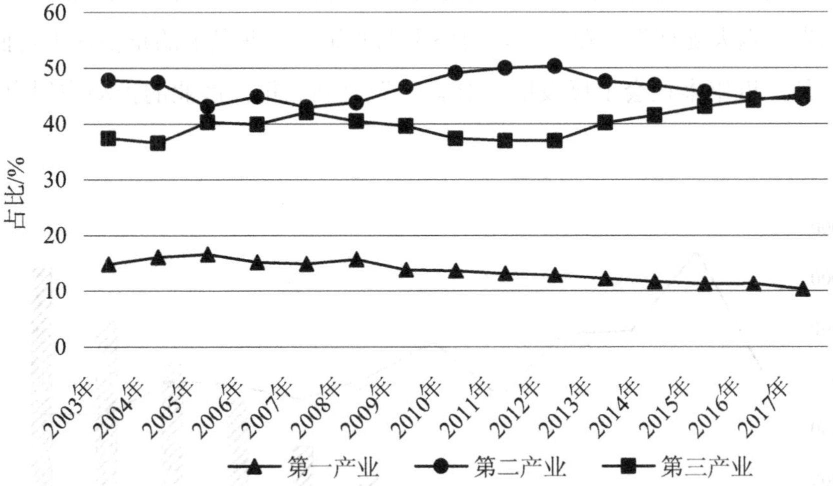

图 2-30　近 15 年湖北省三次产业结构变化图

数据来源：湖北省统计局 http://www.stats-hb.gov.cn

（二）湖北省第三产业发展现状

2018 年 5 月 25 日，湖北省就业促进会发布了《依法促就业的金色十年》湖北调研报告，其中指出湖北省第三产业对就业的贡献率已超过了第二产业，成为吸纳就业最多的产业。如图 2-31 所示，2016 年湖北省第三产业增加值达到 14263.45 亿元。到了 2017 年末，湖北全省共完成财政总收入 5441.42 亿元，比上年增长 9.4%；完成货物周转量 6589.58 亿吨公里，比上年增长 7.0%；旅客周转量 1601.97 亿人公里，较上年增长 4.9%；公路营业里程达 269484.03 千米，比上年增长 3.6%；高速公路里程达 6251.66 千米，较之上年增长了 0.8%；邮政业务总量 265.74 亿元，增长 38.3%。此外，教育、医疗卫生等产业均已成为湖北省新的经济增长点。湖北省第三产业能在短短数年取得如此大的进步，有赖于近年湖北省采取的包含旅游、文化、物流、金融等重点领域在内的一系列重大举措，在“十三五”规划的“东风”下，湖北省第三产业产值已逼近国内生产总值的一半。

由图 2-31 可知，近年来湖北省第三产业增长率并无明显趋势，总体趋于平稳，而增加值却年年攀升，2016 年比 2007 年翻了两番有余，可见近年湖北省第三产业发展成果颇丰，呈现出良好的发展态势。在湖北第三产业中，电子信息产业位列湖北省“六大支柱”产业之一，对整个湖北第三产业发展的重要性不言而喻。除此之外，近年来社会上爆发的“金融热”对湖北第三产业的推动作用也不容忽视。

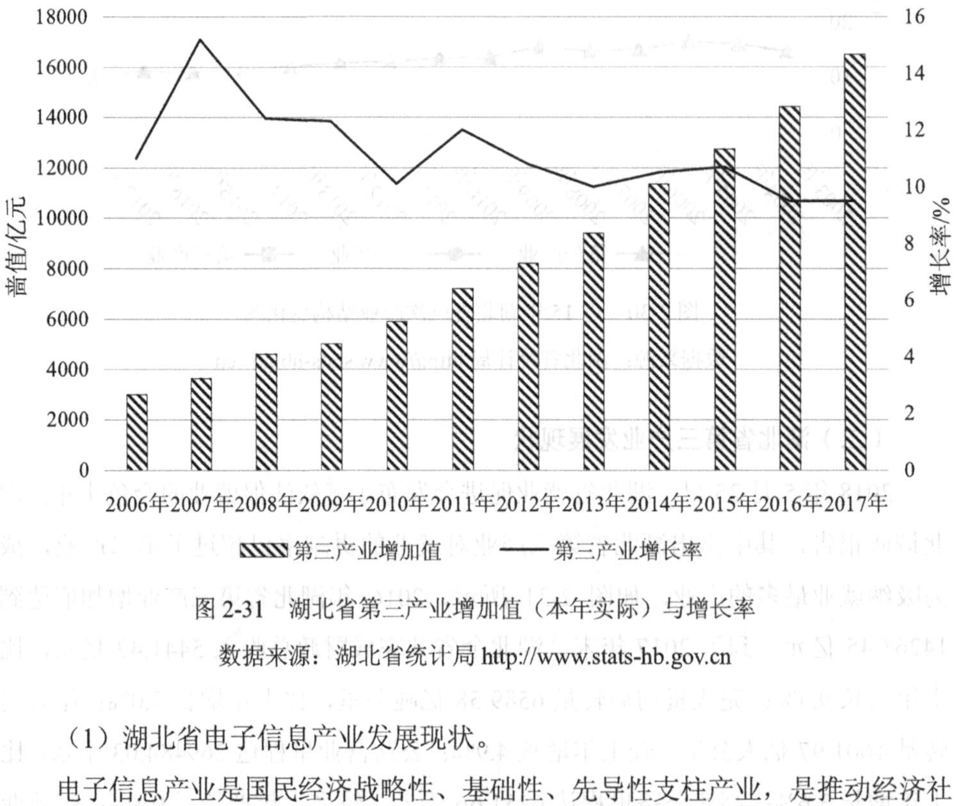

图 2-31 湖北省第三产业增加值（本年实际）与增长率

数据来源：湖北省统计局 http://www.stats-hb.gov.cn

（1）湖北省电子信息产业发展现状。

电子信息产业是国民经济战略性、基础性、先导性支柱产业，是推动经济社会信息化建设及工业转型升级的重要物质基础与技术支撑。截至目前，湖北省已建立荆门电子信息产业园等多个产业园区，省核心软件园——光谷软件园于 2016 年底承接总投资 1600 亿元的国家存储器芯片项目，并开始动工；2017 年 6 月，光谷对外公布将打造万亿级电子信息产业集群，通过加快科技研发、加大投资力度等方式对显示面板与芯片进行技术“补漏”，未来有望成为中国乃至全球最密集的电子信息产业基地，助力我国破解“缺芯少屏”的产业困局。

除此之外，2017 年湖北省电信业务总量达 857.96 亿元，较上年增长 66.6%。

长途光缆线路总长度达到 3.23 万千米；局用交换机达到 408.4 万门；固定电话用户 658.78 万户；移动电话用户达到 4994.11 万户；全省电话普及率为 95.78 部 / 百人；互联网宽带接入用户 1242.92 万户。

（2）湖北省金融产业发展现状。

2016 年，湖北省金融产业增加值较上年同期增长 123.6 亿元，较 1952 年增加了 11317.3 亿元，比 2015 年增加 1253 亿元，发展迅速。此外，自 2011 年起，湖北省金融业占国内生产总值的比重呈直线上升趋势：2016 年为 7.2%，较 2015 年高出 0.9%，较 2014 年高出 2.2%。至 2017 年年末，湖北全省金融机构本外币当年各项存款余额达 52352.43 亿元，比年初增加 5067.49 亿元。如表 2-40 所列。

表 2-40 2011—2016 年湖北省金融业各类型增加值对比表

指标	2011 年	2012 年	2013 年	2014 年	2015 年	2016 年
1952=100%	4623.80	5830.70	6740.30	7731.10	10104.60	11357.60
上年同期=100%	112.80	126.10	115.60	114.70	130.70	123.60
本年实际/亿元	674.57	870.36	1179.55	1372.61	1853.12	2318.87

数据来源：湖北省统计局 http://www.stats-hb.gov.cn

（三）湖北省第二产业的内部结构解析

第二产业是三大产业的核心，不仅为第三产业的发展提供必要的基础和条件，对第一产业的发展也有极为重要的带动作用。由前面内容不难发现，湖北省经济发达，很大程度上是依赖第二产业的贡献。其辖区内丰富多样的自然资源、庞大的劳动力体量，为其建筑业和工业的发展提供了必要的基础；持续走高的生产总值和吸引投资力度，又为其建筑业和工业的发展提供了源源不断的资金保障；在拥有这些要素禀赋的同时，湖北关于第二产业的发展政策也是层出不穷。政府对这些要素禀赋的合理利用进行必要的规划，作用到第二产业上，不仅影响着三大产业的总体结构，更是影响着第二产业本身的内部结构。我国参照“三次产业分类法”将第二产业分为工业和建筑业两大板块。其中，工业又细分为采矿业、制造业、水电油气的生产和供应等。在细分后的工业中，制造业是主要部分。

2017年，湖北省全年全省共完成生产总值36522.95亿元。其中，第一产业完成增加值3759.69亿元，占比10.30%；第二产业完成增加值16259.86亿元，占比45.10%；第三产业完成增加值16503.40亿元，占比44.60%。在第二产业中，全部工业增加值为13874.21亿元，占第二产业增加值的85.33%，占全年全省生产总值的37.99%；全年全省资质以内建筑企业完成施工产值13391.23亿元，占第二产业产值的14.67%，占全年全省生产总值的7.11%。可见，第二产业在当前湖北省生产总值的增长中，仍占有举足轻重的地位，而工业的发展对于湖北第二产业来说可谓是“命脉”所在。

湖北的工业起步较早，在二十世纪八九十年代成功借助政策的“东风”顺利获取了东北老工业基地的技术、资本、生产工具等的嫁接。这种“嫁接式”的起步方式为湖北省工业节省了大量的时间和资金成本。二十世纪末始，至今几十年来，工业产业一直都是湖北经济发展的重中之重，而湖北工业产业依仗湖北省各方面丰富的要素禀赋，以湖北省各阶段制定的关于工业发展的有效政策为助力，多年来为湖北省的经济腾飞创造了强有力的支持。

如图2-32和表2-41所示，湖北省工业总产值9年来保持持续增长，2014年以前增长较为明显，2015年开始增长幅度缩小。实际上，这种趋势的变化也正反映了湖北产业结构的调整。自20世纪90年代开始，湖北省就已着手为其省内第三产业的发展进行规划，而与此同时，湖北第三产业中的餐饮业和金融业已然占据第三产业的“半壁江山”。面对第三产业内部产业间的发展不平衡，即便有后来以上海浦东为龙头的长江经济带的开放开发带来的机遇，也很难扭转第三产业的发展困局。此时，加大对第三产业尤其是其中较为薄弱的产业的政策倾斜和扶持力度，就显得极为必要。到2014年，第三产业已发展到与第二产业“齐头并进”的程度，此时，随着互联网科技等的现代科技的发展，房地产业、电子信息产业等纷纷掀起创收狂潮，电子信息产业更是一跃成为湖北经济的六大支柱产业之一。这种规模上的冲击，使得湖北省第二产业的重要组成部分——工业的发展受到挑战，导致其总产值增幅放缓，也是经济发展中的必然。

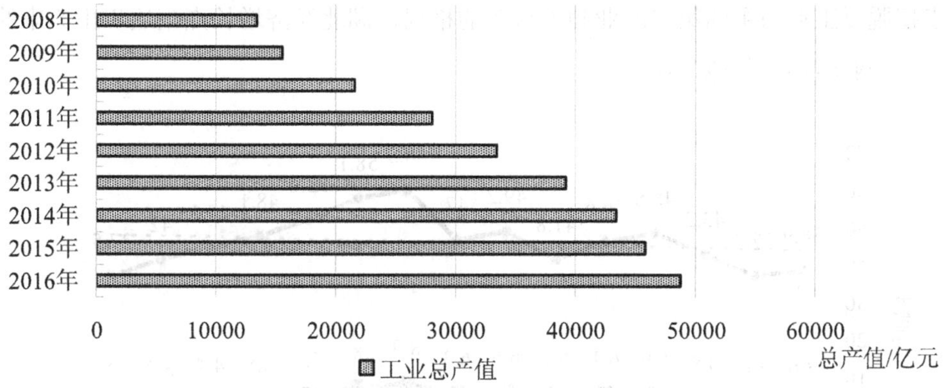

图 2-32 近 9 年湖北省工业总产值变化图

数据来源：湖北省 2017 年统计年鉴

表 2-41 湖北省工业在其生产总值指数表

年份	地区生产总值/%	人均地区生产总值/%	工业生产总值/%
2007	114.6	114.7	115.7
2008	113.4	113.2	116.9
2009	113.5	113.3	115.7
2010	114.8	114.7	121.3
2011	113.8	113.5	119.1
2012	111.3	110.7	113.4
2013	110.1	109.7	111.2
2014	109.7	109.3	110.0
2015	108.9	108.4	108.5
2016	108.1	107.5	107.8

数据来源：湖北省 2017 年统计年鉴

如图 2-33 所示，不管是工业产业的贡献率还是工业产业的拉动率，在 2010 年都出现了明显的下滑趋势。2010－2016 年间，工业产业贡献率下滑了 22.8%，而工业产业拉动率则下滑了 5.9%。这种变化趋势标志着湖北省的产业结构正在逐步摆脱以工业为主的第二产业独占鳌头的格局，湖北经济增长点正逐步由原来的工业产业转移至其他产业。

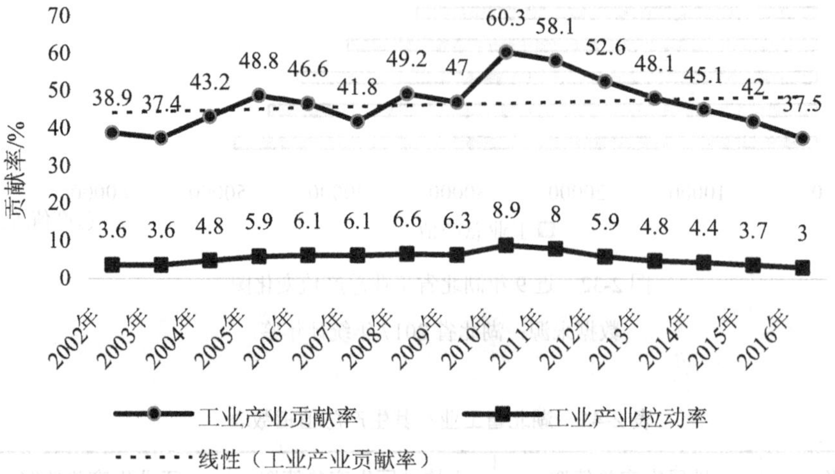

图 2-33　湖北省工业产业贡献率和拉动率走势图

数据来源：湖北省 2017 年统计年鉴

（四）湖北省工业产业结构的内部解析

尽管近年来产业结构的调整使得湖北工业在湖北全省的生产总值中的比重连年下降，但其占有的经济体量仍是湖北经济最为重要的组成部分。在现如今湖北经济的“六大支柱”产业中，就有五个属于工业产业范畴。“轻重工业分类法”源于产业划分中的“农轻重分类法”，它将整个工业分为轻重两部分。湖北轻重工业发展水平相对较高，近年来产值排位均处在全国中上游，但二者发展程度却不尽相同。总体来说，湖北省的重工业发展程度要高于轻工业，且近年来二者差距有越拉越大的趋势。工业企业单位数量方面，2016 年，轻工业企业单位数量发展到了 6680 家，是 2006 年的两倍有余；重工业企业单位数量达到 9616 家，也是 2006 年的两倍有余，如图 2-34 所示。

由图 2-34 可知，湖北省工业企业数量在 2010 年经历了一次大幅度的减少，2011 年以后开始重返高峰。一定时期内工业企业数量的变化既反映了该时期内工业发展的规模，又影响了该时期内工业产值的增减。

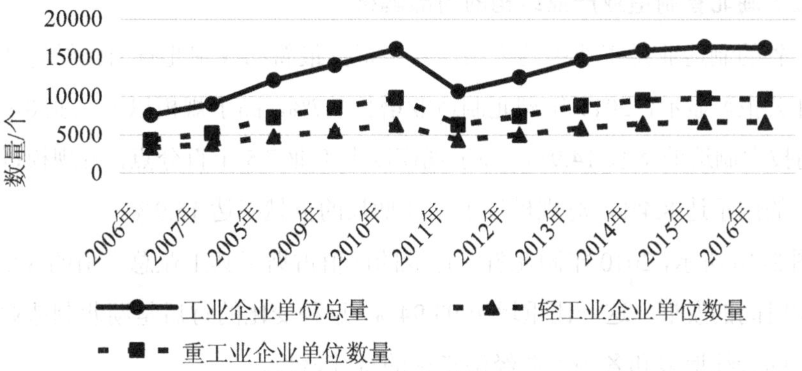

图 2-34 近年来湖北省工业企业数量变化图

数据来源：湖北省 2017 年统计年鉴

如图 2-35 所示，2010－2011 年湖北工业企业单位数量的骤然减少，并没有给湖北工业产值带来骤减的负面影响，湖北工业产值反而维持住了稳步增长的趋势。这说明湖北省工业实力雄厚，同时表明了这一时期湖北政府推行实施的一系列调整产业结构的政策是有效的，成功以平稳的方式推进了湖北产业升级。

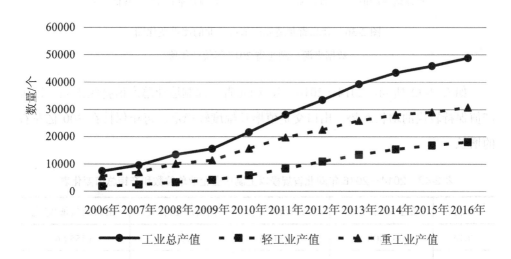

图 2-35 近年来湖北省工业产值（亿元）

数据来源：湖北省 2017 年统计年鉴

（五）湖北省制造业产业结构的内部解析

湖北省的制造业是工业中的大头产业。根据最新的《湖北省国民经济和社会发展统计公报》显示，2017 年湖北制造业增长 7.7%，高于规模以上工业 0.3 个百分点；高技术制造业增长 14.9%，高于规模以上工业 7.5 个百分点，占规模以上工业增加值的比重达 8.4%，对规模以上工业增长的贡献率达 15.9%。

如图 2-36 所示，2010 年湖北省制造业的产值占据了其工业总产值的 89.41%，经过六年时间的发展，这一比重增至 93.94%。这种变化的背后是湖北制造业企业单位数量的持续增多和各项产业经济指标的持续增长。

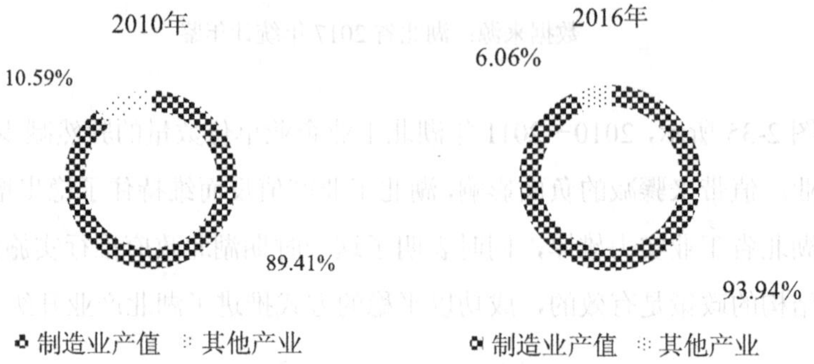

图 2-36 湖北省制造业产值占工业的比重变化图

数据来源：湖北省 2017 年统计年鉴

如表 2-42 所列，2014—2016 年，湖北省全部制造业总产值持续走高，销售产值保持较快的增长态势，出口交货值增长幅度较稳定，每年保持在 300 亿左右的增长。

表 2-42 2014—2016 年湖北省规模以上制造业企业单位数和产销总值变化表

年份	企业单位数/个	总产值/亿元	销售产值/亿元	出口交货值/亿元
2014	14900	40390.30	38992.30	1455.66
2015	15364	42770.51	41134.69	1687.49
2016	15371	45809.57	44392.28	1904.30

数据来源：湖北省 2015—2017 年统计年鉴

湖北省制造业发展历史悠久，规模庞大，体系成熟，行业覆盖面极广。关于产业划分的“资源密集度分类法”用来拆解其制造业结构再合适不过。结合此种产业分类方法，将湖北省制造业产业按行业划分，得出如下结果：如表 2-43 和表 2-44 所列，2010—2016 年湖北省农副食品加工业、纺织业等劳动密集型产业产值增长幅度较大；汽车制造业这一综合型制造业行业从 2010 年的“十名开外”迅速跻身第一位，产值超越第二名 1500 亿元有余，成为湖北制造业的标志性产业。汽车产业这种爆发式的增长是多方作用的结果。总地来说，湖北科技发展程度加深，从第一产业解放出的相对低层次的劳动力资源满足了汽车产业中的零部件组装等劳动密集型工作岗位的需要；同时，其人才数量的增多，又激励着汽车研发等技术密集型生产环节的进步。近年来，随着国家贸易的发展，各大本土汽车生产厂商加深了同国际知名汽车厂商的合作，这对国内汽车产业的技术创新和管理优化都非常有利。

表 2-43　2010 年湖北省规模以上制造业企业总产值占比排名前十的行业

排名	行业名称	2010 年总产值/亿元	占全部制造业的比重/%
1	铁路、船舶、航空航天和其他运输设备制造业	3852.29	19.92
2	黑色金属冶炼和压延加工业	2442.92	12.64
3	化学原料和化学制品制造业	1600.80	8.28
4	农副食品加工业	1536.50	7.95
5	非金属矿物制品业	1089.92	5.64
6	纺织业	946.33	4.89
7	电气机械和器材制造业	801.59	4.15
8	通用设备制造业	797.81	4.13
9	计算机、通信和其他电子设备制造业	619.01	3.20
10	石油加工、炼焦和核燃料加工业	609.27	3.15

数据来源：湖北省 2011 年统计年鉴

表 2-44　2016 年湖北省规模以上制造业企业总产值占比排名前十的行业

排名	行业名称	2016 年总产值/亿元	占全部制造业的比重/%
1	汽车制造业	6760.07	14.76
2	农副食品加工业	5259.62	11.48
3	化学原料和化学制品制造业	4404.70	9.62
4	非金属矿物制品业	3500.98	7.64
5	纺织业	2445.95	5.34
6	计算机、通信和其他电子设备制造业	2333.59	5.09
7	电气机械和器材制造业	2078.86	4.54
8	酒、饮料和精制茶制造业	1960.53	4.28
9	黑色金属冶炼和压延加工业	1807.43	3.95
10	金属制品业	1612.87	3.52

数据来源：湖北省 2017 年统计年鉴

三、新结构经济学视阈下湖北省汽车产业的发展研究

通过以上论述和数据分析，湖北省“稳中求进、全面发展”的全产业发展道路变得显而易见。三大产业的协同发展造就了如今湖北省深厚的经济底蕴，而在这其间，第二产业，尤其是工业方面，对其经济发展的贡献可谓是首屈一指。以汽车产业为首的“湖北省六大支柱产业”早已名声在外，哪怕时至今日，湖北省省会武汉“中国车都”的名号也依旧牢不可破。近十年来，随着经济全球化程度的不断加深，对外贸易迎来了前所未有的大好时机，各个省份乘着国家政策的“东风”着力发展第三产业，省内第一产业和第二产业普遍出现了产值下降现象，唯有福建和湖北两省在迅猛发展第三产业的同时，保持住了第二产业产值的稳定，湖北省第二产业产值甚至出现了与第三产业同样的“提升”态势。

湖北省工业的顽强发展有赖于其省内三大工业走廊的规划。三大工业走廊分别以位于湖北省中北部地区和西南部地区的省会武汉和“湖北第二大城市”宜昌

为中心和起点，结合省各地区不同的资源和工业基础分别向西北、西南、东南三个方向辐射，贯穿整个湖北省，形成了“武汉-鄂州-黄石”冶金工业走廊、“武汉-孝感-随州-襄阳-十堰”汽车工业走廊和“宜昌-荆州荆门”石油化工工业走廊。三大工业走廊与“上海宝山-安徽马鞍山-湖北武汉-重庆-四川攀枝花”钢铁工业走廊、“上海-南京-武汉-重庆”汽车工业走廊、“上海-南京-安庆-武汉-岳阳-成都”石化工业走廊和“上海-杭州-南京-武汉-长沙-重庆-成都”轻纺工业走廊等长江沿江地带“四大工业走廊”相互呼应，与“以沪宁杭为中心的综合工业基地”“以武汉为中心的钢铁、轻纺工业基地”“以宜昌、重庆为中心的电力、冶金工业基地”和“以攀枝花、六盘水为中心的钢铁、煤炭工业基地”等我国“四大工业基地”相辅相成，为湖北省工业尤其是汽车产业的发展提供了强大的后盾与动力。可以说，湖北省的汽车产业强盛至此，是其特殊地理位置、丰富多样的资源与当地政府政策引导的完美融合而产生的结果。

（一）湖北省汽车产业的发展现状

湖北省汽车产业与国内其他省市区相比起步较早，许多国内外汽车企业相继进入湖北，使得其早早形成了产业集聚带，如今已经造就了湖北汽车产业在全国不可撼动的领先地位。“十一五”规划以来，湖北省紧抓“中部崛起”战略的发展机遇，结合省内“两圈一带”“工业兴省”的战略指导，坚持探索和实践新型工业化道路，多次在面对市场环境严峻时逆流而上，呈现出“总量不断增长、结构持续优化、投资逐步扩大、技术创新增强”的新趋势，充分体现了汽车产业在湖北省的支柱性地位。近年来，由于“十三五”规划实施的推进和《中国制造 2025 湖北行动纲要》的实施，湖北省汽车行业全面促进汽车产业向高质量发展转变的进程加快。截至 2016 年，湖北汽车全行业共建立各类研发机构将近 300 个；规模以上汽车工业增加值同比增长 13.9%，高于全省工业增速 5.99 个百分点；规模以上汽车工业增加值占全省工业的比重为 13.3%。全省车企累计生产汽车达 243.7 万辆，同比增长 24.5%，占全国汽车生产总量的 8.7%，同比增长 0.7%，体量稳居全国第 6 位。[①]

① 湖北省汽车产业发展报告 http://cs.hbeitc.gov.cn/jxqcc/ywgzdt/89076.htm

2017年，湖北继续深化供给侧结构性改革，汽车产业结构持续优化，科技创新力量进一步提升。虽仍存在核心零部件一体化系统配套能力弱，个性化定制、智能化生产等能力不足，产品多数仍处底端，资金、人才等要素制约偏紧的发展缺陷，但也取得了较好的发展成果。

1. 产业总体发展方面

2017年，湖北省规模以上汽车工业增加值增长14.5%，同比加快0.6个百分点，高于全省工业7.1个百分点，占工业的比重为14.5%。1～11月，利润总额562.02亿元，增长21.3%。全年汽车产量累计增长10%，其中轿车累计增长6.9%，新能源汽车累计增长118.2%。

2. 重点企业发展方面

（1）东风汽车集团：2017年累计销售汽车412.1万辆，市场份额稳居行业第二。实现销售收入6310亿元，同比增长10.2%；实现利润、税金分别同比增长7.8%、15%。自主品牌汽车销售143.9万辆，同比增长4.5%，居行业第三；商用车全年销量59.3万辆，居行业第一；新能源汽车销售5.5万辆，同比增长118%；全年出口汽车6.5万辆，同比增长155.3%，占全国汽车出口总量的10%，在前五名汽车集团中增幅领先。

（2）上汽通用武汉公司：2017年产量达70.6万辆，同比增长67.4%，占上汽通用集团整车产量的1/3以上，产值达554.9亿元。

（3）东风本田：2017年产销汽车71.4万辆、72.7万辆，增速大幅增长，成为全省首个年产值突破千亿元的单体企业。

（4）东风小康公司：2017年累计销售汽车40.2万辆，同比增长6.7%。

（5）东风零部件（集团）有限公司：2017年实现主营业务收入145.1亿元，同比增长14.5%，利润总额增长19.8%，增速高于行业平均水平。

（6）湖北新楚风汽车股份有限公司：2017年产销新能源商用车1.3万辆，跃居全国第二。

3. 新能源汽车发展方面

（1）新能源汽车类型增多、品质提升。2017年，东风汽车集团推出了自主研发的风神E70纯电动轿车等一系列新型新能源汽车及客车专用桥P1301等一批关键零部件的新一代产品，不仅丰富了新能源汽车的类型、拓宽了其应用领域，还大大提升了新能源汽车的性能，与新能源汽车的市场契合度加深。

（2）新能源汽车发展前景广阔、动力充足。具体体现在 2017 年湖北省的五大汽车产业园区的建设：

1）武汉经济技术开发区东风新能源汽车示范产业园，加快了新能源汽车核心能力培育。

2）武汉光谷蔚来汽车智能化新能源汽车产业基地，开拓了智能充换电服务和动力电池梯次储能的能源互联网业务。

3）襄阳谷城新能源汽车产业园，促进了新能源汽车产城融合和汽车文化发展。

4）十堰新能源汽车产业园，形成了新能源汽车电机、电池、电控、电气系统产业链。

5）黄石大冶汉龙新能源汽车产业园，使新能源汽车研发、设计、零部件制造产业链初具雏形。

4. 智能网联汽车发展方面

（1）国家示范区建设初具规模。武汉开发区智能网联汽车示范区智慧生态城规划建设基于宽带移动互联的智能汽车与智慧交通应用示范小镇，已有亿啡通车联网、东风新能源、吉利汽车芯片等项目入驻。武汉普天公司与厦门新页科技在武汉光谷合作建设的国内首个“无线充电+”智能充电示范区，以无人驾驶、自动泊车，立体停车场，汽车分时租赁，电网削峰平谷（售电）等方面的竞争优势，不仅能够满足基础的有线充电，也可为所有符合国标的电动汽车提供无线充电。

（2）技术研发不断深入。东风技术中心开发的风神 A60、AX7 无人驾驶智能化样车，实现全自动泊车、一键召车、多车编队等多项技术功能，达到国际领先水平。武汉环宇智行科技有限公司合作研发的商用车自动驾驶控制系统，东风襄阳旅行车有限公司联合研发的全球首辆纯电动自动驾驶城市公交，成功完成测试并在特定区域运营。东风汽车集团股份有限公司与雷诺日产联盟联合开发的智能网联电动汽车实现产品升级。

5. 自主品牌汽车发展方面

（1）高端自主品牌乘用车市场竞争力增强。东风汽车集团集核心技术打造的高端自主品牌乘用车东风 A9，采用 1.8THP 全铝发动机，具备双连续可变正时系统、轻量化涡轮及高压直喷等多项先进技术，与发动机匹配的 6 速手自一体变速箱，保证整套动力系统技术稳定可靠和燃油经济性优势，整体动力在同级中保持领先。

（2）产品结构进一步优化。东风猛士、风神 AX7、天龙旗舰 520 等一批完全自主研发生产的自主品牌汽车投入市场，自主品牌汽车产品结构不断优化。

1）东风特种商用车公司新品牌“华神”上市，自主品牌商用车领域再添主力军。

2）航天重工公司成功研制全球最大的 100 吨液压防爆支架搬运车，改写了目前国内外液压防爆支架搬运车载重量 80 吨的历史。

3）万山公司生产的具有完全的自主知识产权的世界最大载重吨位单板式 1000 吨重型平板车，为国内首创。

6. 产业发展新动能方面

（1）投资动能依然活跃。2017 年，湖北汽车行业完成投资 1450.68 亿元，同比增长 9.4%，占工业投资的 11.4%。

1）总投资 115 亿元的雄韬电源公司氢燃料电池产业园项目落户武汉开发区。

2）总投资 75 亿元的上汽通用汽车武汉分公司二期项目建成投产。

3）总投资 60 亿元的武汉国立聚能新能源有限公司固态聚合物锂离子电池项目落户武汉东西湖区。

4）总投资 50 亿元、年产能 15 万辆的长丰猎豹汽车项目在荆门建成。

5）总投资 35.3 亿元、年产能 20 万辆的广汽集团宜昌乘用车项目建成。

（2）创新动能进一步提升。

1）武汉理工大学燃料电池质子交换膜失效原理及其寿命调控机制项目获得湖北省自然科学奖三等奖、电动汽车新能源健康监测与多方向控制技术及应用，武汉大学、武汉光庭科技有限公司基于车路协同的主动交通安全技术及应用两个项目获得省科学技术发明奖二等奖。

2）瑞阳汽车零部件（仙桃）有限公司用于刹车片的无铜摩擦材料组合物项目、湖北新楚风汽车股份有限公司与武汉理工大学新型高效洗扫车吸污车项目、湖北文理学院与东风汽车电子有限公司中重型商用车模块化多功能智能仪表平台开发及应用项目分别获得省科技进步奖三等奖。

（3）“走出去”步伐加快。

1）东风汽车集团与20余家央企签订“走出去”战略合作协议，在伊朗、印度尼西亚等国实现KD生产，在俄罗斯、南非建立销售公司，加速国际化经营的转型升级。

2）扬子江汽车集团产品远销马来西亚、泰国、菲律宾、俄罗斯等13个国家及地区，联合武汉公交集团在摩洛哥布局新能源公交车产业，从线路规划、车辆配置、运营管理、运营系统监控与新能源车辆监控信息化平台建设、充电基础工程、BRT廊道基础工程等全产业链输出，开创了整车运营、基础工程、信息化整合出口新模式。①

（二）湖北省汽车产业发展历程——有效政府与有为市场结合

湖北省的汽车产业从20世纪中叶发展至今，一直是国内汽车产业的标杆，在不满50年的发展历程中，数度创造国内汽车产业历史上的“神话”，即便是在国内汽车产业发展问题集中爆发的历史时期，也是率先走出困境，迅速重塑辉煌。如今，湖北省已连续多年成为我国汽车产业实力最为雄厚的省份之一，具体表现为以东风汽车公司为首的湖北汽车生产企业在汽车产业结构上的不断转型升级。而在此过程中，湖北汽车生产企业的成长经历，恰恰印证了林毅夫教授提出的“新结构经济学”的理论和主张，即以地区独特的要素禀赋作支撑，遵循比较优势理论进行发展规划，在政府因势利导的政策影响下，在不同的时期根据实际情况合理利用要素禀赋，使得当地的发展生产行为不断与变化着的市场环境相结合，从而达到快速进行产业升级的目的，更好地发展生产、促进经济稳步发展。

湖北省汽车产业的发展历程可大致分为五个阶段，分别是起步阶段、爆发阶段、调整阶段、壮大阶段和成熟阶段。不同的发展阶段有着其独特的要素禀赋结构，随着要素禀赋的变化，由此内生决定的比较优势促进着汽车产业的产业结构转型和升级，使湖北省从布局分散、规模效益差的行业状况发展到如今还在不断升级的较高水平的、在全国有着重要影响和地位的产业。

① 2017年湖北汽车产业发展情况 http://www.hbeitc.gov.cn/

1. 第一阶段（1969－1978年）：起步

汽车产业在湖北省的“落地生根”完全是“时势”影响的结果。严格来说，湖北省的汽车工业起源于东北老工业基地的产业嫁接。二十世纪五六十年代，国内工业一片狼藉，从事汽车生产制造的规模企业只有吉林长春的第一汽车制造厂，而与现实环境截然不同的是，国内对汽车产业发展具有迫切需求。出于当时国内的战备需要，在党和国家的指导思想和发展路线引导下，在全国范围内展开了大规模三线建设。国家将大批的国防科工企业迁往内地较为隐蔽的山区，除了湖北，基本都是西北、西南地区。汽车生产制造作为当时最热门的工业类型之一，其企业是被重点关注的对象。在此历史背景下，原吉林省长春市第一汽车制造厂的部分职工进驻湖北十堰，建设了中国历史上的第二个汽车制造厂——东风汽车公司。湖北省也因为这个极为偶然的机遇获得了发展汽车工业的机会。1975年7月1日，湖北省第一辆汽车——东风牌汽车走下生产线，标志着湖北汽车工业的起步。

在此阶段中，湖北省汽车产业的要素禀赋处于一个较低水平。湖北省是国内传统的农业大省，有着极为充足的劳动力资源。此外，由于位于我国地势第二和第三阶梯的交界地带、长江横跨而过的地理区位条件，湖北省具有极为丰富的自然资源：矿产方面，来自其省内“武汉-鄂州-黄石”一带丰富的铁矿石资源，为汽车产业的发展提供了坚实的基础。与此同时，在其周边的重庆、四川攀枝花相对成熟的钢铁工业也成为其发展汽车产业的强大后备力量；能源方面，湖北省内的“宜昌-荆州-荆门”地区丰富的石油储量使得湖北汽车生产制造具备极其重要的动力来源；素有“千湖之省”之称的湖北依仗分布错落的湖泊和横亘而过的长江，解决了发展汽车制造所需的水资源问题和大型货物运输问题。但是，当时湖北山区工业基础薄弱，使得这些资源的利用率大打折扣，资金与人力资本的匮乏也成为湖北省汽车产业发展的最大桎梏。此时的湖北汽车产业还处于默默无闻的历史时期，国内长春第一汽车制造厂在全国的汽车产业中还处于不可撼动的“超强”地位。

政府在湖北省汽车产业发展过程的各个阶段中都扮演了非常重要的角色，在这一阶段中，国内还没有对汽车产业制定相关的产业政策，更多的是体现在政府对汽车产业的高度支配。这一时期，政府可以说是主导这一行业发展方向、决定行业发展规模的“总决策者”。汽车产业自从在湖北省“扎根”，就是政府干预、从东北老工业基地分离技术人员、生产工具、管理经验等的结果，这一阶段政府对湖北东风汽车公司生产汽车的所需资本等都有严格的计划进行把控。这种高度支配也为湖北汽车产业带来了空前集中的技术资源、人才资源和产业基础设施，使得湖北汽车产业能够在较短的时间内迅速成长起来。

2. 第二阶段（1979－1993 年）：爆发

在这一阶段，湖北省汽车生产企业数目明显增多，但由于政府的支持和控制，自从 1975 年成功出产第一辆汽车后，湖北省汽车产业代表企业——东风公司就如雨后春笋般迅速地成长壮大，一发不可收拾。到了 1979 年，由于其推出的经典车型——“东风 140”在“对越反击战”中的优异表现，“二汽”一举夺下了中国汽车市场的半壁江山，整个中国乃至世界一时之间没有任何一家汽车企业能在中国这片土地上与之匹敌。

1978 年以来，随着改革开放的提出和不断深入，三资、乡镇企业、私企及个人越来越多地进入汽车市场。市场需求也由原本长期存在的企事业单位购车占主导地位转变为多种需求主体共存的局面。用户对产品的档次、数量的需求都发生了超常的变化。可以说此阶段是湖北省汽车产业最为辉煌的阶段，汽车生产企业遍地开花，在“龙头”——东风汽车公司的带领下，造就了湖北第二产业的大腾飞。也是在这一阶段，中国区域经济发展整体呈现出了“东强西弱、南升北降”的特点。

相对于上一阶段，此时的湖北省汽车产业的要素禀赋水平得到了极大的提升。劳动力和矿产、能源等自然资源依旧非常充裕；技术工人数量增长不少，缓和了人力资本压力；但由扩产引起的资金不足、高素质技术工人群体的缺口、对自然资源的开发利用程度有限、技术落后等问题，依然是困扰湖北汽车产业高质量发展的主要因素。这一阶段，湖北汽车产业内企业数目急剧增多，但大企业在资金、资源等方面的巨大占有量导致了资源分配不均、人才流动偏向等一系列问题。

这一阶段，国内没有出现任何一个关于汽车产业发展的政策。1986 年 4 月出台的《中华人民共和国经济与社会发展第七个五年计划（1986－1990 年）》成为第一个中国政府将汽车产业明确为支柱产业的发展文件，汽车产业也由此开始更多地受到政府的关注；1989年，在中国经济体制改革的实践中，我国政府颁布了我国第一部独立的产业政策文件——《国务院关于当前产业政策要点的决定》；1993年11月，颁布了《中共中央关于建立社会主义市场经济体制若干问题的决定》。这一时期，在政府因势利导方面，政府部门基于湖北省内欣欣向荣的汽车产业状况，提出了一系列的“鼓励性”办法，这些“鼓励性”办法没有具体的政策形势，仅仅反映在继续加大对湖北汽车产业的资源流量、技术倾斜和资金提供力度，而这些资源的分配对大企业有着明显的“偏袒”。在这种政府行为的影响下，全国掀起了发展汽车产业、进行汽车生产制造的大浪潮。尤其是湖北，这一时期，湖北从事汽车制造的企业数目暴增，但对于产业内部企业间的资源分配和流动不平衡等问题，并没有实行有效的管理和干预措施。而与此同时，在生产制造方面，迫于现实环境压力，不少企业开始寻求“外援”——引进外资、成立合资公司等现象逐渐增多；国内汽车品牌一时间无法满足的市场需求也给了外国整车入境最好的时机。其中，1992年和1993年，我国轿车产量共39万辆，同期国内进口轿车近30万辆。

3. 第三阶段（1994－1999年）：调整

一个产业发展势头过于强劲、发展速度过快，必然会导致矛盾和问题的集中爆发。这一阶段的湖北省汽车产业是整个中国汽车产业的一个缩影：

（1）市场上的汽车供应商良莠不齐，汽车生产厂家众多，但绝大多数规模过小，典型的例子是原武汉汽车工业大学的一个汽车制造厂，其一年的产量竟然仅2辆。

（2）新生的较大型或合资公司由于其体制先进、工艺先进，不断冲击传统的汽车巨头，改变着中国的汽车产业格局。上汽大众是其中最引人注目的新星。而作为湖北汽车的龙头企业——东风汽车公司在这几年连连亏损，经历着痛苦的蜕变。直到1999年才扭亏为盈，但这一年的总体盈利也仅有1600万。

这一阶段，湖北省汽车产业的要素禀赋获得了极大的提升。一方面，越来越多的外资以各种形式渗透进来，解决了资金匮乏的问题；另一方面，随外资进入的国外先进生产技术和管理经验大大提升了汽车生产质量和效率。与此同时，国内工业基础建设水平获得了大幅度提高，矿产和能源的开采利用量大幅上升，钢铁产量连年上涨，交通运输等条件获得极大改善。人口的增长、教育的发展以及国外技术人才的进驻，为湖北汽车产业带来了更为丰富的劳动力资源和高素质、高技术水平的人力资源。这一时期，既是湖北汽车产业矛盾集中爆发的“动荡”时期，也是进行产业变革、结构升级的大好时期。传统的汽车巨头在外部环境和内部矛盾的双重压力下，不得不跟随潮流进行改革。大浪淘沙，技术落后、资金紧张的小企业逐渐被淘汰，整个汽车产业生产技术更新换代，汽车类型丰富多样，不同成分的汽车企业竞相发展。这是湖北汽车产业发展历史上真正意义的第一次产业升级。

也是在这一阶段，除了 1994 年 4 月颁布的《九十年代国家产业政策纲要》，国内还出现了最早的正式的汽车产业政策——1994 年版的《汽车工业发展政策》，标志着汽车工业成为中国最早将产业政策以政府正式颁布的形式予以推出的产业。从当时的政策名称看，政府基本还是把汽车作为工业的一部分看待。这时候的政府显然还没有意识到汽车作为一个巨大产业对于整个经济增长、社会发展、消费习惯的重要作用。[①]时至今日，对于 1994 版《汽车工业发展政策》的是非功过，社会上也一直是众说纷纭。这次产业政策一共实施了 10 年，在看到中国汽车工业有了长足发展的同时，让业内人士更为关注的是原本中国汽车业的“散、乱、差”的组织结构和汽车消费管理混乱、零部件发展滞后等状态并未被破除的局面。对照汽车工业产业政策的目标，只能说它是一部执行效果有悖初衷的政策。其中，政府行为的失范是其执行不力的主要原因。[②]事实上，它是一部全面的、同时带有浓厚计划经济色彩的规范性文件，基本属于一种限制性的政策。集中表现在：严格的行政管理制度，限制性的贸易与投资保护政策，包括严格的关税、非关税措施和严格的国产化比例和股权限制，以及限制性的消费政策，特别是存在名目繁多、手续繁琐的各种税费。这种政府主导性的模式不能很好地适应经济全球化和贸易自由化的加速发展，也在相当大的程度上阻碍了加入 WTO 后中国汽车产业与全球汽车产业间应有的融合。虽然这一阶段的政府政策带来了很多问题与弊端，

---

① 《中国汽车产业政策变迁》

② 《中国汽车产业政策执行分析——1994 版汽车工业产业政策与 2004 版汽车产业发展政策比较》

但不可否认的是，它缔造了大企业，尤其是有国有资本参与或成立的大企业的高产销量，推动了湖北汽车产业乃至全国汽车产业的长足发展。

4. 第四阶段（2000－2014年）：壮大

这一阶段是小排量汽车的噩梦。1998年12月26日，北京市公安局发布公告，全面禁止排量小于1.0L的汽车在白天进入长安街行驶。紧接着，全国22个省的84个城市一同颁发禁令。究其原因，当时有专家认为，小排量汽车在行驶过程中速度慢，会有造成后方车辆发生拥堵的现象；同时，由于技术的不成熟，小排量汽车更加容易出现故障，排放上也会对环境造成一定污染。这一时期，湖北省低排放型汽车生产量急剧缩水，汽车产业结构出现了短时混乱。据资料显示，废除限小排量汽车政策后，湖北汽车产业经济发展才开始有了翻天覆地的变化，小排量汽车甚至出现“井喷式”增长。

尽管如此，在完成了上一阶段的体制改革、组织重组后，湖北省汽车产业已然步入了良性发展。此时湖北省的汽车产业集群已初具规模。而这一汽车集群的龙头企业——东风汽车公司的销售业绩也在经历过黎明前的黑暗后，重新呈现出蓬勃向上的势头，“十堰-襄樊-武汉”在这一时期形成了“千里汽车走廊”。其中，省会武汉也成为了真正带动湖北省汽车产业发展的龙头。截至2014年年初，当年的东风汽车公司在武汉已拥有包括东风汽车有限公司、神龙公司、东风本田（武汉）汽车公司、东风电动车辆股份有限公司、东风设计研究院、东风裕隆汽车销售公司、东风伟世通公司、武汉东风冲压件公司等在内的十多家单位。这一阶段，神龙、日产、东风本田（武汉）等世界汽车巨头牵手的企业带动了湖北汽车产业的进一步发展壮大。

这一阶段的湖北汽车产业要素禀赋极为丰富，达到了较高的水平。省内人口的增多、教育事业的发展和全国人口流动量的增大，在进一步丰富湖北的劳动力资源的同时，弥补了长期以来的高素质人才缺口；国内科技水平的进步，湖北车企与国外企业交流活动的推进，极大地推动了湖北省内汽车产业的技术革新和管理创新；省内已探测到的矿产和能源资源储量大幅增多，冶金工业走廊和石油化工工业走廊的建设为其汽车产业的发展保驾护航；交通通达度直线提升，与四川攀枝花、贵州六盘水等矿产和能源资源丰富的地区联系密切；省内经济快速发展，不同资产成分的汽车企业增多，为汽车产业提供了资金支持和保障。

这一时期的政府政策有着鲜明的特征。2004 年 6 月 1 日，在吸取了 1994 年版的《汽车工业产业政策》的可取部分后，发布了《汽车产业发展政策》，从“工业”到“产业”的转变，体现了政府支持汽车产业的巨大进步。此外，还纠正了 1994 版的一些与世贸组织规定的公平性原则相冲突的部分。2005 年 4 月 1 日，中国正式实施《构成整车特征的汽车零部件进口管理办法》，对等于或超过整车价值 60%的进口零部件征收与整车相同的关税，零部件关税为 10%，整车为 25%。该项政策是中国督促外资企业积极实施国产化政策的延续。随着能源短缺及环境污染等问题的凸显，研制高效、节能、环保的电动汽车成为新一代汽车产业发展的主导方向。在此基础上，湖北省人民政府于 2005 年 5 月出台了《关于推进电动汽车研发及产业化的意见》，提出制订湖北省电动汽车发展中长期规划，完善电动汽车研发体系并加大对电动汽车研发及产业化的资金支持，对电动汽车公路养路费和车辆通行费等费用均给予一定幅度的减免。2009 年湖北省召开重点产业调整和振兴工作会议，提出了湖北省电子信息、汽车、钢铁等十大产业的调整和振兴实施方案。其中提出了汽车产业发展按照科学发展观的要求，贯彻国家《汽车产业调整和振兴规划》，落实积极消费政策，稳定和扩大汽车市场需求，确保汽车产业平稳增长；整合要素资源，做大做强整车核心企业，突破性发展汽车零部件；加强技术改造，提高研发能力，加快产品升级换代和结构调整；完善创新和服务体系，促进汽车服务业和生产的融合，提高增值能力；以加快新能源汽车发展和培育自主品牌为突破口，形成新的竞争优势，为建设成为汽车工业强省奠定坚实基础的总体思路。

这些政府政策主要着力于两个方面：一是颠覆计划式汽车产业政策，无论是从政策的制定上还是从政策的实施上，都更注重市场的作用，是汽车产业真正市场化的重要一步；二是对汽车产业生产质量的关注空前加强，通过这些政策能够明显发现，过去为满足突然暴涨的市场需求而一味追求总量的累积已经逐渐向保质保量、绿色生产的发展模式转变。新能源汽车类型的加入，对于湖北省已有的产业结构进行调整升级有着极为重要的推动意义。总体来说，这一阶段是湖北汽车产业大发展的黄金时期。

5. 第五阶段（2014 年至今）：成熟

现如今，新能源汽车风潮平地而起、信息网络技术发展迅猛、智能网汽车发展接连取得突破性进展，湖北省汽车工业走廊与国家主要工业基地和长江沿江工业走廊对接重合、供给侧结构性改革等一系列国家政策方针接连推行，市场、科技、资源和政策环境发生了前所未有的变化。湖北省汽车行业坚持贯彻新的发展理念，积极推进产业转型升级和创新发展，不断积聚发展动能，紧抓机遇，合理规避和防控风险，全产业发展呈现稳中向好的态势。主要集中在“产业发展再进一步”“新能源汽车发展换挡提速”“智联网汽车发展稳步推进”“自主品牌汽车品质稳步提升”和“投资、创新力度不断加强以及走出去步伐加快”五个方面。

这一阶段的要素禀赋处于一个高度发达的水平。劳动力资源和矿产、能源等自然资源依然丰富多样；近年来的“人才引进”战略为汽车产业的新技术研发提供了基础；经济一直稳居全国中上游，汽车产业发展有足够的资金保障；钢铁等金属冶炼技术的成熟，助力汽车产业发展相关的零部件生产；天然气、电力等新型能源的开发利用为湖北省内新能源汽车的研发生产制造提供了先决条件。

近年来，中央政府越来越重视汽车产业在经济社会的影响，先后颁布了一系列发展政策来促进汽车产业的良性发展。湖北省政府在贯彻落实供给侧结构性改革的同时，也发布了诸多政府文件帮助指导省内汽车产业的发展，如《中国汽车中长期发展规划》《汽车产业政策发展趋势分析》《湖北省新能源汽车“十三五”发展战略》《商用车发展趋势及应对策略》《十堰市汽车产业发展情况》等，这些政府政策对近年来湖北汽车产业发展的因势利导，使得湖北汽车产业取得了令人瞩目的成绩：2017 年，湖北全省规模以上汽车工业增加值增长 14.5%，同比加快 0.6 个百分点，高于全省工业 7.1 个百分点，占工业的比重为 14.5%。东风汽车集团全年累计销售汽车 412.1 万辆，市场份额稳居行业第二，实现销售收入 6310 亿元。东风本田全年产、销汽车 71.4 万辆、72.7 万辆，增速大幅增长，成为湖北省首个年产值突破千亿元的单体企业。相比以往，如今的湖北省汽车产业已经十分成熟，正以不紧不慢的步调，凭借其自身雄厚的发展基础，以强大的要素禀赋作支撑，以贴合实际、着眼长远的政策作保障，领跑国内汽车产业。

第三章　新结构经济学视角下的中国制造业转型升级

第一节　中国制造业产业结构及其变迁

一、中国制造业发展概况

2007 年制造业规模以上工业企业销售总产值为 35 万亿元，十年来总产值稳步提升，2008 年突破 40 万亿，2011 年突破 60 万亿，2013 年突破 80 万亿，2016 年突破 1000 万亿，如图 3-1 所示。

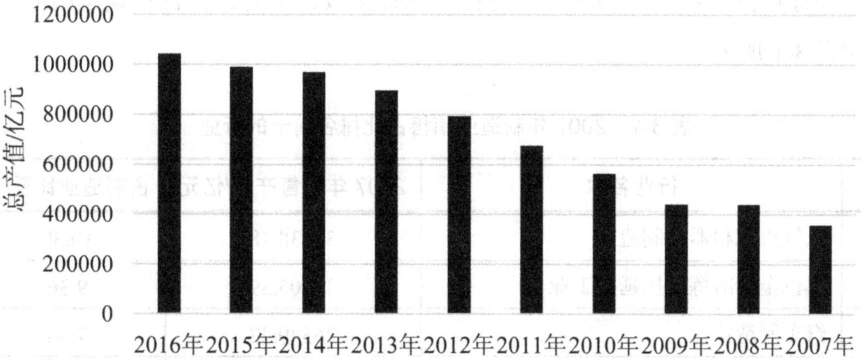

图 3-1　2007—2016 年规模以上制造业企业销售总产值

数据来源：中国国家统计局 http://www.stats.gov.cn/

制造业占工业的比重略有波动，从 2007 年的接近 90%逐渐下降到 2008 年的 88%，2009—2011 年制造业占工业比重下降至 82%，2012 年回升到 87%。近五年来稳步增长，2016 年制造业占工业的比重达到近十年来的最大值——90%，如图 3-2 所示。

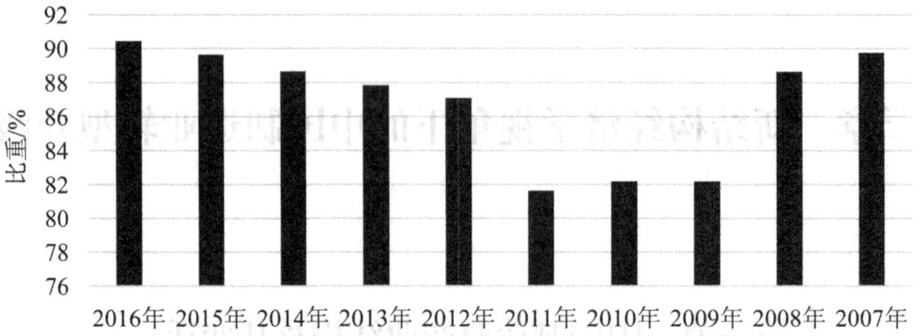

图 3-2　制造业占工业比重

数据来源：中国国家统计局 http://www.stats.gov.cn/

二、中国制造业分行业产业结构

2007 年制造业占比排名前三的行业为电气机械和器材制造业（占比 10.8%），黑色金属冶炼和压延加工业（占比 9.36%）、汽车制造业（占比 7.44%）。其中资本密集型行业占半数，劳动密集型的行业仅有文教、工美、体育和娱乐用品制造业，如表 3-1 所列。

表 3-1　2007 年制造业销售占比排名前十的行业

排名	行业名称	2007 年销售产值/亿元	占制造业比重/%
1	电气机械和器材制造业	38538.18	10.80
2	黑色金属冶炼和压延加工业	33405.39	9.36
3	汽车制造业	26549.42	7.44
4	废弃资源综合利用业	26367.78	7.39
5	石油加工、炼焦和核燃料加工业	26203.18	7.34
6	铁路、船舶、航空航天和其他运输设备	23398.19	6.56
7	烟草制品业	18322.13	5.14
8	通用设备制造业	17962.89	5.03
9	有色金属冶炼和压延加工业	17748.66	4.97
10	文教、工美、体育和娱乐用品制造业	17745.55	4.97

数据来源：中国国家统计局 http://www.stats.gov.cn/

十年间，制造业行业结构变化加大。如表 3-2 所列，电气机械和器材制造业下降为第四，占比 7.12%；黑色金属冶炼和压延加工业下降为第七，占比 5.79%；汽车制造业依然保持第三位，占比略有上升，为 7.72%；计算机、通信和其他电子设备制造在 2007 年仅占 1.19%，十年间发展为最大的制造业子行业。2007 年化学原料和化学制品制造业占比仅为 1.68%，十年间上升到 8.33%，成为制造业第二大子行业。2016 年资本密集型和技术密集型行业占比略有下降，劳动密集型产业占比上升，包括农副食品加工、非金属矿物制品业以及纺织业。

表 3-2 2007 年制造业销售占比排名前十的行业

排名	行业名称	2007 年销售产值/亿元	占制造业比重/%
1	计算机、通信和其他电子设备制造业	98457.24	9.45
2	化学原料和化学制品制造业	86789.56	8.33
3	汽车制造业	80440.37	7.72
4	电气机械和器材制造业	74163.8	7.12
5	农副食品加工业	68857.76	6.61
6	非金属矿物制品业	63057.45	6.05
7	黑色金属冶炼和压延加工业	60343.78	5.79
8	有色金属冶炼和压延加工业	48879.02	4.69
9	通用设备制造业	48337.12	4.64
10	纺织业	40287.42	3.87

数据来源：中国国家统计局 http://www.stats.gov.cn/

三、基于要素密集度的制造业行业结构

将制造业基于要素密集度进一步细分为劳动密集型行业、资本密集型行业和技术密集型行业，如表 3-3 所列。

2007 年技术密集型与资本密集型制造业占比近 75%，劳动密集型行业占比约为 25%。资本密集型行业在 2007—2011 年占比稳步上升，从 36.69%上升至 38.76%，随后快速下降至 2016 年的 31.58%。技术密集型制造业从 2007 年的 38.59 逐渐下

降到2012年的31%，随后提升至2016年的34%。近十年劳动密集型制造业占比上升最快，劳动密集型制造业从2007年的25%逐步上升至2016年的35%。中国制造业从2007年以资本密集型和技术密集型行业为主，发展成为以技术密集型和劳动密集型行业为主，如图3-3所示。

表3-3 产业类型分类

产业类型	包含细分行业
劳动密集型制造业	农副食品加工业、食品制造业、纺织业、纺织服装（料、帽）制造业、皮革毛皮羽毛（绒）及其制品业、木材加工和木竹藤粽草、家具制造业、印刷业和记录媒体的复制、文教体育用品制造业、橡胶制品业、塑料制品业、非金属矿物制品业、金属制品业
资本密集型制造业	饮料制造业、烟草制品业、造纸及纸制品业、石油加工与炼焦和核燃料加工业、化学原料及化学制品制造业、化学纤维制造业、黑色金属冶炼和压延加工业、有色金属冶炼和压延加工业、通用设备制造业
技术密集型制造业	医药制造业、专用设备制造业、交通运输设备制造业、电气机械和器材制造业、通信设备计算机及其他电子、仪器仪表文化办公用品机械

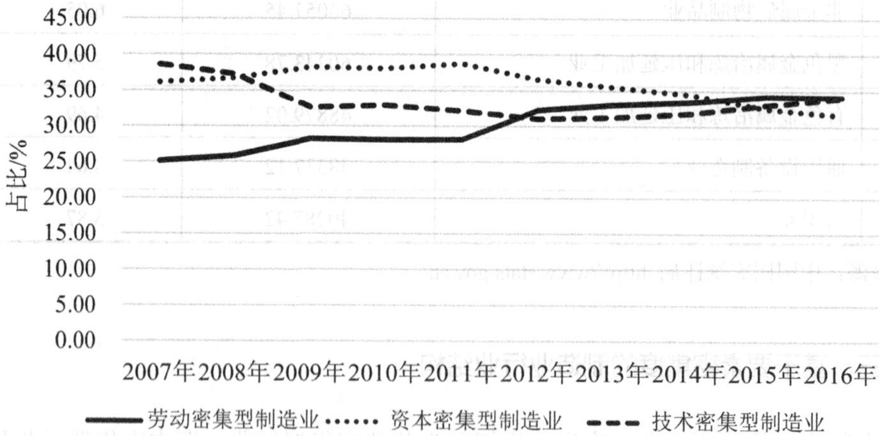

图3-3 基于要素密集度的制造业行业结构

数据来源：中国国家统计局 http://www.stats.gov.cn/

高技术产业的定义是制造业中技术最密集的六类行业，根据国家统计局于2002年颁布的《高技术产业统计分类目录》，高技术产业包括医药制造业、航空航天器制造业、电子及通信设备制造业、电子计算机及办公设备制造业、医疗设备及其仪器仪表制造业。

高技术行业企业数为制造业 8.66%，从业人员为制造业 16.26%，主营业务收入占制造业 16.68%，利润总额占制造业 15.78%，出口交货值占制造业 44.06%。如表 3-4 所列。

表 3-4　2016 年高技术行业占制造业的比重

指标	制造业	高技术行业	高技术行业占制造业比重%
企业数/个	355518	30798	8.66
从业人员平均人数/万人	8253	1342	16.26
主营业务收入/亿元	1047711	153796	14.68
利润总额/亿元	65281	10302	15.78
出口交货值/亿元	117590	52445	44.60

数据来源：中国国家统计局 http://www.stats.gov.cn/

2016 年，我国高技术产业主营业务收入规模继续扩大，突破了 15 万亿元，占制造业比重达到 14.7%。高技术产业主营业务收入在不同行业间差异显著，电子及通信设备制造业主营业务收入占全部收入的 58%，其次为医疗制药占 19%，电子计算机及办公设备占 13%。高技术产业分布体现出明显的地理集聚特征，以东部地区为主，如图 3-4 和图 3-5 所示。

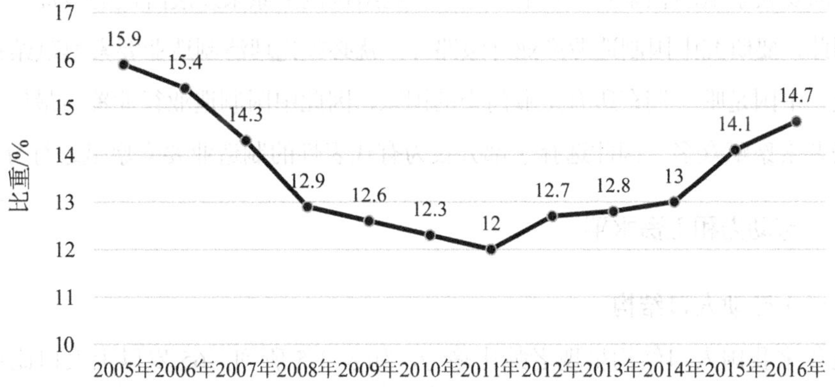

图 3-4　2005－2016 年高技术产业主营业务收入占制造业的比重

数据来源：高技术统计年鉴

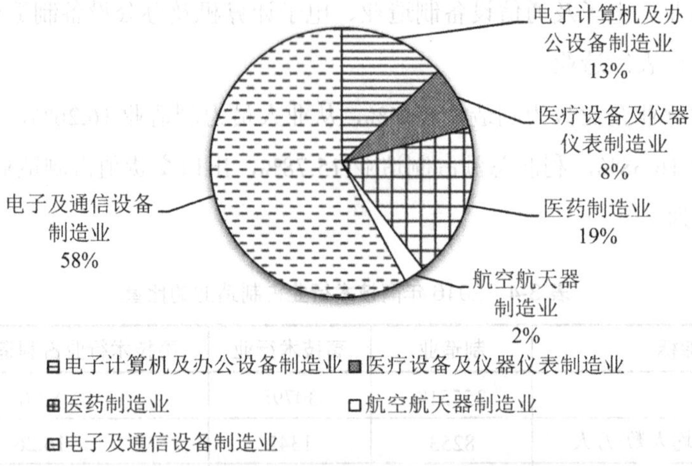

图 3-5 2016 年高技术产业主营业务收入按行业分布

数据来源：高技术统计年鉴

第二节 中国制造业要素禀赋结构及其变迁

林毅夫新结构经济学研究起点为要素禀赋结构，在任何一个给定的时间点，不同的禀赋结构决定了不同的经济结构，即经济结构内生决定于各类资源的丰裕程度。经济体的禀赋结构发生变化之后，潜在比较优势也会发生改变。随着时间的推移、不同要素禀赋的积累和结构的变迁，产业结构偏离原来发展阶段的最优产业结构。因此，要研究中国制造业产业升级路径，就必须先理清制造业要素禀赋结构及其变迁。中国是唯一拥有所有工业门类的国家，因此中国制造业行业覆盖最广，所涉及的要素禀赋众多，因此选择了部分较为有代表性的制造业要素禀赋进行分析。

一、劳动力和工资水平

（一）劳动人口结构

近年来我国人口结构呈现老龄化趋势，如表 3-5 所列，65 岁以上人口比重从 2010 年的 8.9%持续上升至 2016 年的 10.8%，15～64 岁的年轻人口比重从 2010 年的 74.5%持续下降到 2016 年的 72.50%。2013 年二胎政策实施，目前二胎政策仍未全面开放，加之二胎政策后，实际符合二胎政策条件的家庭不生育二胎的数量较多，因此未来人口老龄化将进入加速阶段。

表 3-5 人口结构

指标	2016 年	2015 年	2014 年	2013 年	2012 年	2011 年	2010 年
0～14 岁人口占比/%	16.70	16.52	16.50	16.40	16.50	16.50	16.60
15～64 岁人口占比/%	72.50	73.01	73.40	73.90	74.10	74.40	74.50
65 岁及以上人口占比/%	10.80	10.47	10.10	9.70	9.40	9.10	8.90

数据来源：中国国家统计局 http://www.stats.gov.cn/

2007 年第一产业就业人口数量最大超过 3 亿，其次为第三产业就业人数约为 2 亿 5 千万，第二产业就业人数排名第三，约为 2 亿。第一产业就业人数在十年间迅速下降，2016 年下降为接近 2 亿。与此同时，第三产业和第二产业就业人数上升。第二产业的就业人数在 2012 年达到顶峰 2.3 亿人，之后略有下降，2016 年为 2.2 亿人，如图 3-6 所示。

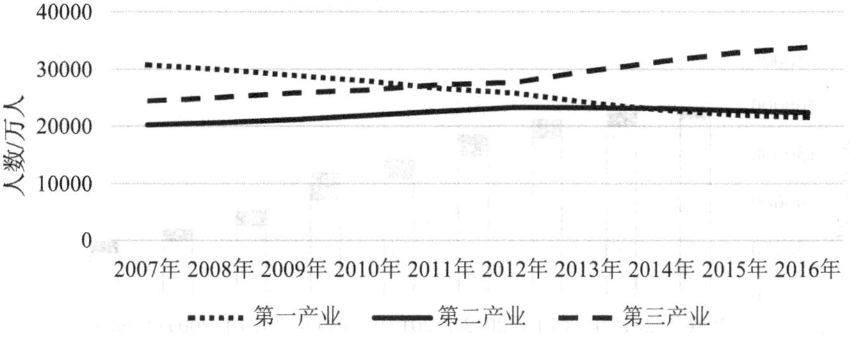

图 3-6 按三次产业分就业人口

数据来源：中国国家统计局 http://www.stats.gov.cn/

（二）制造业工资水平

制造业工人的平均公资水平持续上升，由 2008 年的 24404 元持续上涨至 2016 年达到 59470 元，增幅达到 144%。制造业工人平均工资的增长率从 2008 年开始略微下降，2009 年开始快速上升，2011 年达到顶峰 18.6%。2011 年后制造业工人平均工资增长率持续下降，2016 年增长率为 7.5%，如图 3-7 所示。

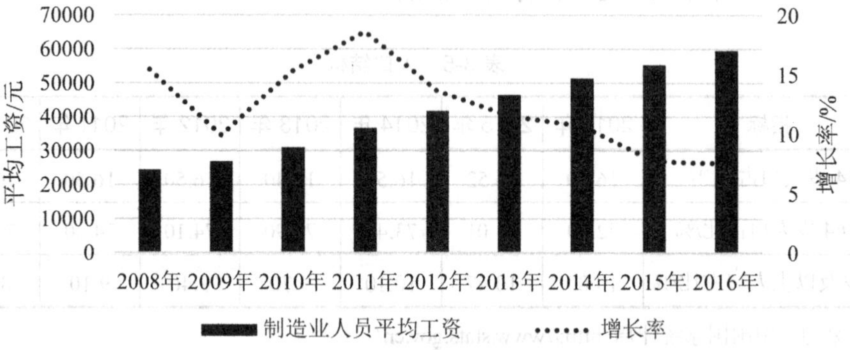

图 3-7 制造业工人工资

数据来源：中国国家统计局 http://www.stats.gov.cn/

二、资本投入

制造业固定资产投入自 2008 年开始投资增幅持续上升，到 2011 年达到最大值——2.8 万亿元，之后持续下降，2016 年为 7 千 6 百万亿元，如图 3-8 所示。

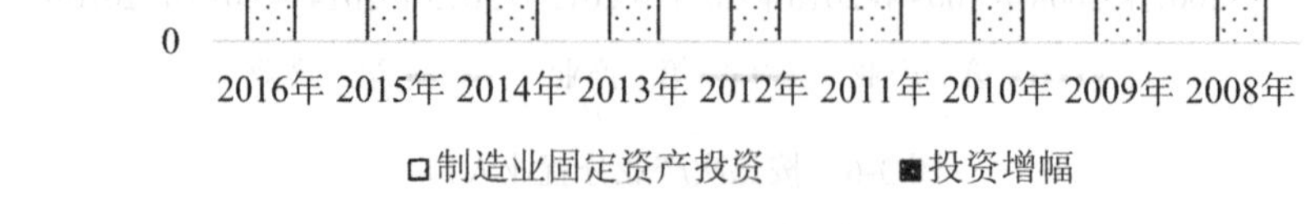

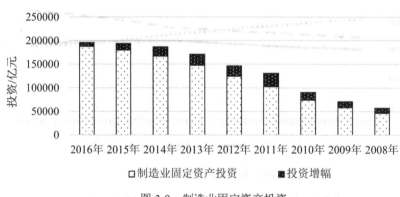

图 3-8 制造业固定资产投资

数据来源：中国国家统计局 http://www.stats.gov.cn/

三、主要原材料

以黑色金属材料、有色金属材料、化工原料、木材及纸浆、农副产品和纺织原料制造业为例，生产者购进价格指数近年来呈现下降趋势。如表 3-6 所列，2010 年和 2011 年是制造业成本上升较快的两年，几乎所有类型的制造业成本都比去年有所上涨，有的涨幅甚至超过 20%。2010 年有色金属材料、农副产品和化工原料采购成本比起去年分别增加了 22%、10%和 7%。2011 年，农副产品采购成本持续上升 15%，有色金属材料和纺织原料也分别上升 12%和 13%。2012 年仅有木材及纸浆和农副产品采购成本有所上升，其他几类产业均有所下降。2013 年仅有农副产品采购成本略有上升，其他几类产业均有不同程度的下降。自 2014 年起至 2016 年，所有种类制造业生产者购进指数均未超过 100，除了 2016 年农副产品指数为 100.1。因此，历经 2010－2011 年的成本暴增之后，制造业总体成本呈现下降的趋势。在这几类行业中，农副产品的整体成本增长最大，近几年的生产者购进指数均排名第一，几乎保持持续上涨的态势。纺织原料和木材及纸浆也是近 3 年来价格指数较高的两个行业，在其他行业成本下降的同时，这两个行业的成本几乎维持不变。

表 3-6 制造业生产者购进价格指数

原材料	购进价格指标/%						
	2010 年	2011 年	2012 年	2013 年	2014 年	2015 年	2016 年
黑色金属材料	106.6	109.4	92.9	95.7	94.6	88.4	97.7
有色金属材料	122.2	112.1	94.5	95.4	96.1	92.7	97.9
化工原料	107	110.4	96.1	97.3	98.3	93.7	97.6
木材及纸浆	103	104.6	100.1	99.6	99.4	99.3	99.7
农副产品	110.4	115.6	100.2	101.6	99.4	97.7	100.1
纺织原料	106.7	112.7	99.1	99.9	98.9	97.8	99.7

数据来源：中国国家统计局 http://www.stats.gov.cn/

四、能源

2007 年制造业能源消费总量为 16 亿吨标准煤，随着制造业产量扩张，能源消耗量逐年增加，2015 年达到 24 亿吨标准煤。制造业能源消费占全国能源消费的比重波动上升，2007 年占比为 53%，随后逐年上涨，2009 年达到 54%，随后逐渐下降，2012 年达到 51%，2013 年快速上涨至 58%，近两年基本维持在 57%左右，如图 3-9 所示。

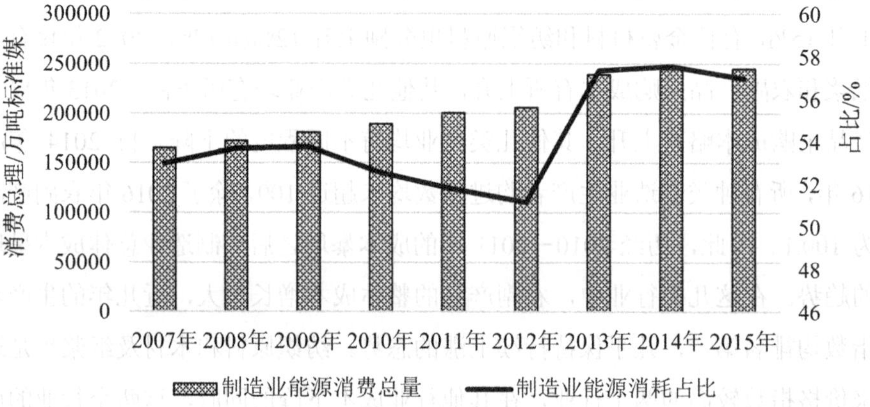

图 3-9 制造业能源消费

数据来源：中国国家统计局 http://www.stats.gov.cn/

根据 2015 年能源消耗数据，制造业中，黑色金属冶炼和压延加工业使用能源最多，占制造业整体行业消耗能源的 26.11%，其次是化学原料和化学制品制造业，消耗能源占比 20.01%，排名第三的是非金属矿物制品业，消耗能源占比 14.08%。石油加工、炼焦和核燃料加工业及有色金属冶炼和压延加工业消耗能源较多，除此之外其他行业消耗能源占比均不超过 3%，如表 3-7 所列。

表 3-7 2015 年制造业消耗能源占比排名前十的行业

排名	制造业行业	能源消耗/万吨标准煤	占比/%
1	黑色金属冶炼和压延加工业	63950.51	26.11
2	化学原和化学制品制造业	49009.38	20.01
3	非金属矿物制品业	34495.17	14.08
4	石油加工、炼焦及核燃料加工业	23182.81	9.46
5	有色金属冶炼和压延加工业	20707.01	8.46

续表

排名	制造业行业	能源消耗/万吨标准煤	占比/%
6	纺织业	7135.66	2.91
7	金属制品	4635.12	1.89
8	农副食品加工业	4201.26	1.71
9	造纸及纸制品业	4027.67	1.64
10	通用设备制造业	3525.44	1.43

数据来源：中国国家统计局 http://www.stats.gov.cn/

制造业消耗的主要能源有煤炭、焦炭、原油、汽油、煤油、柴油、燃料油、天然气和电力。2015 年制造业消耗煤炭近 18 亿吨，消耗焦炭 4.3 亿吨，消耗原油 5.3 亿吨，消耗燃料油 960 万吨，消耗天然气 718 亿立方米，消耗电力 3 万千瓦时。在各类能源消耗中，焦炭和原油消耗占全国比重最高，分别为 99%和 98%；其次是燃料油占全国消耗量 66%，电力占全国消耗量 53%，煤炭占全国消耗量的 45%，如表 3-8 所列。

表 3-8　2015 年制造业消耗能源量及占比

消耗能源种类	消耗能源量	全国消耗总量	制造业占比/%
煤炭	179475 万吨	397014 万吨	45.21
焦炭	43646 万吨	44058 万吨	99.06
原油	53027 万吨	54088 万吨	98.04
汽油	403 万吨	11368 万吨	3.55
煤油	19 万吨	2663 万吨	0.71
柴油	960 万吨	17360 万吨	5.53
燃料油	3092 万吨	4662 万吨	66.32
天然气	718 亿立方米	1931 亿立方米	37.18
电力	31178 千瓦时	58019 千瓦时	53.74

数据来源：中国国家统计局 http://www.stats.gov.cn/

能源价格近年来波动剧烈。以原油为例，NYMEX 原油期货指数从 2011 年底的 100 美金/桶，下降到 2012 年 5 月的 85 美元/桶，随后在 2013 年 8 月达到峰值 112 美元/桶，随后震荡维持在 90～100 美元，直到 2014 年 7 月开始大幅下跌，2016 年 3 月跌至 26 美元/桶，随后震荡回升，2018 年 7 月为 75 美元/桶。但由于制造业使用的多数能源为不可再生能源，未来在可再生能源尚未足以替代不可再生能源、供给大量制造业生产的情况下，能源价格总体走势趋向提高。

五、技术

（一）高技术人才

目前全国技术人力资源总量稳步提升，从 2007 年的 2 千万人逐步增长到 2016 年的 8 千万人。2012 年以前增长率保持在 10%左右，2012 年后增长率稳定在 5%左右，如图 3-10 所示。

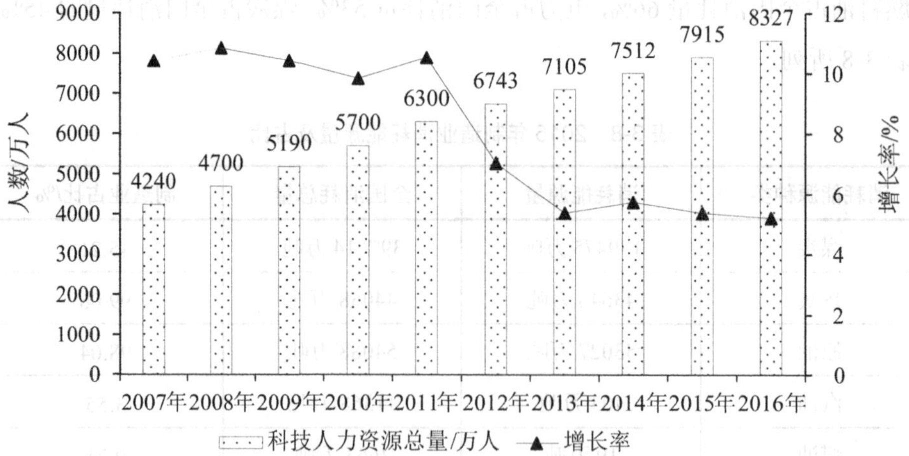

图 3-10 全国科技人力资源总量

数据来源：中国国家统计局 http://www.stats.gov.cn/

2016 年六大高技术行业 R&D 人员总数为 988100 人，折合全时单量为 730681（人年）。其中电子及通信设备占比最大，超过半数，达到 40 万人以上；其次为医药制造业和医疗仪器设备及仪器仪表制造业，如图 3-11 所示。

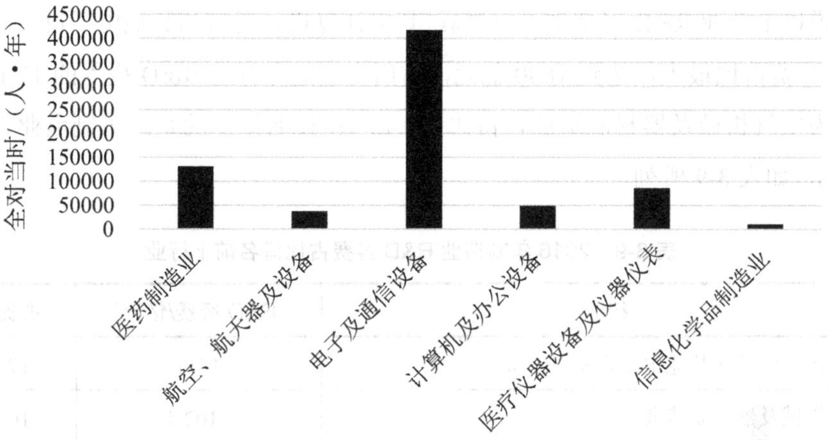

图 3-11　2016 年高技术产业 R&D 人员折合全时当量

数据来源：高技术统计年鉴

（二）科研经费投入

自 2010 年以来，我国 R&D 经费投入强度呈现逐年上升的趋势。2016 年，我国 R&D 经费投入强度达到 2.11%，比上年提升了 0.05 个百分点，比 2010 年提高 0.4 个百分点。我国研发投入强度已经连续三年超过 2%，且呈现出持续上升的态势，如图 3-12 所示。

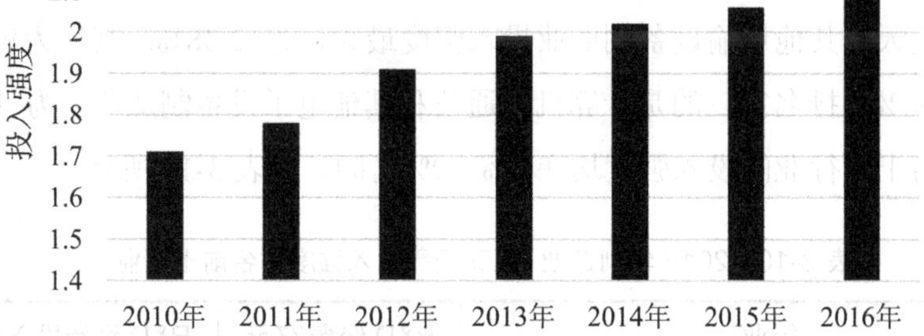

图 3-12　R&D 投入强度

数据来源：科技部 http://www.most.gov.cn/kjtj/

2016 年制造业规模以上工业企业的 R&D 经费总共为 10580 亿元，占所有工业规模以上企业 R&D 经费的 96.67%。其中计算机、通信和其他电子设备制造业 R&D 经费占比最大，达到 1800 亿元，占所有制造业行业 R&D 投入的 17.12%；其次为电气机械及器材制造业，占比 10.42%；排名第三的是汽车制造业，达到 9.91%，如表 3-9 所列。

表 3-9　2016 年制造业 R&D 经费占比排名前十行业

行业	R&D 经费/亿元	占比/%
计算机、通信和其他电子设备制造业	1811	17.12
电气机械及器材制造业	1102.4	10.42
汽车制造业	1048.7	9.91
化学原料和化学制品制造业	840.7	7.95
通用设备制造业	665.7	6.29
专用设备制造业	577.1	5.45
黑色金属冶炼和压延加工业	537.7	5.08
医药制造业	488.5	4.62
铁路、船舶、航空航天和其他运输设备制造业	459.6	4.34
有色金属冶炼和压延加工业	406.8	3.84

数据来源：科技部 http://www.most.gov.cn/kjtj/

按投入强度进行排名，说明 R&D 投入经费与主营业务收入之比。铁路、船舶、航空航天和其他运输设备制造业投入强度最大，为 2.38%；其次为仪表制造业，为 1.96%；排名第三的是计算机、通信和其他电子设备制造业，为 1.82%。其余排名前十的行业的投入强度均在 1%～2%之间，如表 3-10 所列。

表 3-10　2016 年制造业 R&D 经费投入强度排名前十行业

行业	R&D 经费/亿元	R&D 经费投入强度/%
铁路、船舶、航空航天和其他运输设备制造业	459.6	2.38
仪器仪表制造业	185.7	1.96

续表

行业	R&D 经费/亿元	R&D 经费投入强度/%
计算机、通信和其他电子设备制造业	1811	1.82
医药制造业	488.5	1.73
专用设备制造业	577.1	1.54
电气机械及器材制造业	1102.4	1.5
金属制品、机械和设备修理业	17.8	1.47
通用设备制造业	665.7	1.38
汽车制造业	1048.7	1.29
化学纤维制造业	83.8	1.08

数据来源：科技部 http://www.most.gov.cn/kjtj/

按产业部门看，高技术制造业研究与试验发展（R&D）经费 2915.7 亿元，占总体制造业 R&D 经费的 27.6%。投入强度（与主营业务收入之比）为 1.9%；电子及通信设备行业的 R&D 经费支出居首位，如图 3-13 所示。

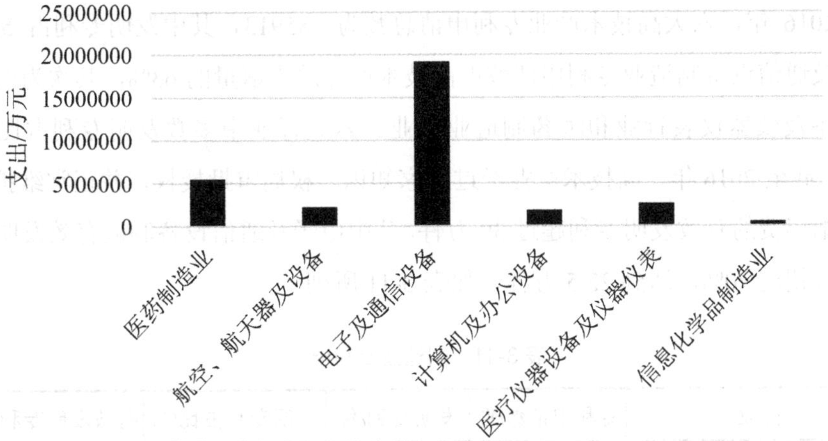

图 3-13 高技术行业 R&D 支出

数据来源：高技术统计年鉴

（三）专利

2016年，我国发明专利申请量比上年增长21.5%，占专利申请总量的38.6%。国内专利申请结构进一步优化，发明专利的申请量和授权量均比上年有明显提升。国内发明专利申请达到120.5万件，比上年增长了24.4%；国内发明专利授权量为30.2万件，比上年增长了14.7%，如图3-14所示。

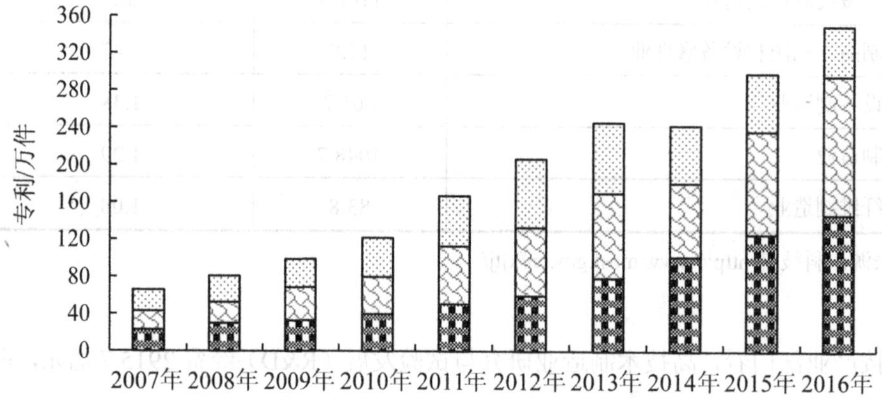

图3-14 我国三类专利申请总量变化情况

数据来源：科技部 http://www.most.gov.cn/kjtj/

2016年，六大高技术产业专利申请总数为185913，其中发明专利占55%。电子及通信设备制造业专利申请数占高技术产业总申请量的63%，其次为医疗仪器设备及仪器仪表行业和医药制造业行业。六大行业中多数发明专利占比超过50%。截至2016年，高技术产业经过国家知识产权局审批授权，并正常维护、及时缴纳年费的有效发明专利超过30万件。其中电子及通信设备制造有效发明专利数量占超过70%，达到22.5万件，如表3-11所列。

表3-11 制造业专利申请

行业	专利申请数/件	发明专利/件	发明专利占比/%	有效发明专利数/件
医药制造业	17785	10483	58.94	37463
航空、航天器及设备	7897	3880	49.13	6852
电子及通信设备制造业	117749	68143	57.87	224917

续表

行业	专利申请数/件	发明专利/件	发明专利占比/%	有效发明专利数/件
计算机及办公设备制造业	13995	8056	57.56	14506
医疗仪器设备及仪器仪表	26393	10136	38.40	30104
信息化学品制造业	2094	1137	54.30	2852

数据来源：科技部 http://www.most.gov.cn/kjtj/

第三节　中国制造业转型升级——以福建泉州为例

基于上述中国制造业要素禀赋结构及其变迁的分析，对要素禀赋变迁进行概述和总结。目前我国劳动力人口数量逐渐下降，虽然近年工资涨幅增幅收窄，但工资上涨趋势不可逆。投入制造业的资本呈下降趋势，近年来也有所波动。以长期的视角进行观测，原材料和能源价格波动较为剧烈，尤其是个别原材料或者能源品价格变化幅度非常大，因此对各个不同制造业行业的影响差异巨大。总体而言，原材料价格自2011年后较为稳定，部分制造业采购成本略有下降。制造业目前使用的能源多数为不可再生能源，虽然价格呈现波动状态，但在可再生能源尚未大量替代传统能源的情况下，制造业在能源使用成本上将保持上涨趋势。而且，部分可再生能源成本高于不可能再生能源，使用过程中还存在大量设备的转换和更替。因此，企业即便在未来使用可再生能源，在转换期也需要大量成本投入。制造业近十年来的技术投入非常稳定，且持续增长。全社会教育科研事业的发展，极大促进了科研人员数量和质量的提升，也为制造业的发展提供了大量优质科技人才。同时每年都有大量的研发经费投入制造业且逐年增加，制造业各行业研发投入强度比例均有提升，各类专利的申请总量和有效专利数量均稳步上升。在六大高技术行业中，电子及通信设备无论是技术人员、科研经费投入和专利量均占半数以上，尤其是有效专利占比超过7成。

新结构经济学认为，一个经济体在任何时点上的最优产业结构，是能够让该经济体在国内市场和国际市场实现最强竞争力的产业结构。而这一最优的产业结构是由经济体的比较优势决定的，而比较优势由该时点上经济的要素禀赋结构决定。中国制造业的五大基础要素禀赋为人力、资本、原料、能源、技术，其中人力、原料、能源三大禀赋均为中国制造业未来持续发展的挑战。因此，劳动密集型、能源密集型或者生产过程中使用的原材料价格涨幅趋势明显的制造行业将不具备比较优势。技术要素持续提升，为中国制造业转型升级以应对其他要素禀赋变迁所带来的压力提供了有力的支持。尤其是对电子及通信设备业的人才储备和研发资金的大量投入，推动了制造业的智能化趋势。

2016 年在我国制造业的产业结构中，劳动密集型和技术密集型占比均为 34%，近年劳动密集型产业和技术密集型产业占比均呈现上升趋势。因此，我国制造业产业结构呈现出与要素禀赋决定的比较优势相吻合的一方面，即技术密集型产业的发展及近年持续提升的占比；另一方面，随着劳动人口的减少以及制造业工人工资的提高，劳动密集型产业占比不降反升，与要素禀赋决定的比较优势相悖。因此，中国制造业是否可持续增长的重点在于劳动密集型行业的发展是否能与要素禀赋的变迁相适应。以数据为依据观测到制造业产业结构与要素禀赋偏离决定的比较优势偏离，可能产生以下两种截然不同的推断：

（1）真实偏离。虽然劳动密集型制造业引入技术提高提升劳动生产率，但是依赖大量劳动力的情况短期无法改变，相比技术进步带来的推动，劳动力成本的提升带来更大的压力。因此，目前劳动密集型行业的发展趋势与要素禀赋决定的比较优势不符，劳动密集型行业未来将面临严重的挑战。

（2）伪偏离。劳动密集型产业已不是纯劳动密集型产业，多数行业的企业在技术发展的驱动下引入智能化生产，即劳动密集型产业中的部分企业逐渐发展成为半劳动密集型半技术密集型，甚至发展成为技术密集型。因此，真实的制造业产业结构与要素禀赋决定的比较优势并未发生偏离。

由于不同类型的劳动密集型制造业产业在不同地区，其要素禀赋结构及其变迁的差异巨大，无法进行笼统的分析。因此，采用多案例研究的方法，选择福建省泉州市对微观企业进行调研。福建省近十年的经济增长率及人均 GDP 都位列全国前十。2007 年至今，与全国其他地区不同，其第二产业增加值占 GDP 的比重始终保持并略有提升。2016 年，福建省第二产业增加值占比达到 49%，位居全国第二。泉州是福建制造业重地，2016 年，泉州正式获批成为首批“中国制造 2025”试点示范城市。因此选取泉州为调研地区，对其四大行业中的两大传统优势制造业——建材和纺织业的企业进行调查。从企业视角进行四大主题的研究：

（1）泉州制造业要素禀赋结构及其变迁。

（2）泉州制造业的产业结构与比较优势的吻合度。

（3）目前企业转型升级的策略。

（4）有为政府在转型升级中的作用以及建议。

一、福建泉州制造业发展概况

2016 年泉州制造业规模以上企业的总产值为 11754 亿元，2015 年为 10784 亿元，2014 年为 10067 亿元。2015 年泉州制造业规模以上企业的总产值实现 7%的增长，2016 年的总产值实现 9%的增长。2016 年泉州制造业规模以上企业总产值排名第一的行业为皮革、毛皮、羽毛及其制品和制鞋业，占比为 17.45%；其次是纺织服装、服饰业，占比 12.94%；排名第三的是非金属矿物制品业，占比 12.04%。排名前十的行业中，纺织、服装、鞋类占比较大。2014－2016 年，总产值排名前十的行业非常稳定，泉州制造业按行业分类结构几乎没有改变，如表 3-12 至表 3-14 所列。

表 3-12　2016 年泉州制造业规模以上企业总产值排名前十的行业

泉州制造业行业	规模以上企业总产值/万元	占比/%
皮革、毛皮、羽毛及其制品和制鞋业	20670212	17.59
纺织服装、服饰业	15212338	12.94
非金属矿物制品业	14154398	12.04
石油加工、炼焦和核燃料加工业	9509854	8.09
纺织业	8676494	7.38
文教、工美、体育和娱乐用品制造业	5334542	4.54
造纸和纸制品业	4842471	4.12

续表

泉州制造业行业	规模以上企业总产值/万元	占比/%
食品制造业	4395918	3.74
通用设备制造业	3818949	3.25
橡胶和塑料制品业	3446200	2.93

数据来源：福建省统计年鉴

表 3-13　2015 年泉州制造业规模以上企业总产值排名前十的行业

泉州制造业行业	规模以上企业总产值/万元	占比/%
皮革、毛皮、羽毛及其制品和制鞋业	19475121	18.06
纺织服装、服饰业	13375445	12.40
非金属矿物制品业	12846514	11.91
石油加工、炼焦和核燃料加工业	9897884	9.18
纺织业	7844110	7.27
造纸和纸制品业	4525397	4.20
食品制造业	4448561	4.13
文教、工美、体育和娱乐用品制造业	4408238	4.09
通用设备制造业	3282997	3.04
橡胶和塑料制品业	2966903	2.75

数据来源：福建省统计年鉴

表 3-14　2014 年泉州制造业规模以上企业总产值排名前十的行业

泉州制造业行业	规模以上企业总产值/万元	占比/%
皮革、毛皮、羽毛及其制品和制鞋业	18488893	18.36
纺织服装、服饰业	12569510	12.48

续表

泉州制造业行业	规模以上企业总产值/万元	占比%
非金属矿物制品业	11823198	11.74
石油加工、炼焦和核燃料加工业	10059243	9.99
纺织业	6787591	6.74
文教、工美、体育和娱乐用品制造业	4134013	4.11
造纸和纸制品业	3984958	3.96
食品制造业	3765035	3.74
通用设备制造业	3418828	3.40
化学原料和化学制品制造业	2982956	2.96

数据来源：福建省统计年鉴

福建省制造业规模以上企业的总产值为 41816 亿元，泉州制造业占全省的比例约为 28%。除了烟草制造以外，福建省有统计的 30 类制造业泉州均有规模以上企业。泉州在福建省中占比过半的优势产业为石油加工、炼焦和核燃料加工业，占比 92%，纺织服装、服饰业占比 74%，皮革、毛皮、羽毛及其制品和制鞋业占比 60%。2014—2016 年，泉州制造业占福建省规模和比例维持不变，各大主要个行业占全省比重维持不变，如表 3-15 至表 3-17 所列。

表 3-15 2016 年泉州主要制造业占福建省比重

泉州制造业行业	占福建省制造业比例/%
石油加工、炼焦和核燃料加工业	92.32
纺织服装、服饰业	74.13
皮革、毛皮、羽毛及其制品和制鞋业	60.17
造纸和纸制品业	45.04
非金属矿物制品业	44.60
通用设备制造业	34.32
印刷和记录媒介复制业	33.61

续表

泉州制造业行业	占福建省制造业比例/%
废弃资源综合利用业	32.76
纺织业	32.62
文教、工美、体育和娱乐用品制造业	32.49
食品制造业	31.16
专用设备制造业	29.51

数据来源：福建省统计年鉴

表 3-16 2015 年泉州主要制造业占福建省比重

泉州制造业行业	占福建省制造业比例/%
石油加工、炼焦和核燃料加工业	93.81
纺织服装、服饰业	72.87
皮革、毛皮、羽毛及其制品和制鞋业	60.37
造纸和纸制品业	46.09
非金属矿物制品业	44.19
食品制造业	34.37
印刷和记录媒介复制业	34.15
纺织业	33.02
通用设备制造业	32.37
废弃资源综合利用业	30.56

数据来源：福建省统计年鉴

表 3-17 2014 年泉州主要制造业占福建省比重

泉州制造业行业	占福建省制造业比例/%
石油加工、炼焦和核燃料加工业	92.03
纺织服装、服饰业	73.56
其他制造业	67.53

续表

泉州制造业行业	占福建省制造业比例/%
皮革、毛皮、羽毛及其制品和制鞋业	62.14
非金属矿物制品业	45.18
造纸和纸制品业	43.67
印刷和记录媒介复制业	41.58
通用设备制造业	35.67
食品制造业	33.76
文教、工美、体育和娱乐用品制造业	32.02

数据来源：福建省统计年鉴

二、关于泉州制造业转型升级的研究

（一）新结构经济学理论基础

新结构经济学认为，一国的要素禀赋在某一特定的时刻是给定的，但随着时间的推移要素禀赋也发生改变。它决定了一国的比较优势，并从而决定了该国的最优产业结构。一个国家要实现产业结构的升级，要求要素禀赋结构的升级（即由劳动力和自然资源相对丰裕的结构升级到资本相对丰裕的结构）和新技术的引进，同时每一种产业结构都需要相应的基础设施（包括有形的和无形的）来促进它的运行和交易。对于新技术的引进，该理论认为技术相对落后的发展中国家可以通过借鉴或采用在发达国家已经成熟的技术，从而将它们的劣势转变为优势。与之相反，技术相对发达的经济体必须在全球技术前沿上进行生产，并且必须持续在研发方面进行新的投资以实现技术创新。然而政府在产业结构升级中扮演一个十分重要的角色，因为产业结构的升级和基础设施的相应改善需要协调投资行为，并对由先行者产生的、无法被私营企业内部化的外部性予以补偿。没有这样的协调和对外部性的补偿，经济发展的进程将放缓。

（二）文献综述

1. 泉州制造业转型升级的文献

郭伟锋等（2012）结合协同学理论，根据环境（硬、软）、行业协会、政府为影响制造业转型升级的控制参量，企业、产业及产业链协同等为影响制造业转型升级的序参量，研究制造业转型升级的协同机理。杨树青等（2014）用结构方程模型的方法对泉州制造业的困境和制造业模式转型升级的影响因素进行分析，并进行了实证检验。叶迪等（2017）利用创新网络等相关理论，对泉州制造业进行实际调研，分析产业龙头企业创新转型能力的市场导向、吸收能力以及协同能力维度，以探析转型企业的项目关联度定位以及区域创新网络的结构特点。杨灿荣、潘茹（2016）通过研究流通价值创新，来实现泉州中小型制造企业升级推升全球价值链。

2. 新结构经济学在制造业转型升级的应用

李鹏程、叶梓伟（2017）在新结构经济学视角下，对产业转型升级的发展、演变过程进行分析，认为产业从“劳动密集型”提升到“资本密集度”的初期表现为结构的调整，之后表现为生产方式的变化。董直庆、焦翠红（2017）依据新结构经济学视角，将技术结构纳入总量生产函数构建新古典经济增长模型结合，认为产业生产率出现两极分化趋势且向低生产率区域聚集技术进步率、技术贡献度和贡献度的增长存在潜力。王聪（2016）从产业结构演变与现状入手，结合新结构经济学理论框架，探究地区互联互通、产业转型与合作的可行路径：在产业转型与合作动力方面要素禀赋升级与比较优势培育是基础硬性与软性基础设施改善是突破口科学技术与工业合作是关键；在产业转型与合作方向方面需要侧重政府在信息提供与外部性补偿的作用，通过提升企业自生能力，将金融发展、技术创新与产业结构调整相结合。

三、泉州制造业转型升级所需要研究的问题

1. 泉州制造业要素禀赋结构及其变迁

基于具体的产业进行微观企业调研，明确不同产业要素禀赋的结构及其变迁。同时梳理要素禀赋变迁的过程中，不同产业、不同规模企业面临的相同情况以及个性化情况。

2. 泉州制造业产业结构与比较优势的吻合程度

根据要素禀赋结构及其变迁，对泉州的比较优势进行分析，并与泉州制造业

产业结构进行比对，分析其吻合度。

3. 泉州企业转型升级的策略

在每个企业都面临要素禀赋变迁的情况下，不同企业有不同的发展战略。分析不同企业如何利用和构建自身的优势，以应对要素禀赋变迁所带来的压力，并让企业长期可持续的发展。

4. 泉州政府在制造业转型升级中的作用及政策建议

根据泉州政府近年来针对智能制造出台的各种规划和方案，从调研中观察相关政策对不同企业智能化转型的影响。同时，根据企业在智能化转型中面临的硬约束，在政府的相关政策方面提出建议。

四、多案例研究方法以及泉州企业样本的选择

案例研究是一种重要的实证研究方法，在管理学和社会学领域被广泛采用。以案例研究的数量为标志，可以将案例研究分为两种类型：单案例研究和多案例研究。多案例研究是指以多个案例作为研究对象进行研究。这种方法遵循可复制的逻辑原则，通过多个案例研究结果的反复比较，能更好、更全面地反应案例背景的不同方面，尤其是在多个案例同时指向同一结论的时候，案例研究的有效性将显著提高，且多案例研究适合构建新的理论。因此，为了构建泉州制造业转型升级动机和战略趋势的理论模型，将采用多案例方法研究泉州制造业转型升级。

（一）样本的选择

案例研究学者研究认为，案例样本数量会影响研究结论的信度和效度，而多案例研究能够增加研究结论的信度和效度。多案例研究中的案例数量以 4～10 个为宜，4 个案例已经能够满足理论构建的最低要求。为了保证信度和效度，严格按照多案例研究理论进行案例分析。基于此，选取了泉州制造业产业集群内的 7 家企业作为研究案例，其中 4 家属于建材家居产业，3 家属于纺织鞋服产业的拉链企业。

样本选择的具体原因如下：

（1）泉州有四大传统支柱产业：纺织鞋服业、建材家居业、石油化工业、机械装备业。旨在研究泉州传统行业，建材家居和纺织鞋服是其中的代表。

（2）拉链作为服装行业的辅料，属于服装行业的上游，整个行业大部分的信息会反应到上游，上游会体现下游的信息，所以选择拉链企业作为研究对象之一。

（3）调研需要有全面的信息，所以挑选了大、中、小三种类型的企业以及泉州地区特有的家族型企业，来研究其如何应对产业转型升级的压力及应对手段。

（二）数据的采集

遵循案例研究数据采集要求，数据采集分为一手资料采集和二手资料采集两部分。

一手资料的获得方法包括对 7 家传统企业进行实地考察，参观样品展览、工厂，访谈企业当事人或倾听企业当事人演讲、录音等方式。具体的资料收集情况如表 3-18 所列。在一手资料收集过程中，主要关注 7 家传统企业的转型升级和战略趋势。出于对访谈/座谈对象隐私的考虑，所涉及公司名称用代号表示，姓名用字母代替。一手资料收集受到空间、时间经费等多方面的限制，因此二手资料尤为重要。关注的二手资料包括：①在企业发表过的全部有关企业的全部文章，以及行业或专题材料中选取的文章；②公司年度报表；③行业协会发表的相关刊物。

表 3-18 一手资料收集情况

产业/调研时间	公司名称	规模	研究方法	访谈/座谈对象	产值	总时长
建材家居 2017 年 10 月 27 日	企业 A	全国前十	演讲、答疑、店效参观、工厂参观	智慧研究院 L 主任	数十亿	2h
	企业 B	中型企业	座谈	企业负责人 Y 总	上亿	1.5h
	企业 C	中型企业	瓷砖品种参观、座谈	销售部负责人 L 总	上亿	2h
	企业 D	小型企业	工厂参观	W 总	上千万	1.5h
纺织鞋服（以拉链产业为主） 2017 年 10 月 5 日	企业 E	全国前十	拉链展馆参观、访谈、工厂参观	W 总	上亿	2.5h
	企业 F	中型企业	工厂参观、访谈	X 总	上千万	2h
	企业 G	小型企业	工厂参观、访谈	X 总	上百万	2.5h

五、企业案例分析

（一）A 企业案例

1. A 企业简介

A 企业创立于 1990 年，总部位于福建，拥有五大生产基地、16 个工厂、全球超过 4000 家定制门店和 5 万多个销售点。据最新数据显示，2017 年 A 企业市值超过 170 亿人民币，是目前国内大型的卫浴洁具产品制造商和供应商之一。

2. **A 企业发展历程与现状**

A 企业在建立初期选择生产五金产品进入制造业，由于当时竞争企业较少，A 企业顺利地在制造业站稳了脚根，创新性地用陶瓷片快开水龙头代替民用橡胶式旋开式水龙头，推动了陶瓷片快开水龙头的发展。在之后的几年间，开始对多种卫浴产品进行开发生产，拥有了自身独特的淋浴系统解决方案。消费者在购买浴室产品时，可以选择在 A 企业购买整套产品。

1999 年电子技术突飞猛进，出现产品智能化潮流。A 企业研发出感应水龙头，有效防止了细菌的交叉感染；感应水龙头的设计，有效地节约 30%以上水资源。2006 年卫生陶瓷产品上市，A 企业不断拓展卫浴产品线，为消费者提供 A 企业自主研发生产的陶瓷产品。2007 年，A 企业着手智能马桶研发，在更高标准上对智能马桶进行革命性的创新研究。

2010 年，淋浴房、浴缸系列上市。至此，A 企业自主研发生产的产品已涵盖五金龙头、整体淋浴、厨卫五金、卫生陶瓷、厨卫家具等七大系列，10 多个品类、1500 多个规格，为不同需求的客户提供一流的厨卫解决方案。同年，A 企业在生产车间全面推进 JPS 精益生产模式，大大降低生产能耗，节省了大量资源，由此拉开了 A 企业新一轮的转型升级之路。2016 年 10 月，A 企业建立智能研究院，专门针对企业产品进行研发；2017 年，在智能研究院的基础上建立智慧研究院，专门负责生产线的研发，为今后数字化生产线的建设铺平了道路。但就目前来说，中国卫浴市场集中度低，就市场份额而言，中国市场销售前十的厨卫品牌累计市场占有比小于 40%。

3. 发展中遇到的问题

（1）成本上升。A集团的成本主要体现在原材料费、人工费、与制造费三个方面。生产成本越来越高，其中最主要的是劳动力成本与原材料成本。目前原材料价格保持上涨态势，由于某些传统工艺仍然需要专业的技工生产，但是目前专业技工数量很少，人工费也在不断上涨。

（2）与外国高端品牌制作工艺存在差距。与外国高端品牌在国内找代理工厂不同的是，A集团选择自己建立工厂生产。在这方面上，A集团在生产的标准、安全管理上更具有优势。A集团的产品合格率达90%以上，而外国的普遍只有80%的合格率。

（3）品牌影响力不及一线品牌。尽管A集团产品质量高于日本TOTO、美国科勒等公司，且外国产品没什么变化，A集团产品具有多样化，但国外的品牌却仍有更高的价值。

4. 解决方法

面对原材料成本和人工成本不断升高的情况，为了维持产品价格，A集团选择不断提升自身的技术水平，投入资金建立自动化的车间，减少人员的投入，由机器人代工，以提高生产效率、减少人工费。面对人才紧缺的情况，A集团从其他公司挖取专业人才，这些人才拥有自己的资源，使得A集团有更强的供应能力，从物流、原料、生产等环节内部消化增加的成本，以客户为中心，为客户创造价值。A集团通过削减人工以及控制原材料价格，内部消化日益增加的成本，从而让产品的价格维持在稳定的水平，为顾客提供物美价廉的产品。面对品牌竞争力低的情况，A集团则在生产过程中，通过完善生产工艺、提高自身产品质量标准高过国家标准，以提高自身产品质量和美观，来提升在消费者心中的品牌地位。

5. A企业案例总结

A企业是泉州智能制造业的一个代表、转型升级的领跑者之一，A企业的理念是推动民族品牌，以客户为中心，为客户创造价值，让员工成长，承担相应的社会责任，推动行业发展。

在研究中发现，A企业主要面临的问题是生产成本和品牌效应两个问题。为了应对生产成本急剧上涨的形势，为了保持产品价格的稳定，A企业建立全自动数字化生产车间，既提高了生产效率、又节约了人工成本。此外，A 企业高薪招聘高级人员，借由其自身所拥有的资源条件，让企业从多方面内部消化所增加的成本。作为市场的后入者，A 企业的品牌效应一直不如国外的竞争对手，所以 A 企业一直注重产品质量，规范生产过程，产品合格率高于国外产品的平均水平，致力于在消费者心目中树立物美价廉的形象。目前 A 企业已经与国外 X 公司建立战略合作关系，以提高产品技术含量，在市场上获得良好的口碑。

（二）B 企业案例

1. B 企业简介

B 企业座落于著名的陶瓷之乡——晋江市磁灶镇，临近 324 国道，地理位置优越。公司于 1995 年 11 月建成并投产，现已建成 5 条生产线，目前主要生产外墙砖和彩釉装饰瓦，品质优良，色泽美观，是现代房屋建筑的理想材料。公司在全国建立了销售网络，辐射面广。近年来，B 公司产品赢得“砖的专家”“生活艺术的缔造者”等美誉，深受广大消费者的青睐。公司坚持“诚信求生存，创新求发展”的经营宗旨和以人为本的经营理念，实行“坚持顾客至上，追求行业精品”的质量方针。

2. 发展历史与现状

B 企业自建立起，一直注重于管理和生产过程中的细节，始终追求绿色环保、健康、有艺术价值的优势陶瓷建材产品，企业于 2003 年初顺利通过并严格执行 ISO 9001.2000 国际质量体系认证，2004 年底获得 3C 认证，并于 2005 年成为首家在央视打广告的外墙砖企业，产品质量由中国人民财产保险股份有限公司承保等[14]。面对人工成本的不断上升，目前 B 企业跟随工业 4.0 时代的潮流，引进先进的喷墨机，实现全自动化喷墨生产。据同行业竞争者描述，B 企业生产的瓷砖在晋江磁灶地区的质量是较为优质的。

3. 发展中遇到的问题

（1）缺乏年轻的生产工人。

目前大多数 80、90 后对于工作的选择偏向于轻工业，导致年轻的劳动力不足。B 企业的工厂内部生产人员年龄偏高，迫切需要“新鲜血液”来弥补后期的缺口。

（2）操纵自动化机械人才缺乏。

技工人才稀缺，国内各大院校缺乏培养技工人才的专业，极少人会使用和维修一些专业的机器（如喷墨机），缺少设计人员设计瓷砖花纹。

（3）生产成本不断增加。

1）人工成本逐年增加。

2）原材料（占总成本的30%）。

①高岭土：资源减少，泉州附近高质量的高岭土日益枯竭，需要从漳州、厦门、广西等其他地方运输。

②运输成本相比以前更贵了。

1）管理费（包括税收、资产折旧，占总成本的20%）。

2）政策导致成本提升。

①燃料：2014年政府规定煤改气，使用天燃气的成本比使用煤的成本高出30%。

②建造脱硫塔：工厂必须安装脱硫塔，脱硫塔建设平均成本70万，使用成本每天高达5000以上，一年会增加几百万的成本。

③原材料堆放：政府规定原料堆放处必须用绿网100%全覆盖，减少扬尘（环保绿网成本略高）。

④职业卫生：减少职业病，如尘肺病，要求企业必须让工人佩戴防尘面具，使用压机的工人必须佩戴耳罩等。如政府检查发现工人未使用防护措施将进行高额罚款（增加面罩与口罩的成本）。

⑤政府税收：定额税费，每年20%的增长率。营改增使得税收增加，导致整体利润减少（但其成本企业内部消化）。

（4）面临政府环境规制的约束。

由于近年来，福建被定为一些大型会议的举办地，每次在会议召开之前政府都会对环境污染情况进行“紧急”整治。一般会用以下四个手段：①时间上要求停止生产，政府会在某些特定时间要求企业停产，但是买家并不会因为这些突发事件而推迟交货时间，导致B企业常常出现违约的情况；②限额排放，政府会对环境进行评估，以决定该地区的废气排放标准，如果该地区会出现超过排放标准的情况，政府会要求企业限制排放废气，进而影响到企业的的产量；③道义上的劝告，政府人员会以电话、短信、走访的方式建议企业于近期停产；④碳交易，在面对政府要求限额排放废气时，企业可能会因为产量低，而选择把排放权卖给产量更高的企业，导致自身企业机器没有在生产，却一直在计算折旧，生产成本也随之不断上涨。

（5）缺乏自有设计团队。

B 企业的瓷砖样式设计外包给第三方设计公司制作，第三方设计公司惩戒业务众多，无法全心全意为 B 企业设计瓷砖样式，也导致 B 企业的设计样式不如同行业拥有设计团队的企业，所以 B 企业产品所表达的文化与内容有所欠缺。

（6）欧洲市场的反倾销风波。

欧洲曾对中国瓷砖企业发起反倾销调查，只有在欧洲打赢过官司的中国瓷砖企业才可以出口产品到欧洲，否则无法进入欧洲市场。其余企业可向打赢官司的企业支付佣金，让这些企业销售自己的产品到欧洲。

4. 解决方法

面对缺少年轻劳动力的情况，企业需要改变现阶段年轻人对陶瓷行业的传统观念，结合新鲜元素以吸引年轻劳工的注意。面对缺少专业操作机械的技工的情况，企业可以联合陶瓷协会一起与各大高校合作，增设相关的专业，以挽救缺少专业技工的情况。面对生产成本的上升，B 企业需要扩大生产规模，通过规模效应来缓解生产成本不断上涨的情况。面对政府行为对生产造成影响的情况，瓷砖企业可以联合起来，与政府协商能否将政策放缓，以给予企业缓冲时间来调整生产情况，以避免违约。面对品牌效应低的问题，B 企业需要培养自身的设计团队而不是一味外包设计。设计时可以适当融入中国文化元素，将中国传统文化呈现在瓷砖上，不但能提高中国瓷砖产品的竞争力，同时也能进一步拓宽中国传统文化的传播途径。

5. B 企业案例总结

B 企业是泉州磁灶镇陶瓷行业中的一家中型企业，亦是当地典型的家族企业之一，其以产品质量为地区行业所闻名。B 企业的转型之路是通过引进生产喷墨机来提高生产效率。但是其遇到的最大难题却是政府的压力，政府的行为对磁灶地区的瓷砖企业产生了极大的冲击，如限额排放、时间限停等严重影响到企业决策者对未来的发展预期，决策者无法对发展未来进行规划，导致企业发展“畏首畏尾”，企业的转型之路就更加无法进行下去。如果政府能通过更加缓和的手段进行政策调整，也许能为此类企业带来更多的生存契机。

（三）C企业案例

1. C企业简介

C企业成立于1986年，占地600多亩，是一家专业生产建筑类瓷砖的陶瓷工厂，营销中心位于晋江市磁灶镇，是一家研发、生产、销售、服务于一体的现代化陶瓷企业。作为一家中型的生产企业，以精工、专注、和谐为理念，精研当代意大利、西班牙等国家的陶瓷创新设计与先进工艺，同时引进一批高级工程技术人员和管理人才，在传统陶瓷工艺的基础上，不断应用新技术开发新产品，使产品完美融合了中西文化的精华又兼具时尚经典，给人以豪华、温馨和超值的现代家居理念。公司主要生产各种规格的3D喷墨砖、仿古外墙砖、彩码砖、仿古地板砖等产品。公司以高品质的产品、合理的价格，在满足国内市场需求的同时，出口东南亚、中东、印度、巴西、非洲、中南美等国家和地区，以准时交货和周到的服务赢得了客户的信任和支持。

2. 发展历史和现状

C企业是一家独资企业，1986年建立于泉州磁灶镇，初期主营普通的外墙砖，后来由于泉州政府要求进行煤改气，生产成本上升后将工厂转移至更具燃料要素禀赋的漳州，销售部和市场部依然留在泉州。工厂据销售部车程不超过一个半小时，销售部更是临近于泉州站，地理位置优越。

目前企业由三位二代管理者分工管辖，全公司由800名员工组成。根据最新数据，企业现阶段销量最好的产品是水泥砖和木纹砖。C企业主营贴牌生产和自主品牌个性化瓷砖定制，旗下拥有多种自营瓷砖品牌。

C企业还与泉州地区某高校合作，开创电商网店。近年来，公司注重自主品牌的建设，通过裂变式创业模式激励员工进行品牌创新，并创建“隐形子公司”以扩大企业规模。

3. 发展中遇到的问题

（1）面临政府环境规制。泉州地区政府要求使用天然气替代煤作为燃料，导致C企业生产成本上升，不得不将工厂搬迁至允许烧煤的漳州。

（2）新的管理模式具有不稳定性。C 企业在转型过程升级中，采用“裂变式创业”模式进行企业规模扩张，但是这种尝试是否能给企业带来收益是难以预料的。

（3）产品质量竞争力差。相比于同行业公司，尽管 C 企业的产品样式多元、亲和新一代年轻人的品位，但是产品质量却没有那么好。

（4）不重视线上渠道铺设。与高校合作开设网店，但是由于协议无法过问网店运营模式。

4. 解决方法

为了确保“隐形子公司”的顺利运营，C 企业在组建团队时应委派专业人士进行协助，在其走向正规时调回原公司；应该在打造自身品牌之前，先对自身产品质量进行优化；可以外派员工进行专业化学习，以提高瓷砖质量，这样打造出来的品牌才会更有竞争力；可以考虑在协议期满时，组建自身的电商团队以接管自家品牌的电商网店。如此，对品牌的建设更有利。

5. C 企业案例总结

在本次调研中，C 企业颠覆了人们对传统瓷砖行业刻板、无趣的观点，虽然面对政府烧煤限制，只能迁移工厂至漳州继续生产，但是 C 企业选择将市场部和营销部继续留在磁灶地区，欲凭借磁灶地区生产瓷砖的悠久历史吸引顾客。由此不难看出，C 企业转型升级之路是对企业原有的营销部和市场部进行重组，招募 80 后、90 后员工并引进裂变式创业模式进行企业规模扩张。这不仅激起了员工热情，也培养起员工的团队意识和个人能力，让员工觉得自己在这家企业是有很大的发展空间的。C 企业今后的转型策略仍然需要进行调整：如何保证裂变出去的子公司不会偏离母公司的控制、如何更好地完善产品质量以及如何更好地打造自身的品牌，这些问题会成为 C 企业在发展中的瓶颈。

（四）D 企业案例

1. D 企业简介

D 企业位于福建省晋江市磁灶镇，主要生产居家馆所的陶瓷内墙釉面砖、抛晶砖、世界经典油画艺术及华夏现代生活名画组合壁画、高级墙体腰线、装饰阴阳角线条、玻璃卫浴等。

2. 发展历史和现状

D 企业成立于 1998 年，是晋江磁灶镇的一家十分典型的小型家族企业，其主营产品是防腐砖和装饰用砖，企业年产值在 4 千万左右。工厂虽然老旧，但是设备较为齐全。D 企业以出口为主，出口占比高达 80%～90%，没有特别明显的淡季，全年有单。D 企业有专门的设计团队，可以进行瓷砖图样的设计，满足客人个性化定制的需求。

3. 发展过程中遇到的问题

（1）面临政府环境规制。由于泉州是“中国制造 2025”试点城市，所以泉州政府出台政策，禁止泉州地区企业使用煤作为生产燃料，转而使用天然气作为燃料，然而煤炭价格低于天然气，致使企业的生产成本提高；政府在时间上的限停，导致D 企业经常违约且得不到客户的理解。

（2）劳工成本不断上升，缺少普工、技工。D 企业劳工成本占生产总成本的 20%～30%，劳工成本逐年上升，D 企业每年都要给员工提升约 10%的薪水。企业内劳工平均年龄较高，且缺少操控专业喷墨机的技术工人。

4. 解决方法

D 企业可以进一步增设生产线，以扩大生产规模，通过规模生产来降低由于外部因素带来的成本的提升；可以与当地各技校合作，招募并培养一些年轻的劳工，以防止高龄劳工退休后企业无工可用的情况。

5. D企业案例总结

D 企业是本次在泉州磁灶镇调研的最小型的企业。面临这么多冲，仍然能顺利地存活下来，说明决策者挑选的转型之路是正确的。拥有自身的设计师团队，让D 企业在小型企业当中脱颖而出。但是D 企业在生产中仍存在瓶颈，如欲通过金钱来购买先进的技术，却无处寻觅；希望购买装箱机器人来降低人工成本，却缺少相关技术人才；希望多接一些订单，却时常被政府限停。对未来的规划迷茫是目前D 企业最大的阻碍。D 企业作为磁灶镇小型的家族式企业，在面临这么多冲击的情况下却能存活下来实属不易。但是D 企业今后的转型之路仍然需要决策者进行长远规划。

（五）E企业案例

1. E企业简介

E企业创办于1992年，于2007年在S国主板挂牌上市，厂区坐落于风景秀丽的福建省晋江市，是一家专门致力于拉链、拉链配件及拉链机械研发、制造、销售为一体的大型制造商，公司现有员工2000人左右，厂房占地面积88800多平方米。

2. E企业发展历程与现状

E企业创建于1992年，当时仅是一家小型拉链加工作坊，只有几十名工人以及400平方米的旧厂房。从1993年起，公司逐步办起了压铸厂、电镀厂、拉链厂、漂染厂、成品加工厂、单丝厂和模具厂等配套互补工厂，一跃成为年产值上亿元的大型集团公司。2007年，E企业在S国上市，之所以选择在S国上市，是因为中国A股不适合上市，在A股上市的基本上都为国企，当时的E企业已经发展到了一定的规模，符合S国上市的标准，故在S国一上市便融资5亿人民币。由于市场需求的逐渐增加，E企业在20世纪90年代从台湾引进机器，当时售价约30万人民币。近几年，大陆开始仿制这类型的机器，售价为5万人民币左右，为企业规模的扩大减少了成本。现在，E企业已经实现自动化生产，自动化机器有自动穿头机、自动切断机、自动分离机、自动灌塑机等。随着企业的转型升级，E企业的30%～40%产品出口，其中国外市场主要为印度、巴基斯坦、美国、韩国和土耳其；其余60%～70%的产品于国内销售，主要销售拉链成品与半成品。为了减少中间环节，E企业也与客户直接接触。与家庭作坊相比，E企业会制订前期规划，如2017年的生产计划（如设计样式供客户选择）在2016年就会完成规划。E企业会有安全库存，因为原材料价格在不停地波动，总体的价格是上涨的，降少升多，能在原材料的库存上获益。小企业没有库存，就必须承受原材料价格变动带来的冲击。E企业通过一系列人才规划和人才激励措施，公司先后培养了一大批技术工、管理人才，大大加强了企业的综合实力和活力，使企业的新产品开发和规范管理一年上一个台阶。随着拉链市场供给不断饱和，市场竞争日益激烈，公司高层清醒地认识到：质量就是市场，质量就是生命。E企业的研发部门拥有10多名研发人员，其薪酬待遇高于一般的管理人员和技术工人。E企业每年投入研发的资金大约为销售额的6%，主要从拉链的个性化以及功能性方面入手研发。许多国内企业并不注重产品的研发，只关注生产，在国内具有一定规模的拉链企业（包括E企业）每年大约有10多项专利，而日本YKK却有高达100多项专利。此外，E企业注重迎合市场潮流，产品在市场上受到消费者的欢迎，这也是其能迅速发展的原因之一。E企业作为国内拉链的大企业之一，虽然在自动化的道路上走得比一些中小企业远，技术也比国内的中小企业先进，但其发展也遇到了瓶颈，可以概括为“想要发展却又不知如何发展”。据林毅夫新结构经济学应用，E企业已经在行业内处于前沿企业，无法在生产技术上有更大的突破，而市场上又买不到新的技术。E企业的外来员工占总员工人数的80%左右，主要为四川、重庆和江西人，在职工宿舍方面，E企业从原先的30人一间、配备一台风扇的宿舍逐渐改为目前3～4人一间，配备空调、独立卫浴的员工宿舍，员工的工资也在不断提升。

3. E企业发展过程中存在的问题

（1）成本上升。

1）职工薪酬增加。随着中国经济的发展，国内用人成本越来越高，目前E企业中一名熟练工的平均月薪为5000～6000元，新员工平均月薪为3000～4000元，相比于前几年增幅较大。

2）原材料价格上升影响产品价格。原材料价格波动幅度大，尤其是锌的价格。E企业根据上海期货市场价格来实时调控产品价格。

（2）品牌影响力不及一线品牌。

1）品牌效应不如日本YKK。中国的品牌在不断壮大，E企业的客户遍布全国，如国内一些知名品牌特步、361°等。但是国外的一些大品牌如阿迪达斯、耐克则更喜欢日本YKK。但现在外商开始注意到中国品牌的成长，中国产品的质量与日本相差无几，日本YKK为了与中国企业竞争，近年来，每年牺牲大约15%的利润，在全球原材料价格走高的局势下仍下调价格。

2）与YKK相比的劣势。日本YKK的规模更大，其拥有自己的矿场、研究力度大、机器设备先进、投放新产品。

（3）受到政府环境政策限制。

E企业有自己的电镀厂、漂染厂，水污染较大。从G20到金砖会议，政府大力治理污染问题，限制企业的污水排放，因治理污染问题，企业成本上升，但政府实行“一刀切”的标准，实际上是限制企业生产，调节产能过剩。

4. 案例总结

E企业是国内较早成立的，同时也是规模最大的拉链企业之一，拉链虽然只是服饰、箱包上的一个小配件而已，但其涉及五金、化工、纺织三大行业。研究E企业的发展历史、发展现状与问题，对了解泉州地区企业自动化发展有很大的帮助。

（五）F企业案例

1. F企业发展历程与现状

F企业是一家专门做织带拉链的企业，因为这类型的工厂所需投入的成本较高，在调研所在的村子里仅有两家是做织带拉链的。创建人从事这方面的工作40年，早期是在香港学习从事相关的行业，后来创办了这家公司。在改革开放初期，政府不允许从事相关行业，所以许多原料都是通过走私才能到大陆。一开始，织带采用人工编织，当时人工成本很低，但也因此效率低下。而后，F企业开始引进机器，开始自动化生产，台机器每天能生产90公斤，每次开启机器约13台。而员工也从许多人裁剪至目前6～7个人看机器，大大减少了人力成本，又提高了生产效率。到2010年，F企业意识到线下发展的空间越来越狭窄，于是在老板小儿子的帮助下，在阿里巴巴网站上建立网店，开始做电商。目前来说，F企业的织带拉链外销占比35%，主要销往菲律宾、俄罗斯、韩国。虽然公司外贸业务有所扩张，但公司始终处于不温不火的状态，甚至企业有所缩小。

2. F企业发展过程中遇到的问题

（1）应收账款账期较长。F企业只是一家小企业，通常与客户发生交易时并没有明确规定收款时间，也不像E企业拥有律师团队，所以客户经常拖欠货款。

（2）缺乏技术工人。虽然目前来说F企业已经实现了机械自动化生产，但在企业附近招收熟练技术工人比较困难，虽然有几名工人看着机器，但是这些工人不能满足F企业的生产需求。

（3）人工成本逐年增加。目前来说，F企业工人的平均工资为6000～7000元，相对于前几年，涨幅很高，这样的工资水平对于家庭作坊来说是不小的负担。

（4）与大企业相比不具有优势。F企业只是一家织带编织企业，只生产拉链织带，其余的材料（如拉片、拉头、染色、电镀等）都需要依靠大企业，而大企业机器比F企业更加先进，生产效率更高，故大企业的产品更具有价格优势，因此造成F企业的许多客户向大企业流失。

（六）G企业案例

1. G企业的发展历程与现状

G企业的老板在年少时就在村里的拉链厂工作，在给别人打工的期间，他渐渐掌握了一条拉链生产所需要的全部技术。1993年，他在自己新建的房子里开办了拉链厂，这家拉链厂发展到现在经历了20多年，算是村里留下来的比较早期的一家拉链厂。在办厂初期，由于很少人办拉链厂，所以村民都会到G企业上班，并且当时晋江的经济发展迅速，很多的外地人也来到这家拉链厂里上班。通过与厂长座谈了解到，当时的人力成本十分低廉，大约月薪200元。泉州有许多服装厂与箱包厂，所以G企业的客户也在不断地增多。低人力成本与低廉的原材料价格，加上客户众多，G企业在那段时间发展十分迅速。而后，不仅村子里，整个泉州的拉链厂也多了起来，村民们有更多的选择空间，有不少人去了远一些的拉链厂工作。在2008年国际金融危机的冲击下，泉州许多服装厂倒闭，G企业一夜之间失去了不少客户，给G企业带来了一定的冲击。同时，人工成本与原材料价格也在不断地上升，使得定制材料的成本上升。但因家庭作坊对于订单选择的灵活性较高，而且有波动是有利润空间的，所以原材料的上升对家庭作坊的影响不大。因为订单少，G企业的工人基本为家庭成员，业务繁忙时G企业就吸收村里的零工，按件计价。

2. G企业发展过程中遇到的问题

（1）无固定员工。G企业没有固定员工，在业务繁忙时需要临时招收零工，通常情况下订单量小，只有家庭成员在工作。

（2）生产机械较落后。因为资金和订单量小，所以原有的机器可以适应生产，而且员工少，没有太多人手来看管机器，所以只能维持现状。

（3）市场小。G企业只是一个家庭小作坊，产量不大，其客户主要为一些小的服装厂和鞋厂，没有稳定的大客户，易受市场波动而影响自身的发展。

（4）部分客户存在拖账情况。与F企业一样，G企业只是一个小企业，通常与客户发生交易时并没有明确规定收款时间，也没有E集团拥有的律师团队，所以客户经常发生拖欠货款的事情。

3. F企业与G企业所面临问题的解决方法

F企业与G企业都面临着货款难收、用人成本高和生产机械落后的问题，这两家企业都为小型企业，维持客户无疑是重中之重。因此，在不损害与客户关系的前提下，在交易时应明确收款日期，以免被对方以无明确打款时间为由拖欠货款，给企业资金周转造成负担。小型企业没有雄厚的资金来购买先进的生产设备，与大企业相比，自动化生产水平较低。在用人方面，应以招收临时工为主，或者以家庭成员为主，最大限度上减少人工成本的支出。此外，F企业可以招收其他企业的熟练技术工人来填补自身缺乏熟练技术工人的空缺。

4. F企业与G企业案例总结

F企业与G企业都是家庭小作坊型的企业，两家家庭作坊企业是晋江拉链行业中较早成立的且存活下来的企业。但近年来家庭作坊订单量一直呈现下降趋势，早期留下来的家庭作坊多是半停工状态或已经改换行业。此外，这两家家庭作坊都还面临着缺乏熟练技术工人、生产设备较落后、收款难的问题。大企业拥有雄厚的资金，在人力成本日益高涨的情况下，他们可以通过引进先进的设备来代替人工，不仅能节约成本，还能扩大生产，当然，此前提条件为大企业拥有比家庭作坊多很多的订单。家庭小作坊虽然能生产大企业所能生产的70%的产品，但是其订单量远远不如大企业，且资金较少，无法承担高昂的人力成本，也无法引进先进的自动化机械进行生产。多采用招收临时工人的方法进行生产，以此来节约成本。收款对于一个企业的生存来说至关重要，F与G两家企业常常遇到收款难的问题，主要原因在于他们与客户交易时并没有约定收款日期，而客户也就一拖再拖，收款难的问题可以放大到整个中国。在2008年经济危机的冲击下，中小企业难收货款，而为了保住为数不多的客户，中小企业又不得不与这些客户继续合作。G和F两家企业虽然只是家庭作坊，但是这两家企业也能从一定程度上反应出整个泉州乃至全国制造业所面临的问题。综上所述，泉州制造业结构转型与升级是必需的，这不仅需要企业自身的努力，还需要政府出台良好的政策扶持。

六、企业案例分析总结

（一）泉州制造业要素禀赋结构及其变迁

新结构经济学认为，一个地区经济发展的根本原因是劳动生产率的提高，而劳动生产率的提高需要进行产业升级，而产业升级就是要让企业由资本劳动比低的阶段向资本劳动比高的阶段方向发展。林毅夫教授的研究中指出产业升级要符合要素禀赋及禀赋结构所决定的比较优势，才能利于产业升级速度的提升。因此调研泉州地区的传统产业的转型升级中发现主要有以下几个要素禀赋的条件：原材料、劳动力、能源与环境。

1. 原材料

国际市场原油价格上涨，致使国内的石油提炼物、化工等基础生产资料产品价格高居不下，且带动化工产品的出厂价在高位运行基础上连续上涨，涨幅明显，成为工业品出厂上涨的主要推动力。另外，国内市场投资需求的增长，带动有色金属价格上涨。泉州的陶瓷业和纺织鞋服业的主要原料也受到石油价格波动的影响，锌、铜、铝、铁、树脂等制造原材料都有所增长，如钢铁，从 2015 年最低 2225 元一吨的价格飙至如今的 4580 一吨。而作为陶瓷行业的主要原材料高岭土近年来的产量也不稳定，价格也在 561～708 元每吨波动，且泉州附近的优质高岭土逐渐匮乏，企业需从外地购入生产，上述原因都大大增加了企业的生产成本。

2. 劳动力

2005—2015 年间，中国的劳动力成本上升了五倍，较 1995 年涨了 15 倍，在劳动力供求关系、劳动力再生产成本及劳动力法律政策不断完善等多重因素的作用下，劳动力的价格仍持续上升。经泉州统计局统计分析，泉州市城镇非私营单位在岗职工年平均工资每年同比上涨 5.7%～10.69%。且目前从内部地区到沿海地区打工人员逐渐返乡，新一代的青壮年劳动力较少有意愿到郊区上班，且高校毕业的人才全面型居多，但真正适合企业应用的专业型人才缺乏。

3. 能源与环境

我国处于工业化与城市化加速发展的时期，对能源的刚性需求不断增加。供不应求的情况下，能源价格不断上升。而且过量能源消耗所排放的 SO_2、PM2.5

等大气污染物，给我国造成了环严重的境问题，带来了巨大环保压力。就泉州市而言，当地政府提出推进节能调度和电能天然气替代，发展建陶、五金等重点行业脱硫、脱硝和除尘设施产业，督促行业为环境买单。企业不仅需要引进新的环保设备，还要在生产的过程中花费其使用的成本，这就使企业生产成本全面增加。

（二）要素禀赋的变迁对企业的影响

要素禀赋的变迁对企业的影响如表 3-19 所列。

表 3-19　要素禀赋的变迁对企业的影响

所处行业类型	公司名称	原材料	劳动力	能源与环境
建材家居	A（大型企业）	铜价格大幅度变动并持续上涨，高岭土整体产量下降，优质土稀缺，价格上涨	劳动力价格上涨	政府推出环保政策，对企业限水限电减少产量，控制污水排放
	B（中型企业）	高岭土整体产量下降，优质土稀缺，价格上涨	1. 劳动力价格上涨（劳动力成本占总体成本的20%～30%，且每年以10%的速度上涨） 2. 技术工人缺乏（如喷墨机操作员） 3. 普工平均年龄较高，该行业不符合 80、90 后的择业偏好	政府推出环保政策，企业环保设施建设成本上涨（如安装和使用脱硫塔、“煤改气”铺设天然气管道；对职业卫生有强制性要求；原料堆积的地方需要用绿网全面覆盖；限排废气实行碳交易）
	C（中型企业）			
	D（小型企业）			
纺织鞋服（以拉链产业为主）	E（大型企业）	铜、锌、镍主要原材料价格上涨	劳动力成本上升，机器设备代替人工，缺乏熟练的技术工人（自动化机器操作员）	政府推出环保政策，对企业限水限电，控制污水排放
	F（中型企业）	尼龙、涤纶价格上涨，受上游的生产厂商成本转嫁的影响	劳动力成本上升，如今多为机械生产	政府推出环保政策，受上游的环保成本转嫁
	G（小型企业）	铜、锌、镍主要原材料价格上涨，受上游的生产厂商成本转嫁的影响	为家庭作坊生产，无长期劳工，仅在业务繁忙时招临时工，计件付费	

（三）企业转型升级路径

不同类型的企业在面临要素禀赋变迁的时候，面临的问题和约束都有所不同，因此，解决问题的路径方向也有所不同。根据企业规模大小，下面对大、中、小三种不同规模类型的企业的应对措施进行总结。

1. 大型企业（A、E 企业）的应对措施

原材料价格大幅度波动时，大型企业有能力整合全球的供应链，通过智能化的生产来节约单位成本的原材料投入量，并且能够利用期货市场来实时调控产品价格，把价格波动带来的问题转嫁给下游企业。对于技术人员的缺乏，大型企业通过投入资金，引进和培养大量的高层管理技术人员，利用大型机器设备来代替人工，同时解决人工成本上升的问题。为实现企业转型升级，大型企业投入大量资金和精力用于技术研发，建立相关的研究部门，专门针对企业产品进行研发。此外，大型企业着重打造自动化车间，并且与海外先进企业合作，借鉴成功的案例，引进方法论。

在以上诸多对策中，大型企业主要是在技术方面寻求突破，因为大型企业走在市场前沿，没有其他企业的经验可以参考，许多生产环节都要靠技术来完成，所以大型企业可以通过提升自己的技术来解决原材料和劳动力方面的问题。故大型企业（如 A 企业）积极同海外高技术的公司合作，合作伙伴的选择不是侧重在同一行业，而是根据自身企业发展方向与能够对接上的技术公司合作，并且成立自己的智能研究院，对自己的产品进行研发。

2. 中型企业（B、C 企业）的应对措施

原材料价格持续上涨，中型企业选择从原材料价格更低的产区购买原材料，或者直接将工厂迁至原材料价格低的地区。中型企业尝试智能化升级以缓解劳动力成本上升的压力，但由于没有足够的规模效应，且缺乏引进高技术设备的资金，所以中型企业会引进部分机器，但仍保持以人工为主、设备为辅的状态。为解决员工老龄化的问题，中型企业与高校合作，吸纳人才。在技术方面，中型企业没有研发的能力，所以向外引进先进的喷墨机技术，实现全自动化喷墨生产。

中型企业可以购买大型企业现有的专利技术，加快自身技术的的升级以适应市场需求的变化。因为中型企业的市场与产品产量相对于大企业较小，所以在智

能化水平应用上不足，以致于使用机器设备的时候成本较高，不能够形成规模经济。所以，中型企业在转型升级上，主要侧重于企业的规模效应上，以规模生产降低生产成本。

3. 小型企业（D、F、G 企业）的应对措施

面对原材料价格上涨的压力，小型企业选择从原材料更低的产区购买原材料，或者将原材料上涨的成本直接转嫁给下游。小型企业在面对劳动力成本上升的压力时比较被动，劳动力成本成为主要成本，许多小型企业无法承受人工成本的压力而直接倒闭，仅剩部分小型企业以家庭小作坊的形式得以生存，如 F 和 G 企业，只有在旺季时才会考虑请临时工。小型企业在规模生产和研发技术上相对没有优势，所以，小型企业在进行企业结构转型升级时，侧重于开拓市场并形成壁垒、设计个性化产品和降低劳动力成本。

不同规模的相同产业在具体实施转型升级的路径方向存在极大的差别，无论是产业结构的变迁还是技术创新，企业都根据自身企业规模大小寻求突破点，不断调整自己转型升级的路径，达到转型升级的最佳效果。

七、结论与建议

（一）结论

与全国制造业相同，泉州制造业面临着劳工人数减少、工人工资上涨、原材料价格上涨、能源和环保成本提高的压力。无论是纺织企业还是建材企业，无论是大型企业还是中小型企业，均面临相同的要素禀赋变迁的趋势。

泉州制造业的产业结构与要素禀赋所决定的比较优势存在一定程度的偏离。泉州的制造企业无论大小都实现了一定程度的自动化生产，但与智能化生产的差距非常巨大。除了建材类的大型企业正在建设无人智能化工厂，其他企业在生产过程中依然大量依赖劳动力。因此，泉州传统的制造业中多数企业依然是劳动密集型，离技术密集型的距离较远。泉州很多制造企业也在尝试使用机器人，但许多机器人仍然无法替代劳工，因其价格和使用成本过高。因此，在具备一定技术禀赋优势的前提下，关键在于如何将现有的技术实力转换为能实际解决制造业生产过程中痛点的产品。

泉州制造业中不同类型的企业转型升级路径不同，无论选择哪种策略，面对劳动力成本、原材料、环境和能源成本上升的唯一方法，就是在通过智能化应对成本上升的同时增加产品的附加价值。中小企业通过更新设备，大型企业通过设计智能化工厂都能从整体提高生产效率。无论是裂变管理产生多品牌还是对海外市场的开拓，或是将产品融入更多的文化设计元素和理念，都是提升产品附加价值的途径。

泉州制造业中不同类型的企业，享受政府关于智能制造的优惠政策不同。大型企业建设智能化工厂后结合项目建设情况，通过申报国家项目获得千万元级别的资助；中型企业可以申请地方项目或者享受采购智能设备的补贴，部分企业家和企业员工可享受免费参与相关培训的资格。

（二）政策建议

中国的制造业是国民经济的主体，是立国之本。制造业企业进行转型升级是目前中国制造业走向智能化中必不可少的一步。从泉州制造业企业的转型升级中，可以看到中国企业转型升级的影子。泉州地区制造业企业是中国企业的典型范例，这些企业遇到的转型升级的问题，也正是全中国制造业企业正在面临的问题。这个企业转型升级的关键时期，也正是政府发挥其作用的黄金时期。新结构经济学强调“有为政府”与“有效市场”的结合。“有为政府”是在经济发展结构转型过程中完善软硬基础设施，在出现了市场不能做或不能为的市场失灵时，为了使无效的市场变成有效的市场，而采取的因势利导的行动。新结构经济学进一步讨论了经济转型升级中市场无法调整时，不会出现政府“不为”或“乱为”的现象。有为政府鼓励具有创新精神的企业，协调不同企业共同面临的软硬基础设施的不足。从2013年起，泉州政府已按照重点产业转型升级路线图，全面推广数控一代和智能一代工程，加快数字化、网络化、智能化并行推动，打造一批具有较强创新实力的产业集群。

政府可以从以下几个方面做“有为政府”。

1. 鼓励智能制造领域的技术研发

泉州政府目前组织行业龙头企业与高校院所共同承接国家数控一代示范工程区域试点项目，共同突破多项技术瓶颈。尽管泉州政府大力抓技术研发工作，仍然发现许多大型企业技术已处于行业的顶尖水准，市场上没有可供购买的技术，只能选择自行研发，若要进一步技术研发则会加大资金投入，增加企业资金周转困难的风险，从而导致企业研发的动力下降。政府可加大财政投入，鼓励企业自主研发或与海外企业合作研发。中型企业申请国家政策技术资金支持时不具有优势，政府可以设立更多资金项目的政策支持，供中型企业根据自身需要选择可申报的项目，以获得资金支持。

2. 根据企业的需求推广智能化的升级设备

政府应鼓励制造业企业购买智能化生产设备，如泉州政府鼓励企业购买华数机器人并给予适当补贴。目前生产智能化升级设备的企业越来越多，因为企业不同生产环节有不同的设备需求，所以政府应在制造业企业和智能化升级设备企业之间建立信息共享平台，让买方能够在平台上寻找到适合企业升级的智能化设备，满足不同企业对智能化设备的个性需求。

3. 政府提供公共服务，解决智能技术供需双方信息不对称的问题

一些制造业企业在升级过程中需要相关的技术，另一些企业持有前者所需的技术，但是在他们之间缺少一个技术信息共享平台，导致双方无法实现技术上的无缝对接。政府应完善知识产权保护机制并建立知识产权和知识共有的信息平台，并根据平台建立一套知识产权索引系统，吸引各类持有技术的企业入驻，提供相关技术的详细信息，供技术需求企业进行检索。

4. 培养操作智能化生产设备的高级技工

自动化和智能化生产设备是目前企业转型升级中最重要的生产工具，需要专业的技术人员操作和维修这些机器，而在每个行业具体的生产过程中，所需要的技术工人不同，相关专业的技术人又是目前各家企业极度缺少的。企业购买了这些智能化设备之后，设备供应商所提供的售后培训难以解决设备使用后期出现的问题。政府可以联合企业和行业协会与各高校合作开设相关专业或培训，突破地域限制引进人才平台，汇聚人才，以用为本，从而缓解未来缺乏相关技术人才的局面。

5. 优化政府与企业的互动机制，使产业智能化升级与环境保护并举

政府制定的环保政策应吸纳企业方的建议，制定既能适合本地产业发展又能

保护环境的柔性政策。在此次调研中发现，政府强有力的环保政策确实能让环境变得更好，但也因为政府的环保政策来之迅速，许多企业无法快速适应而面临倒闭的风险。环保政策的制定应该有长期规划与阶段目标，这样企业能预判自身与政策标准的差距，进行自我调整。政府可以提供更多环保设备的选择方案，供企业自主选择。

第四章　新结构经济学视角下“一带一路”沿线国家经济发展状况

第一节　新结构经济学视角下的印度经济发展

一、印度的经济发展状况

（一）印度近年经济增长态势良好

印度是南亚次大陆最大的国家，其面积约 298 万平方公里，居世界第七位，是“一带一路”重要的参与国，在中印两国双边合作取得共赢中发挥着重要作用。同时，印度也受到中国、美国等的重视，且印度的经济近年来处于“一带一路”沿线地区的较高水平根据世界银行 2016 年调查数据统计，印度国内生产总值达 2.3 万亿美元，人均 GDP 为 1717 美元。

如表 4-1 所列，2008 年，印度受全球经济危机影响，导致其经济增长缓慢，GDP 增长率为 3.9%，通货膨胀率高达 8.7%。2010 年，随全球经济好转，印度经济增速也逐渐恢复。由于 2011 年国内外政策改革影响，印度经济增速再次放缓，存在严重的通货膨胀（6%～9%）。至 2014 年，莫迪政府上台后进行了一系列改革措施，印度的宏观经济稳定性指标有了很大改善，通胀年增率、财政赤字率和经常账户赤字得到了有效控制，经济也呈高速增长。2016 年，因“废钞”政策影响，通货膨胀率有所增加，从 2015 年的 1.8%上涨至 2016 年的 3.6%，但仍处在温和的通货膨胀区间。总体而言，近年来印度各项主要经济指标都表现良好，尤其 GDP 增长率保持在 7%以上，具有良好的经济增长态势，成为增速最快的主要经济体，说明印度经济有所突破，取得了不错的成效。

表 4-1 印度主要经济指标

指标	2008 年	2009 年	2010 年	2011 年	2012 年	2013 年	2014 年	2015 年	2016 年
GDP/万亿美元	1.2	1.4	1.7	1.8	1.8	1.9	2.0	2.1	2.3
GDP 增长率/%	3.9	8.5	10.3	6.6	5.5	6.4	7.5	8.0	7.1
人均 GDP/美元	912	1090	1346	1462	1447	1452	1576	1606	1717
通货膨胀率/%	8.7	6.1	9.0	8.5	7.9	6.2	3.1	1.8	3.6

数据来源：世界银行 http://www.worldbank.org

（二）印度经济发展存在的问题

近年来，虽然印度经济保持着高速增长，但总体经济发展较为落后，贫困化作为印度的主要问题依然未得到改善，存在严重的贫富差距。尽管印度贫穷人口比例在过去十年内大幅度下降，但贫穷人口数量依然很多，全国各地存在大量贫穷人口，尤其是农业地区。

1. 印度的贫富差距较大

根据世界银行报告显示，2010 年印度极贫人口占全球贫困人口的 33%，是世界上极度贫穷人口最多的国家和地区之一。2014 年印度 12 亿人口中有将近 30%处于贫困线之下，新增贫困人口约 1 亿人，达到 3.6 亿。2016 年 6 月，牛津贫困和人类发展项目发布的国家简报中，印度多维贫困指数为 0.283，贫困发生率为 53.8%，贫困强度为 52.7%。其中 16.4%的人口易于遭受贫困，28.6%的人处于严重贫困，28.5%的人处于赤贫状态。由此可见，目前印度存在大量贫困人口，其严峻的贫困化问题依然未得到改善，要想缩小贫富差距，印度首先要清楚存在大规模贫困人口的根本原因。

2. 印度劳动力结构与产业结构偏离度较高

印度的支柱产业为服务业，其占比高达 50%以上；其次是工业，占比接近 30%；而农业占比则接近 20%。如表 4-2、表 4-3 所列，三大产业中，农业就业占比最多，达到 40%以上，但农业产值占 GDP 却很少，这说明印度很大一部分劳动力资源得不到合理利用；其次是服务业，就业占比约为 30%，但服务业产值占印度 GDP 一半以上，其就业比重却比农业少，这说明了以信息软件为主的服务业真正需要的是高端人群，基于印度教育水平而言，知识型劳动力相对稀缺；接下来是工业，就业占比在三大就业结构中最低，约 20%，其产值和就业比重则说明了印度目前工业基础水平较低、较为薄弱。因此为解决贫困化问题，单靠服务业拉动经济发展，吸纳高知识人才是不能解决贫困人口的就业问题，而印度目前则应考虑与劳动力要素相匹配的产业发展。

表 4-2　三大产业结构

行业	2012 年占比/%	2013 年占比/%	2014 年占比/%	2015 年占比/%	2016 年占比/%
农业	18.2	18.6	18.0	17.5	17.4
工业	31.8	30.8	30.2	29.6	28.8
服务业	50.0	50.6	51.8	52.9	53.8

数据来源：世界银行 http://www.worldbank.org

表 4-3　三大产业就业结构

行业	2015 年占比/%	2016 年占比/%	2017 年占比/%
农业	44.4	43.4	42.7
工业	23.9	23.7	23.8
服务业	31.7	32.8	33.5

数据来源：世界银行 http://www.worldbank.org

3. *基础设施建设发展滞后*

印度经济增长的一个重要限制性因素就是基础设施条件差，尤其是在交通运输、教育、卫生和医疗设施及电力供应几个方面。在 2015 年全球经济竞争力指数报告中，作为世界十大经济体之一，其基础设施建设仅仅排在第 81 位。然而基础设施作为经济社会发展的基础和必备条件，落后的基础设施建设已成为制约印度发展的瓶颈，特别是对印度制造业发展的限制。在经济持续增长的同时，基础设施建设仍然滞后。

4. 高等教育水平普遍较低

印度虽然成为世界十大经济体之一，城市化水平也不断提高，但由于贫困化问题较为严峻，印度目前高等教育入学率仍处在教育大众化水平（15%～50%），离教育普遍水平（50%以上）有很大的距离。表 4-4 说明印度目前知识型劳动力较为缺乏，劳动力教育水平普遍较低。

表 4-4 高等教育入学率

年份	2012－2013 年	2013－2014 年	2014－2015 年
入学率/%	21.5	23.0	24.3

数据来源：印度统计局 http://mospi.nic.in/

（三）印度进出口贸易

如表 4-5 至表 4-7 所列，印度出口结构较为单一，缺乏多样性。以制成品出口为主，高达 70%以上；其次是食品出口，其占比约为 11.5%。其中制成品出口主要集中在化工产品，基础金属，焦炭、成品油、核燃料这三个行业说明在出口方面拉动印度国家经济增长的主要是制成品出口，它极大地促进了印度经济的发展。从表 4-7 可以看出，进口比重最多的依然是制成品，这表明印度对某些制成品的需求也极大，进一步说明印度制造业水平较低，仍有大部分制成品需要由国外进口。

表 4-5 出口比重

行业	2016 年出口比重/%	2017 年出口比重/%
农业原料	1.4	1.6
燃料	10.8	11.6
矿石和金属	3.1	4.1
食品	11.3	12.2
制成品	73.1	71.0

数据来源：世界银行 http://www.worldbank.org

表 4-6 占制成品、制成品出口比例

行业	占制成品比例/%	占制成品出口比例/%
化工产品	17	94
基础金属	14	
焦炭、成品油、核燃料	12	

数据来源：中国一带一路网 https://www.yidaiyilu.gov.cn

表 4-7 进口比重

行业	2016 年进口比重/%	2017 年进口比重/%
农业原料	2.2	2.1
燃料	26.8	29.3
矿石和金属	5.5	6.1
食品	6.5	5.8
制成品	55.8	56.1

数据来源：世界银行 http://www.worldbank.org

近年来，印度经济持续高速增长，主要依靠信息服务业拉动经济发展，但总体经济水平较低，国内严峻的贫困化问题仍未得到解决。而贫困化体现在大规模贫困人口、基础设施建设落后、教育水平低，很大程度上决定了印度劳动力素质。然而以信息软件为主的服务业需要的劳动力为高端知识人群，目前印度劳动力素质水平较低，更适合投入于中低端生产活动，并不能与第三产业相匹配。另外，印度人口基数大，拥有极大的人口红利，但印度 40%以上的劳动力却投入于产值很低的农业生产活动，造成劳动力资源的浪费。从进出口来看，制成品在出口方面拉动了印度经济，而制成品进口和基础设施建设也体现了印度本身制造业基础的薄弱。因此，为实现印度经济持续增长、总体经济水平的提高、缩小贫富差距和改善贫困化问题，印度必须进行产业结构的转型，注重发展能够提供更多就业机会的劳动密集型制造业。

二、筛选国家和产业——GIFF 框架

（一）筛选国家

劳动力成本上升是必然的，对产业投资造成不良影响，而劳动力成本过低也并不是一种长期优势，因此需要把握住机遇，加快产业转型升级。

近十多年内，新加坡、中国、韩国等国家的经济实现了快速发展，人均 GDP 增长率每年超过 5%，使得国家快速发展、就业率增加，实现国家经济转型。这些国家成功转型的共同点在于引进了劳动力成本上升国家的直接投资。

接下来要考虑印度的转移条件和转移国家。首先，选择人均 GDP 超过印度 100%～300%的国家，如表 4-8 所列。过去 20 年来，由于要达到人均 GDP 增长率（5%～10%）要求，潜在国家名单进一步缩小；其次，要素禀赋需同印度相似，所以印度的基准国家是菲律宾、不丹和中国。

表 4-8　2017 年部分国家人均 GDP 占比

国家	人均 GDP/2010 年不变价美元	占印度的百分比/%
印度	1963	100
乌兹别克斯坦	2031	103
尼日利亚	2412	123
菲律宾	2891	147
不丹	2955	151
斯里兰卡	3842	196
蒙古	4071	207
印度尼西亚	4130	210
突尼斯	4304	219
泰国	6125	312
中国	7329	373

数据来源：世界银行 http://www.worldbank.org

根据要素禀赋标准，在这些国家中不丹与印度最接近，两者都有大量从事有关

资源开发利用的活动，且不丹也从事劳动密集型生产活动，成功将其自然资源和劳动力投入与其潜在比较优势相一致的产业，这使得不丹是一个可作比较的对象。

菲律宾较高的人均 GDP 增长率也使其成为一个合适的比较对象，以劳动密集型产业作为未切入点，菲律宾持续且高速的增长率会使劳动力成本增加，从而使菲律宾劳动密集型产业优势迅速消失。

为什么选择中国为参照国？中国的人均 GDP 为印度的三倍多，虽然自然资源并不丰富，但由于以下几点原因，中国成为印度最为合适的模仿对象。

（1）中国高速的经济增长、劳动力工资持续快速增长、产业转移进入早期阶段和技术增加值链的快速上升，使得较早之前驱动中国经济增长的一些产业正失去其比较优势。

（2）不丹与菲律宾的人口与印度相比较基数非常小，而中国与印度都是人口大国，劳动力要素禀赋优势相似，拥有极大的人口红利。

（3）近年来，印度参与中国的“一带一路”，中印双方进一步加深交流与合作。

（二）筛选适合转移的产业

运用 GIFF 框架筛选产业，根据三个不同的标准进行筛选，第一个标准是市场份额下降且进入参照国出口排名前十位的产品；第二个标准是处于本国进口排名前十位的产品；第三个标准是本国已经实现自我发现的产业。

1. 第一个标准

表 4-9 是 2000—2017 年间参照国市场份额下降的产品。

表 4-9 2000—2017 年参照国市场份额下降的产品

类别	2 位 HS 编码	个数
轻工业制造	生皮（毛皮除外）及皮革；皮革制品，鞍具及挽具，旅行用品，手提包及类似容器，动物肠线（蚕胶丝除外）制品；木及木制品，木炭；软木及软木制品；稻草，秸秆，针茅或其他编结材料制品，篮筐及柳条编结品；书籍，报纸，印刷图画及其他印刷品，手稿，打字稿，设计图纸；蚕丝；羊毛，动物细毛或粗毛，马毛纱线及其，机织物；棉花；其他植物，纺织纤维，纸纱线，及其机织物；化学纤维短纤；地毯及纺织材料的其他铺地制品；特种机织物，簇绒织物，花边，装饰毯，装饰带，刺绣品；针织或钩编的服装及衣着附件；非针织或非钩	28

续表

类别	2 位 HS 编码	个数
轻工业制造	编的服装及衣着附件；其他纺织，制成品，成套物品，旧衣着及旧纺织品，碎织物；鞋靴，护腿和类似品及其零件；帽类及其零件；雨伞，阳伞，手杖，鞭子，马鞭及其零件；已加工羽毛，羽绒及其制品，人造花，人发制品；玩具，游戏品，运动用品及其零件、附件	28
自然资源为主	盐，硫磺，泥土及石料，石膏料，石灰及水泥、矿砂，矿渣及矿灰、矿物燃料，矿物油及其蒸馏产品，沥青物质，矿物蜡、无机化学品，贵金属，稀土金属，放射性元素，及其同位素的有机物，无机化合物、鞣料浸膏及染料浸膏；鞣酸及其衍生物；染料、颜料及其他着色料；油漆及清漆；油灰及其他胶粘剂；墨水、油墨、肥皂、有机表面活性剂、洗涤剂、润滑剂、人造蜡、调制蜡、光洁剂、蜡烛及类似品、塑型用膏、“牙科用蜡”及牙科用熟石膏制剂；炸药，烟火制品，火柴，引火合金，易燃材料制品；铜及其制品；镍及其制品；铅及其制品；锌及其制品；锡及其制品；其他贱金属，金属陶瓷及其制品；贱金属工具，器具，利口器，餐匙，餐叉及其零件	11
农产品	活动物、肉及食用，杂碎、鱼，甲壳动物，软体动物及其他水生，无脊椎动物/乳品，蛋品，天然蜂蜜，其他食用动物产品、其他动物产品、食用蔬菜，根及块茎、咖啡，茶，马黛茶，及调味香料、谷物、制粉工业产品，麦芽，淀粉，菊粉，面筋、含油子仁及果实，杂项子仁及果实，工业用或，药用植物，稻草，秸秆及饲料、编结，用植物材料，其他植物产品、动，植物油，脂及其分解产品，精制的食用油脂，动，植物蜡、肉，鱼，甲壳动物，软体动物及其他水生无脊椎动物的制品、谷物，粮食粉，淀粉或乳的制品，糕饼点心、蔬菜，水果，坚果或植物其他部分的制品、饮料，酒及醋、烟草，烟草及烟草代用品的制品	11
重工业制造	铁道及电车道机车、车辆及其零件；铁道及电车道轨道固定装置及其零件、附件；各种机械（包括电动机械）交通信号设备；航空器，航天器及其零件	4
技术相关	照相及电影用品；钟表及其零件；乐器及其零件、附件	3
总计		57

资料来源：根据联合国贸易统计数据库书籍计算得来 https://comtrade.un.org

超过 10 年进入参照国前十位的出口产品有七类：矿物质产品、纺织及服装业、化工制品、金属、塑料或橡胶、机械设备和电子设备、蔬菜和水果业。

从第一标准来看，既符合参照国市场份额下降且进入参照国前十位的出口产品有矿物质产品、纺织及服装业、化工制品、机械设备和电子设备、蔬菜和水果。

2. 第二个标准

表4-10是2017年印度进口排名前15位的产品。

表4-10 2017年印度前15位进口品

产品	1000美元	百分比/%
燃料	89308777	25.04
机械设备和电子设备	69320616	19.43
沙石和玻璃制品	50350950	14.12
化学制品	33316548	9.34
金属制造业	22697175	6.36
其他制成品	20953827	5.87
蔬菜	19684786	5.52
塑料或橡胶	14301495	4.01
运输业	13611298	3.82
木材	6800751	1.91
纺织品和服装	6080987	1.70
食物产品	2689096	0.75
皮革和兽皮	935941	0.26
鞋类	582232	0.16

数据来源：联合国联合国贸易统计数据库 https://comtrade.un.org

从第二个标准来看，可以选出以下三个产业重点分析：燃料、机械设备和电子设备、沙石和玻璃制品。

3. 第三个标准

第三个标准是加大对快速增长产业关注，选出印度私人部门已经较为活跃且已经成功实现自我发现的产业。所得产业与前两次标准筛选的产业轻微有所不同，包括纺织及服装业、医药产业、化工产业。上述产业已成功实现自我发展，虽然出口不多甚至出口规模较小，但这些产业均属于劳动密集型产业，能够提供充足的就业机会，具有较好的发展潜力，很有机会扩大其出口规模。

4. 印度具有的潜在比较优势的产业

从分析的三个标准中得到目标企业的名单的关键在于行业是否具有高速增长和就业创造潜力，通过进一步筛选，可以缩小选择范围。

第一，排除需要大量投资资本且市场较小的产业，因为印度本身并不是一个资本充足的国家，且最初有可能取得成功的产业应是首先满足国内市场需求的产业。第二，目标产业应在参照国中主要由中小企业组成，因为大型企业在印度并不普遍。第三，国内市场中应存在与每一种产品相对应的供应链。第四，国内市场拥有丰富且能够提供的原材料或所需原材料易于进口。第五，劳动技能够较容易转化。

根据上述标准，大多数产业都符合预选标准，既有增长潜力也符合可行性标准，所以选出以下几个产业：

（1）纺织和服装业：国内有一定产业规模（孟买：最大纺织工业中心；加尔各答：麻纺织工业中心），德干高原西北部为棉花产地，恒河三角洲为麻产地，为纺织服装业提供丰富原材料，拥有布料供应链，且行业增速快，市场需求大。

（2）机械制造业：机械制造业增长快，铁矿资源丰富，且拥有全球生产成本最低铬金属生产商（塔塔钢铁公司），机械制造业原材料成本低；印度各部门行业机械设备老化，无法满足行业发展需求，市场前景大。

（3）医药产业：国内医药产业规模得到发展，市场需求大，且投资机会大。

（4）电子设备产业：根据印度联合商工会研究报告显示，印度高达 74%的电子产品依赖进口，国内市场供不应求，发展潜力巨大。

三、上述行业发展的约束以及政策建议

（一）纺织及服装业

1. 发展历史和现状

印度纺织服装业拥有上百年的历史，是该国历史最久、规模最大的行业，自独立后，其发展特点由纯棉纺织转向多种纤维纺织，产品出现多元化。在过去 20 年，尤其是纺织品配额取消后，印度纺织服装业整体稳健发展，从生产规模到市

场价值，印度在纺织服装领域已成为仅次于中国的第二大制造国。在纺织服装业，印度拥有丰富的原材料和劳动力，且莫迪改革后，印度女性不仅能白天工作，夜间也可以工作，这一定程度上提高了生产效率，但印度纺织企业普遍为小规模，投入不足且较为分散。近年来，印度推行 GST 商品及服务税，给印度纺织企业缓冲机会，有利于印度出口货物的国家间运输，并自动简化了大部分合规要求（包括形式、许可证、方式法案等）减少了纺织服装业的费用和劳力①。目前印度纺织服装业内需增加，出现供不应求现象，国外市场需求也较大，因此也造成供棉不足。

2. 存在的问题

（1）物流运输。

印度陆路物流价格不透明、路况设施配套差、运输时间长，导致棉籽运输成本高，纺织服装业的经营成本也因此提高。且纺织服装品出口依赖港口运输，港口设备老化，无法满足货物运输需求。

（2）进口关税。

据印度联合工商会（ASSOCHAM）的一项调查显示，印度纺织机械业目前只可满足 45%～50%的国内纺织业需要，且印度纺织服装业设备较落后，无法满足生产要求，主要生产中低档产品。因此需引进国外先进设备，从而提高了成本。

（3）水电无法满足。

纺织业生产印染品最需要大量水资源，且对水资源污染严重，但印度供水缺乏，且水处理净化基础设施不完善，将阻碍印度纺织业的发展。而印度供电不足、不稳定也极大阻碍了纺织制造和服装制衣过程，并可能导致大规模停电，造成纺织服装生产流程的瘫痪。

（4）棉花供不应求。

目前印度纺织服装业内需增加，出现供不应求现象，且印度棉花进口关税高，达 20%～25%②，不利于纺织服装企业进口棉花原材料，将导致纺织服装业生产成本增加。

---

① 张运菊．GST 如何影响印度纺织服装业．中国纤检，2017（11）：124．

② 印度中央间接税和海关局数据整理 http://www.cbic.gov.in/index

3. 政策建议

（1）加强基础设施建设。

为解决纺织服装业原材料和相关货物出口的运输成本，印度有必要加强道路、公路等主要交通运输设施的建设，完善设施配套。如通过参与“一带一路”与中国进行产能合作，中国在基础设施建设方面产能过剩，引进中国对印度基础设施的投资建设。

（2）下调棉花进口关税。

由于棉花进口关税高，印度可通过与棉花产量丰富的国家建立纺织原材料协定关税。如中国的棉花产量比印度高达70%，与中国保持友好合作关系有利于解决棉花供不应求问题，促进印度国内纺织服装业的发展。或下调国内棉花进口关税，以避免生产成本增加，失去比较优势。

（3）解决水电问题。

水资源利用方面：对印度纺织服装业来说，最大的问题是水资源缺乏，且纺织印染对水资源污染严重，为解决该问题，印度政府应出台相关水资源循环利用净化处理标准，并加强水资源相关管理机构的监管力度。电力供应方面：为满足快速增长的电力，印度不得不把注意力转向可再生能源，为此，印度正在制定新的可再生能源政策。所以印度应减少燃煤发电，采用可再生能源发电，如太阳能、水能、风能等。

（4）引进外商投资。

印度纺织服装业的生产设备较为落后、技术水平低，以生产中低档产品为主，因此引进新设备需要大量投资，印度政府应积极引进外商投资，改善纺织服装业生产设备，促进生产多样化，提高生产效率推动该产业的发展。

（二）机械制造业

1. 发展历史和现状

机械工业是印度发展最快、多样化最有成就的部门之一。独立前，印度工业基础薄弱，不但重工业机械设备需要进口，较大轻工业机械也要依赖进口。独立之后，作为重工业部门之一的机械工业就是印度优先发展的工业产业，因此印度政府在机械工业领域进行大量投资，现在印度的机械设备自给率已达到90%以上，有一定的机械工业基础，但目前印度的机械设备仍较为落后，主要表现为基础设施方面设备老化，很多机床没采用新技术，因此设备技术水平较其他国家仍有很大差距。但国内由于设施建设需求大（包括公路、铁路、港口、水电建设）、纺织服装业机械设备需求等原因，尤其是电力基础差，为满足经济增长的电力需求，印度政府批准大量电站建设项目，相关机械设备需求增加，因此政府大力支持外商投资，国内机械产品市场大、投资机会多，有利于促进印度机械制造业的进一步发展。

2. 存在的问题

机床设计在很多情况下没有采用新技术，与欧洲国家、美国、远东国家技术水平相差巨大，20 世纪 90 年代计算机数控机床进口部件平均为 40%。虽然目前大多数部件实现了国有化，但计算机数控机床的产量仍不能满足国内需求，且制造技术壁垒较多，若不设法尽快改善，将制约印度机械工业的发展。

3. 政策建议

印度政府应加大印度机械市场开放程度，并改善国内投资环境，吸引外商进行投资，利用外资研发促进技术升级，以满足国内市场需求。

（三）医药产业

1. 发展历史和现状

1970 年以前，印度本土几乎不存在制药业，国内药物基本依赖于国外进口。但经过多年发展，较弱的知识产权保护使跨国医药企业搬离印度，使国内减少医药行业竞争，并通过逆向工程技术生产仿制药品，使得印度制药行业成为印度的支柱产业之一，促使印度成为以原材料和仿制药为核心优势的制药强国。过去十几年，印度医药行业不断拓展国际市场，在规模方面，印度药品市场总额正处于快熟增长状态；在行业集中度方面，制药行业两极分化严重，全国有一万多家制药企业，原料药生产企业约 2000 家；在产业结构方面，印度目前已从国内市场为核心的工业模式转向以研发为基础、出口为导向的全球化工业模式，增强技术创新，提高制药水平。

2. 存在的问题

（1）知识产权保护弱。

印度对知识产权保护弱，对跨国医药企业的专利药品强制许可、取消专利、不授予专利保护，跨国医药企业无法阻止印度本土医药市场对原来受保护医药产品的疯狂仿制，使跨国医药企业受到极大冲击，搬离印度市场，同时也影响了印度在引入或者开发先进药品方面的积极性。另外印度仿制药品专利得不到认证，在世界上得不到认可，这些问题将阻碍印度医药产业的创新和发展。

（2）质量监管不足

近年来，包括 Ranbaxy、Sun Pharmaceutical 在内的印度仿制药企业由于质量问题屡被欧美监管部门警告，禁止出口。

3. 政策建议

（1）印度政府应规定国内专利制度合法化，为医药产业发展改善投资环境，得到世界公认，并积极引进外商投资，加大技术创新研究力度，推动医药产业发展。

（2）建立可靠的仿制药研发和生产标准推动仿制药发展重中之重，为提高仿制药质量，应加强国家食品药品监督管理局的监管能力。在专利法框架内，为仿制药的审批创造更多条件，并平衡专利药品开发企业的利益。例如参照美国《Hatch-Waxman 法案》建立仿制药审批的快捷方法，加强高质量仿制药的审批。

（四）电子产业

1. 发展历史和现状

印度是一个发展中的亚洲大国，虽然其电子工业发展规模及市场占有率不大，但发展速度很快，且印度电子工业已有 40 多年的历史，但目前产业形态以低档产品为主。过去 20 年，印度实行开放政策，大量引进外资与技术，电子工业有了明显发展，增长较快的为投资类电子产品，但元器件供不应求，主要依赖国外进口，主要原因为缺乏元器件制造技术和机械设备老化无法满足制造要求。近年来，印度对电子产品内需增加，电子产品出口量大量削减以满足国内需求，印度电子和半导体协会主席 Vinay Shenoy 说："'印度制造'也对该国全部本土制造带来了希望，印度政府希望印度军队 75%的硬件由印度本国来配备。这意味着印度公司和原始设备制造商们在探索合作模式方面将会有更多的机会，从而促进印度制造企业能力的提升，推动技术合作。"说明目前印度电子产品需求大，发展前景好。

2. 存在的问题

印度电子产品主要依赖进口，元器件制造缺乏新设备支持，需从国外引进先进设备，但随着主要进口国劳动力工资上涨和近年来印度对电子设备进口准入提高门槛，进行强制性注册认证，制约了印度电子产业的发展。

3. 政策建议

印度政府可积极筹建硬件技术工业园区，利用集聚效应，优化资源配置，打造良好的投资环境吸引外商在工业园区投资建厂，投资引进新设备，提升电子生产技术，促进电子产品多样化生产，解决元器件因技术不足和设备老化而缺乏的问题，推动印度电子产业发展。

四、印度行业发展的共同约束和政策建议

（一）共同约束

在印度经济发展中，除了上述产业存在制约，印度制造业也面临着诸多问题，其中影响较大的共同因素有基础设施薄弱、设备落后、技术水平低、行政效率低。这些问题若得不到改善，易造成经营成本增加，失去出口竞争力，阻碍印度制造业乃至其他产业的发展。

1. 基础设施薄弱

（1）公路铁路设施落后。

在公路交通方面，尽管2014年印度公路里程达469万公里，但印度公路等级偏低、路网不连续、城际缺乏公路连接，公路运输效率低下，而65%的货物运输却依赖卡车运输。在铁路方面，根据世界银行公开数据得出，2000—2017年，印度仅增修了3271公里铁路，铁路货运量相较20年前仅增长了1倍。且大部分线路老化，缺乏更新和改造。对制造业在材料或货物运送方面产生不利影响，同时也造成了高成本运输问题。

（2）港口建设缓慢。

21世纪初，印度港口基础设施发展严重滞后，设备严重老化，成为影响印度对外贸易发展的一大障碍。随着外贸经济的不断发展，印度政府意识到港口建设的重要性，以此加大港口建设投资，但港口基础设施建设缓慢，其吞吐能力仍无

法满足外贸迅速发展的需求。将会降低制造业产品的出口竞争力，对印度经济发展而言，是一个重大瓶颈也是一个正在面临的重大任务。

（3）电力供应存在问题。

目前，印度68%的电力来自燃煤发电，而印度的用电需求都远高于现阶段的电力供应，电力缺口约10%，高度依赖煤炭发电不仅对印度产业转型升级十分不利，也会对大气产生污染。而供电稳定的地区只是小部分，且目前印度超过1.8万个村庄未能通电，如新德里以东250km处的法塔赫拉加纳村，全村700户，只有15个家庭能用上电。且印度存在严重的盗电现象，印度电力用户中有40%是没有交电费的，停电后只需一把钳子将电线拉扯便能重获光明[①]。

2. 行业设备落后、技术水平低

目前印度各行业设备以国产化为主，各行业设备落后、老化，纺织服装业、机械制造业、医药产业、电子行业等均存在该问题，如纺织服装业，缝制设备、印染设备均较落后，技术水平较低，因此以生产中低档产品为主；医药产业缺乏技术研究，因此依赖仿制药品，在自主研究创新上得不到发展。

3. 行政效率低

在政治上，印度不完善的民主制度很大程度地影响了政府的效率和改革进程。从独立以来，印度仍保留英国传统的议会制度，拥有多个政党，长期以来政党之间的相互竞争和制约导致政策在制定和落实过程进度缓慢，极大影响了行政效率。另外，不少政党为获得选票滥用政策工具，且因监管不力滋生腐败问题，极大削弱了监管能力，如表4-11所列。

表4-11 印度行政效率

指标		印度	南亚	经合组织
开办企业	程序/个	11.5	8	4.9
	时间/天	29.8	15.5	8.5
获得建筑许可	程序/个	30.1	16	12.5
	时间/天	143.9	193.9	154.6

① 苑基荣．印度电力短缺 新能源成着力点．能源研究与利用，2017（02）：23．

续表

指标		印度	南亚	经合组织
获得电力	程序/个	5	5.7	4.7
	时间/天	45.9	136.4	79.1

数据来源：世界银行 http://www.worldbank.org

（二）政策建议

针对印度制造业目前存在基础设施薄弱、行业设备落后、技术水平低、行政效率低且监管能力差滋生腐败问题的共同约束，以下将给出合理、可行的政策建议。

1. 加强基础设施建设

印度应加大对基础设施的建设力度，虽然公路公里数长，但整体公路等级低、不连续。而铁路大部分设施老化，这些问题都严重制约了道路运输量，不利于制造业所需材料或产品运输时效。港口建设缓慢且设施老化落后，也严重制约了制造业产品出口，增加出口成本。因此，印度政府应从这几个方面改善基础设施薄弱问题：①加强城乡间公路连续性建设，完善路面状况，提升公路等级，以缓解交通拥挤问题，缩短物流运输时间；②铁路进行电气化升级改造，提高列车运行速度，提高路网管理能力和运行效率；③引进外商投资，如中国，积极参与中国“一带一路”倡议，依靠中国产能、技术优势，帮助印度改善基础设施状况。

电力方面，印度虽煤矿资源丰富，但各地区的供电差距很大，且燃煤供电对空气污染十分严重，个别经济发达地区供电比较稳定，但政府仍需加强其他地区发电能力：①可以在电力欠缺严重的地方建立中心发电厂（利用传统资源进行发电），从中心城市向四周发散，形成一个良好的供电辐射体制；②可采用绿色资源进行供电，如太阳能、风能、水能等；③应严打盗电行为，让民众用上平价电，并保证输电安全性，在各地区建立大型输电枢纽，鼓励私有部门或吸引外商投资电力项目。

2. 加强廉政建设，提高行政效率

首先，观念更新尤为重要，在行政人员中要树立全局观念，减少扯皮推诿，

提高工作效率，采用竞争激励机制建设高素质行政官员队伍。另外，按照精简效能原则将行政管理实际需求相结合，提高政府行政效率，并强化行政监督，公开政务，建立廉政建设机制，对适合本国发展的产业采用精简的审批程序。

3. 改善投资环境，吸引外商投资建厂

目前对印度来说，想要引进更多外商在印度投资，最重要的就是打造良好的投资环境，完善基础设施建设、保证各地区供电稳定、优惠的税收制度和行政审批程序简化等问题，然而短时间内并不能大规模实现良好投资环境。但印度政府可采取建立工业园区的方式，改善工业园区内部的基础设施，保证稳定的水电供应，尤其是电力方面，保证24小时供电，并利用工业园区的集聚效应合理配置资源，提高生产力。税收方面，则制定优惠的税收制度，如经济特区的税收制度，入驻的企业第一个5年内免交全部所得税，第二个5年减免50%，第三个5年免除了再投资收益税，在其他金融方面也给予补贴。因此，工业园区也可以模仿该模式。另外，在工业园区内，进一步简化外商投资行政审批程序，提高效率。通过完善工业园区内部配置，以吸引外商在园区内投资建厂，而投资的资金可以继续投入到国内基础设施等建设，创造更好的投资环境，带动印度工业整体发展。

第二节 新结构经济学视角下的罗马尼亚经济发展

一、罗马尼亚的经济状况

（一）罗马尼亚经济增长速度近年稳步提升

就国土总面积来看，罗马尼亚是中东欧16国中的第二大国（仅次于波兰）和欧盟第九大国。罗马尼亚地理位置优越，位于欧洲纵横中轴线的交汇处，连接东欧、西欧、南欧和北欧，在黑海拥有最大的港口（康斯坦察），拥有连接黑海地区和北海地区的多瑙河——黑海水路通道，给罗马尼亚本地带来了很好的投资机会，并有机会将罗马尼亚建成连接欧洲其他地区甚至其他大陆的桥头堡。

在2008年的全球金融危机爆发以前，罗马尼亚经济发展一直呈现良好增长势头。根据2017年世界银行统计显示，2006—2008年，国内生产总值的增长速度分别为 7.7%、6%和 8.3%。然而受到 2008 年全球金融危机的影响，罗马尼亚国内生产总值于 2009 年和 2010 年分别下降 5.9%和 2.8%。经历 2011 年和 2012 年后，罗马尼亚经济逐步走出衰退，国内生产总值分别增长了 2.0%和 1.2%。2013 年，罗马尼亚国内生产总值增长了 3.5%，增速在当时欧盟 28 个成员国内位列第一，国内生产总值为 1915 亿美元，人均国内生产总值为 9585 美元。之后四年罗马尼亚的国内生产总值逐年稳步增长，2017 年罗马尼亚国内生产总值为 2118 亿美元，人均国内生产总值为 10814 美元，如表 4-12 所列。

表 4-12 宏观经济指标对比

指标	2008 年	2009 年	2010 年	2011 年	2012 年	2013 年	2014 年	2015 年	2016 年	2017 年
人均 GDP/美元	10401	8475	8231	9151	8558	9585	10020	8978	9532	10813
GDP 增长率/%	8.3	-5.9	-2.8	2	1.2	3.5	3.1	4	4.8	6.9
年通胀率/%	15.8	4	3.5	4	4.6	3.4	1.7	2.6	2.1	5.3

数据来源：世界银行 http://www.worldbank.org

2008 年国际金融危机之后，在欧盟与国际货币基金组织等国际机构的支持下，罗马尼亚经济得以稳定。政府推行减税等一系列政策刺激了内需，个人消费开始恢复，强劲的国内需求拉动了经济增长，如图 4-1 所示。

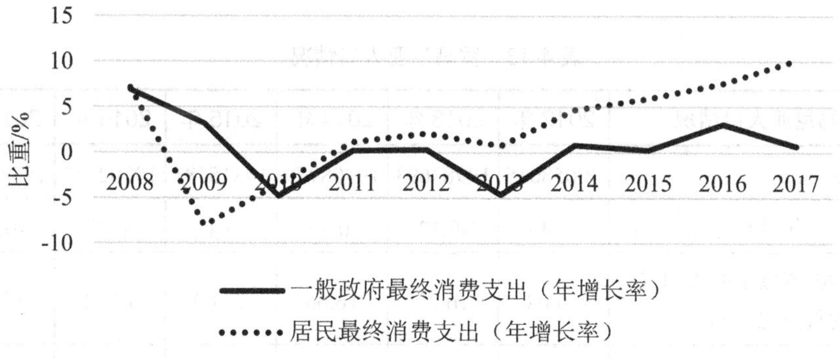

图 4-1 国民支出增长对比

数据来源：世界银行 http://www.worldbank.org

居民消费能力的提升成为拉动经济增长的主要动力。投资恢复缓慢，但基本恢复到危机前的水平。由于国内需求激增，进口增长，出口也在增长，如图 4-2 所示。

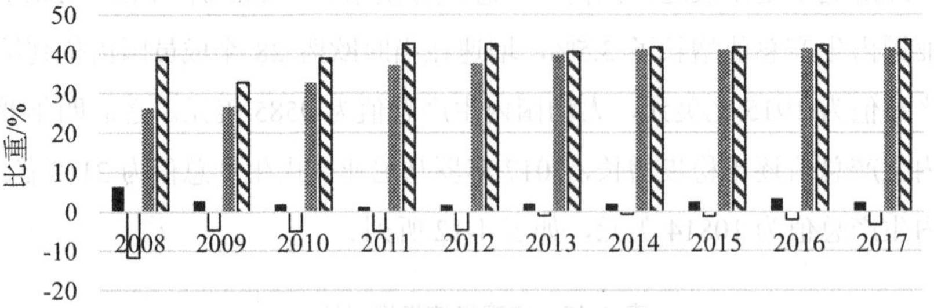

图 4-2 进出口与投资增长

数据来源：世界银行 http://www.worldbank.org

（二）罗马尼经济可持续发展面临的挑战

1. 人口持续负增长且劳动参与率低

从世界银行的发展指标显示的罗马尼亚人口数据可以看出，罗马尼亚人口一直持续负增长的情况，而且情况并未显示有所好转，社会老龄化的情况十分严重，如表 4-13 所列。

表 4-13 罗马尼亚人口情况

罗马尼亚人口情况	2012 年	2013 年	2014 年	2015 年	2016 年	2017 年
人口总数/人	20058035	19983693	19908979	19815481	19702332	19586539
人口增长（年度百分比）/%	-0.45	-0.37	-0.37	-0.47	-0.57	-0.59
65 岁和 65 岁以上的人口（占总人口的百分比）/%	16.08	16.35	16.66	17.00	17.42	17.85
15～64 岁的人口（占总人口的百分比）/%	68.24	68.08	67.87	67.58	67.27	66.89

数据来源：世界银行 http://www.worldbank.org

近年来罗马尼亚总失业人数比例有些许降低，然而劳动力总数和劳动力参与率总数却在逐年下降，总就业人口比率多年来也仅占国家人口的一半，国民劳动力就业状况堪忧，如表 4-14 所列。

表 4-14 罗马尼亚劳动力参与率

年份	2008 年	2009 年	2010 年	2011 年	2012 年	2013 年	2014 年	2015 年	2016 年	2017 年
劳动力参与率/%	53.9	53.8	55	54.1	54.6	54.4	54.7	54.3	53.6	53.2

数据来源：世界银行 http://www.worldbank.org

在中东欧四国（罗马尼亚、波兰、匈牙利、捷克）之中，罗马尼亚的劳动参与率最低，仅占劳动力的 53.2%，而总失业人数比例和年轻群体总失业人数比例也在四国之中位于前列，如图 4-3 所示。

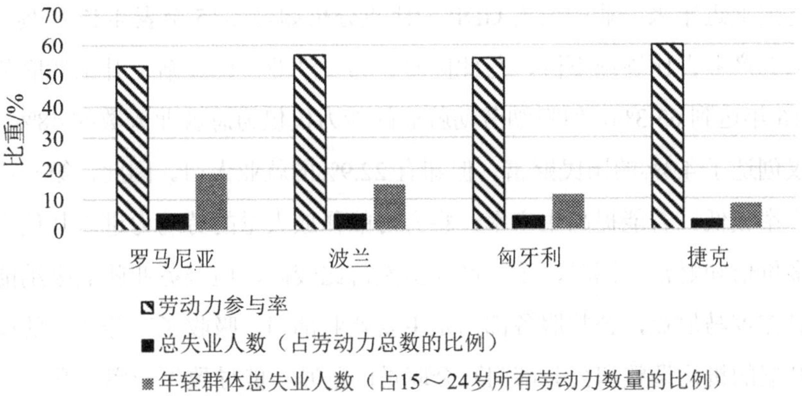

图 4-3 中东欧四国劳动力情况

数据来源：世界银行 http://www.worldbank.org

2. 罗马尼亚人才流失问题严重

近年来罗马尼亚工资水平持续提高，再加上前往西班牙、意大利等更高薪资水平国家工作的罗马尼亚劳动力越来越多，大量侨汇输入，家庭可支配收入持续增加。但劳动力的流失，尤其是高技术水平人才的流失，已经成为罗马尼亚提高经济竞争力的一个巨大障碍。根据中国一带一路网的《2017 年对外投资合作国别指南罗马尼亚篇》所述，罗马尼亚劳动力人口约为 900 万人。加入欧盟后，罗马尼亚的劳动力大量进入其他成员国，国内劳动力出现结构性短缺，目前约有 300 多万人在西欧国家和以色列等国打工。经济危机后，罗马尼亚就业情况恶化，失业率上升。近几年随着经济增长恢复，就业率逐步提高、工资收入不断增加，但老年人、少数民族、残疾人、青年人仍存在就业障碍。总体而言，从宏观经济的表现来看，罗马尼亚在经历了国际金融危机的冲击后重新恢复了强劲增长态势。拉动经济增长的最大动力是消费需求的提升和出口增长。罗马尼亚于 2007 年正式加入欧盟，一方面入盟进程为罗马尼亚带来了经济秩序、商品和劳动力市场以及更多的投资；另一方面，面向欧盟市场与全球市场的罗马尼亚经济也面临着来自外部的更大挑战。更重要的是，面对劳动力的流失、社会老龄化以及竞争力有待提高等问题，如何保持经济健康增长将是罗马尼亚政府面临的严峻挑战。

3. *劳动力结构与产业结构偏离度较高*

罗马尼亚近年来产业产值占 GDP 的比重分析如表 4-15 至表 4-17 所列，第一产业和第二产业占比逐渐下降，与此同时，第三产业占比逐渐上升虽然服务业占比在 2016 年达到 63.3%，但吸纳劳动就业的能力仅仅为总就业人数的 48%。第一产业仅仅创造了 4.3%的国民财富，但却有 22.9%的就业人口。因此，第一产业的劳动生产率较低，若能提高生产率，将有可能释放大量的劳动力进入其他产业，创造更多价值和财富。同时，第三产业虽然占比较高，但服务业就业吸纳能力较弱，并且在罗马尼亚，公共服务部门是主要就业部门，吸收了三分之一的就业，若未来开展的机构调整和公共部门冗余职员的削减可能导致失业率上升。

表 4-15 罗马尼亚三大产业占比

三大产业占比	产业增加值占 GDP 的百分比/%								
	2008 年	2009 年	2010 年	2011 年	2012 年	2013 年	2014 年	2015 年	2016 年
农业	6.6	6.1	6.3	7.3	5.3	6.1	5.3	4.7	4.3
制造业	37.8	37.7	41.3	41.5	37.1	36.6	35.6	33.7	32.4
服务业	55.6	56.2	52.4	51.2	57.6	57.3	59.1	61.6	63.3

数据来源：世界银行 http://www.worldbank.org

表 4-16 罗马尼亚三大产业就业占比

三大产业	产业就业人员占就业总数的百分比/%								
	2009 年	2010 年	2011 年	2012 年	2013 年	2014 年	2015 年	2016 年	2017 年
农业	29.1	31.0	29.3	29.7	29.3	28.4	25.6	23.1	22.9
制造业	30.0	28.3	28.6	28.2	28.3	28.9	28.5	29.9	29.1
服务业	40.9	40.7	42.2	42.1	42.5	42.7	46.0	47.0	48.0

数据来源：世界银行 http://www.worldbank.org

表 4-17 主要产值占 GDP 之比

主要行业	2011 年	2012 年	2013 年	2014 年	2015 年	2016 年
农业	7.3	5.3	6.1	5.3	4.7	4.7
采矿业	1.4	1.6	1.2	0.9	1	0.9
制造业	24.5	22.6	23	23..7	22	22.1
电力行业	4.9	3.3	3.3	3.2	3.2	3.2
建筑业	9.1	8.5	8	7	6.6	6.5
零售业	5.1	9.5	8	7	6.6	6.5
旅游业	1.2	1.6	2	1.5	2	1.8
交通运输业	6.8	8.4	8.3	6.9	7.3	8.3
金融业	3.3	3.4	4.5	4.1	4.4	3.8
房地产业	9.2	9.1	9	9.2	9.7	9.9
公共事业	4.4	4.1	4.2	4.3	4.4	4.8
教育行业	3.8	4.6	4.5	3.9	3.7	3.6
医疗健康业	3.1	2.9	2.7	5	3.1	3.6
其他服务业	9.6	9.3	10.1	10.3	11.4	10.3

数据来源：BMI 行业统计

罗马尼亚的主要制造业活动为汽车、拖车、半挂车，食品和饮料，未来的机械设备等，如表 4-18 所列。

表 4-18 制造业内各行业增值

行业	行业增值占制造总量的百分比/%	
	2005 年	2016 年
汽车、拖车、半挂车	2.66	18.54
未来的机械设备	6.53	8.34
食品和饮料	15.01	10.23
纺织品	3.35	2.06
穿着服装、毛皮	9.85	6.23
木制品（不包括家具）	3.63	4.65
皮革、皮革制品和鞋类	3.57	2.42
化学品和化学产品	6.26	5.24
橡胶和塑料制品	3.88	7.44
金属制品	6.04	7.07

数据来源：https://stat.unido.org/app/country/VA.htm?Country=642&Group=null

（三）罗马尼经济进出口贸易

2017 年罗马尼亚的进口和出口行业占中，计算机、通信和其他服务占比最高，达到 57.8%。出口行业中交通服务业排名第二，占比接近 30%。进口行业中旅行服务和交通运输占比较高，分别达到 24.3%和 19.7%，如表 4-19、表 4-20 所列。

表 4-19 各行业占商品服务出口比例

行业	占商品服务出口比例/%									
	2008 年	2009 年	2010 年	2011 年	2012 年	2013 年	2014 年	2015 年	2016 年	2017 年
保险与金融服务	3.2	2.0	1.6	2.7	3.7	2.6	2.0	1.9	1.8	1.5
燃料出口	9.1	5.9	5.2	5.5	5.1	4.8	5.8	4.4	3.6	..
计算机、通信和其他服务	59.1	61.7	62.5	59.5	59.0	59.4	59.6	57.4	58.6	57.8
交通服务	25.4	25.8	24.9	26.0	25.6	29.1	29.2	31.4	30.9	29.8
农业原材料出口	1.6	1.8	2.0	2.1	2.3	2.2	2.0	1.7	1.3	..

续表

行业	占商品服务出口比例/%									
	2008 年	2009 年	2010 年	2011 年	2012 年	2013 年	2014 年	2015 年	2016 年	2017 年
旅行服务	12.2	10.5	11.0	11.8	11.6	9.0	9.2	9.3	8.7	10.9
矿石和金属出口	4.8	3.6	4.2	4.1	3.8	3.2	2.7	2.4	2.0	..
食品出口	6.2	7.4	8.1	8.5	8.5	10.2	10.2	10.4	10.3	..

数据来源：世界银行 http://www.worldbank.org

表 4-20 各行业占商品服务进口比例

行业	占商品服务进口比例/%									
	2008 年	2009 年	2010 年	2011 年	2012 年	2013 年	2014 年	2015 年	2016 年	2017 年
交通服务	33.3	27.0	18.6	19.4	18.2	16.1	17.3	18.5	18.8	19.7
农业原材料进口	1.0	1.2	1.4	1.6	1.7	1.7	1.6	1.6	1.7	..
旅行服务	18.2	14.2	19.8	20.3	19.5	18.0	20.0	19.1	19.0	24.3
矿石和金属进口	2.7	2.0	2.8	2.8	2.7	2.6	2.6	2.7	2.5	..
食品进口	7.1	9.1	7.7	7.4	8.1	8.2	8.0	8.8	9.2	..
燃料进口	12.7	9.4	10.1	11.4	12.2	9.9	9.4	6.4	5.7	..
计算机、通信和其他服务	44.1	52.0	54.1	50.3	52.0	55.9	56.3	57.1	57.5	53.4
保险与金融服务	4.3	6.8	7.5	9.9	10.3	9.9	6.4	5.3	4.8	2.7

数据来源：世界银行 http://www.worldbank.org

二、罗马尼亚的要素禀赋优势

（一）罗马尼亚的自然资源丰富

罗马尼亚拥有丰富的自然资源。罗马尼亚主要矿藏有石油、天然气、煤和铝土矿，还有金、银、铁、锰、锑、盐、铀、铅、矿泉水等。截至 2016 年底，罗马尼亚已探明的石油储量为 1 亿吨，居欧洲前列。油田主要分布在喀尔巴阡山外侧的丘陵地带，近年来在康斯坦察港以东 200 公里黑海里也发现了较丰富的石油。天然气资源丰饶，截至 2016 年底，其探明储量约 1013 亿立方米，主要分布在喀尔巴阡山内侧，即特兰西瓦尼亚高原的第三系沉积岩层中。在喀尔巴阡山和西部高原上，有许多盐山，岩盐储量达 30 亿立方米。此外，罗马尼亚水利资源丰富，蕴藏量为 565 万千瓦；森林面积为 630 万公顷，约占全国面积的 28%；农用土地约 1477 万公顷，其中耕地约 945 万公顷，占国土面积的 40%；草原、牧场 465 万公顷，约占国土面积的 20%；内河和沿海产多种鱼类。

（二）罗马尼亚通信业发达、电力建设良好

罗马尼亚移动通信建设较早，电信市场对外全面开放，移动用户超过罗马尼亚人口总数。同时，互联网发展开始呈现出宽带化、移动化特点，带宽在全球排名前列，城市宽带普及率高。另外罗马尼亚电力资源相对充裕。根据罗马尼亚国家统计局的数据，2015 年罗马尼亚发电量为 693.7 亿千瓦时。罗马尼亚输电网络是欧洲电网的组成部分。

（三）罗马尼亚的劳动力性价比高

根据中国一带一路网的《2017 年对外投资合作国别指南》罗马尼亚篇所述，罗马尼亚劳动力素质相对较高，外语优势明显；高校众多，每年有大量毕业生进入劳动力市场；技术教育发达，IT 和软件人才遍布海外；与其他欧盟成员国相比，劳动力成本相对较低。如图 4-4 所示，根据国际劳工组织数据显示，罗马尼亚员工平均月收入在中东欧临近四国之中相对较低，对于吸引 FDI 来说是一个巨大优势。

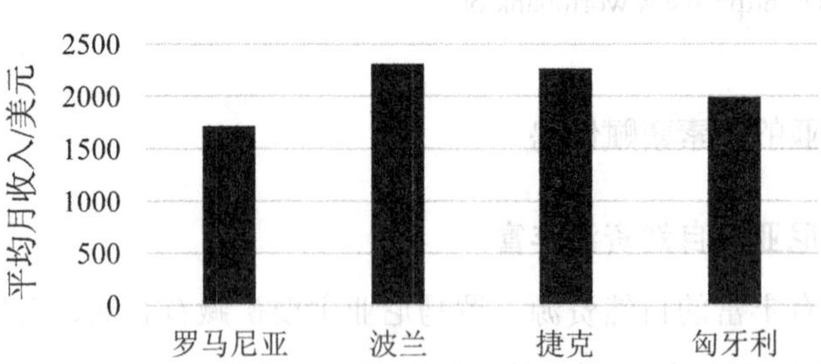

图 4-4　中东欧四国员工的平均月收入

数据来源：国际劳工组织：https://www.ilo.org

（四）罗马尼亚的营商环境良好

世界经济论坛《2016—2017年全球竞争力报告》显示，罗马尼亚在全球最具竞争力的138个国家和地区中，排名第62位。世界银行《2017营商环境报告》公布的190个国家和地区中，罗马尼亚排名第36位，其中跨境贸易、启动生意、获得信贷等评价得分较高。总体而言，罗马尼亚位于欧洲，是欧盟成员国，享有一些重要国家的关税减免，自然资源丰富，交通便利，通信业发展迅猛，电力建设良好；而罗马尼亚本国就业率不高，劳动力人口中较多人口还未就业，没有真正去产生价值，有很大的释放剩余劳动力的空间；同时罗马尼亚工资在周边国家之中也具有优势。可以说罗马尼亚在做出口欧洲的一些产品的产业上具有相对优势，是一些想要做欧洲出口产品的外商的不错投资选择。

（五）罗马尼亚的区位优势明显

罗马尼亚具有区位优势，地处欧洲东部，是欧盟的“东大门”，处于欧盟与独联体和巴尔干国家交汇处；交通便利，泛欧四号、七号和九号通道穿越境内，拥有黑海第一大天然良港——康斯坦察港，河运发达，产品可经黑海-多瑙河运河直抵西欧。另外，罗马尼亚作为中东欧地区最大的市场之一，人口在欧盟成员国中排名第七；于2007年加入欧盟，产品可无障碍进入拥有近5亿消费者的欧盟市场。罗马尼亚货物进入以下国家的市场享受关税减免：美国、加拿大、澳大利亚、新西兰、日本、俄罗斯、白俄罗斯、哈萨克斯坦、吉尔吉斯斯坦和塔吉克斯坦。

三、罗马尼亚的产业发展选择

（一）依据罗周边国家的产业筛选

根据林毅夫的《新结构经济学》中的概念，寻找国家可发展的产业时，可对比参照要素禀赋与其相似的其他国家。而对于资源和劳动力都丰富的国家，资源丰富型国家和劳动力丰富型国家都可用作比较对象。那么根据此理念，初步可以锁定中东欧周边其他要素禀赋与罗马尼亚相类似的国家（如匈牙利）作为一定的参照。

匈牙利属中等发达国家，人均GDP超过1.2万美元，经济发展水平在中东欧地区位居前列。2016年经济增长2.0%，外贸进出口额为1766亿欧元，创历史新高。在经济稳步增长的同时，成功抑制了通货膨胀，2016年通货膨胀率仅为0.4%。当前，匈牙利就业率在欧盟排名第三，仅次于德国和捷克，2016年末失业率仅为5.1%。同时匈牙利地理位置优越，区位优势突出，基础设施完善，劳动力性价比高，投资环境较好，这些因素决定了其在欧洲的生产基地和物流集散中心的地位。综合而言，匈牙利能够作为一个很好的参照国家来对比筛选出罗马尼亚适合发展的产业。

匈牙利的主要出口产品有电机、电气、音像设备及零件；机械产品及零件；车辆及其零部件（铁道车辆除外）；药品；塑料及其制品；光学、照相、医疗等设备及零件；矿物燃料、橡胶及其制品；谷物。

从投资领域来看，零售、金融、通信、汽车、电子等行业是外商主要投资领域，约占吸收外资总额的三分之二。目前，匈牙利移动通信业、保险业、电力分销企业几乎全部由外资控制，银行业80%以上的资产由外资控制，批发零售业近一半的市场份额掌握在外资手中，95%以上的汽车由外资企业生产。

匈牙利制造业在国民经济中占有重要地位，2016年在各行业领域中，制造业生产产值增长1.4%，能源工业停滞，采矿业产值下降20%。在制造业中，包括电子工业、电子设备制造业、木材加工和造纸等在内的8个部门产值实现增长，而机械设备制造、化学品生产、纺织等在内的5个部门产值下降。

以下是匈牙利的几个重点特色产业：

1. 汽车

汽车工业是匈牙利的支柱产业，在制造业中占比高达31%。匈牙利共有740多家汽车及零部件生产企业，从业人数达15万人。该行业90%产值面向出口，半数销往德国。2016年1～9月，汽车工业占匈牙利工业生产的31.5%，汽车工业从业人数达到151690人，汽车行业总产值超过2015年全年总产值3%。

2. 制药

匈牙利制药业历史悠久，是该国最富竞争力的产业之一。匈牙利也是中东欧地区第一大药品生产和出口国，2015年产值达30亿美元，出口额占该地区的30%左右，2016年产值约28亿美元，出口额约23.6亿美元。2015年上半年，匈牙利登记注册的制药企业有70余家，从业人员约1.5万人，药品生产种类1400

种左右。

3. 生物技术

近年来，在政府的大力扶持下，匈牙利生物技术产业取得迅速发展，规模及技术水平已跃居欧盟新成员国前列。目前，匈牙利约有85家核心生物科技企业，从业人员约900人，研发领域包括土壤和水污染处理、生物质能的生产和处理、再生处理、基因工程、纳米技术、分子化学等。

4. 电子

匈牙利是中东欧地区最大的电子产品生产国和世界电子工业主要生产基地，近年年产值保持在100亿欧元左右，分别占中东欧和欧盟电子工业总产值的30%和4.5%。2015年，电子工业产值达140亿美元，创造11万个就业岗位。2016年计算机电子工业产值110.17亿美元，出口额达104.7亿美元；电子设备制造业产值41.26亿美元，出口额达36.20亿美元。外资企业在该国电子工业中占据主导地位，产值占80%以上。匈牙利生产的电子产品主要包括手机、电视机、计算机、冰箱、电工器材、小家电、汽车电子配件等。

（二）罗马尼亚依赖进口的产业

从罗马尼亚的进口结构来看，运输设备和机动车以及其他加工类产品、化学及其关联产品占据极大进口比重，如表4-21所列。

表4-21 2016年罗马尼亚进口商品结构

商品大类	在总进口中所占比重/%
运输设备和机动车	38
其他加工类产品	31
化学及其关联产品	13.5
食品、饮料及烟草	8.7
矿物燃料和润滑油	5.7
原材料及材料	3.1

数据来源：罗马尼亚国家统计局

（三）罗马尼亚成功实现自我发现的产业

根据中国一带一路网的《2017 年国别投资指南》，罗马尼亚重点特色产业包括石油化工、机械、汽车、医药、软件、纺织服装、食品加工、葡萄酒酿制、生态农业等。下面对部分特色产业进行重点分析。

1. 农业

农业是罗马尼亚传统经济部门。长期以来，罗马尼亚一直是欧洲主要的粮食生产国和出口国，曾有“欧洲粮仓”的美誉。2016 年，罗马尼亚农业产值为 65.91 亿欧元，占国内生产总值的 3.9%。种植业是罗马尼亚农业中最重要的部分，产值占整个农业产值的 1/2 以上。种植业包括粮食作物、经济作物和各种瓜果蔬菜等，主要粮食作物为小麦、玉米、马铃薯等，主要经济作物为向日葵、油菜、葡萄、苹果等。罗马尼亚具备发展传统及生态农业的优越自然条件，拥有肥沃的黑土地和充足的阳光，是欧洲最具发展绿色环保农业潜力的国家之一，在政府鼓励下，近年来大力发展生态农业。

2. 葡萄酒酿制

罗马尼亚葡萄产量丰富、品种优质，全国各地遍布众多的葡萄种植园，很多公路都通向知名种植园或酒窖。罗马尼亚人称自己的国家是“葡萄酒的土地”，罗马尼亚葡萄种植面积排名欧洲第 5 位，在西班牙、法国、意大利和葡萄牙之后，世界排名在前 15 位之内，葡萄种植面积占全国可耕地面积的 5%以上：葡萄产量排在欧洲第 6 位，仅次于意大利、法国、西班牙、葡萄牙和德国。2016 年罗马尼亚葡萄酒产量约为 4 亿升，同比增长 11%，全球排名第 13 位。

3. 石油化工

罗马尼亚石油储量在欧洲（不包括俄罗斯）位居挪威、英国和丹麦之后，排第 4 位。2016 年，罗马尼亚石油产量为 357.7 万吨油当量，同比下降 4.3%；石油进口约 746.8 万吨油当量，同比增长 13.2%；根据罗马尼亚能源部公布的能源战略预计，2030—2050 年，罗马尼亚原油产量将延续下降态势，从 193 万吨油当量降至 115 万吨油当量。2016 年，罗马尼亚生产煤炭 421 万吨油当量，同比下降 10.1%；进口净煤量为 52.1 万吨油当量，同比下降 6%。生产天然气 748 万吨油当量，同比下降 12.5%。

此外，值得一提的是近年来中国对罗马尼亚的投资也稳步增长，企业数量逐渐增多，能源、交通基础设施、农业和工业园区等领域的合作正有序推进，呈现出良好的发展前景，尤其是两国企业关于切尔纳沃德核电站3、4号机组和罗维纳里火电站等能源大项目合作正稳步开展。

（四）对比总结出罗马尼亚适合扩大发展的产业

罗马尼亚的经济发展未来可能会面临的问题是不可持续性，罗马尼亚的GDP波动比较大，原本2008年GDP增长率一度达到8.35%之高，2009年GDP却负增长5.9%，之后GDP增长稳步回升。可是罗马尼亚就业率只达半数，工资又相对欧盟其他国家比较低，以致于罗马尼亚较多人口选择迁移到欧盟其他国家去就业，而罗马尼亚国内的青年不愿意接受学习培训与就业，可以鲜明看到国家未来发展可能面临较大的阻碍。面对这样的情况，罗马尼亚亟待去发展能够适应国家要素禀赋的、与之相匹配的一些产业。

首先需要合理利用国内现有的剩余劳动力，把不愿意学习或接受培训的年轻人培养起来，让他们具备一些适应发展的技能；另外需要把拥有高技术水平的人才留下来。所以政府的首要任务应当是把与之相匹配的产业建立起来，因为没有产业，许多年轻人没办法就业，而这些年轻人也不可能在没有产业的情况下主动去学习技术，而应在就业过程中学习这些技术、提高其工作能力。对于高技术水平人才而言，国内很少有能够适应他们条件的行业和工作机会，需要先把适合他们从事的产业发展起来。

所以产业发展也需要分级，需要一部分劳动密集型产业让国内的剩余劳动力能够较为轻松地就业，同时获得一些技能提升，适应低水平劳动力。同时需要有相对中高端的一些体现技术水平的产业，留住高技术水平劳动力，减少劳动力的流失。

依据以上选择标准，筛选出以下几个产业：

1. 机械设备制造

罗马尼亚的机械设备制造小有增幅，可以预见未来的发展空间，在创造大量重复、简单、易上手的工人工作岗位的同时，也带来部分高技术水平研发人员的就业增长。

2. 医药

罗马尼亚的医药产业本身具备一定工业基础，而临近国家匈牙利的制药业也是历史悠久，是该国最富竞争力的产业之一。可以在继续发展国内制造业的同时引进投资，研发出更新、更好的医药制品。

3. 电子

电子工业的发展是未来世界发展的趋势，电子工业也能够创造大量就业岗位，罗马尼亚国内电子产业暂无很大发展。而依据匈牙利的数据观察，外资企业在该国电子工业中占据主导地位，产值占 80%以上，故而罗马尼亚也可引进招商投资来发展本国这一产业。

四、制约罗马尼亚发展的因素

（一）不愿意学习或接受培训的年轻人较多

根据罗马尼亚现有要素禀赋情况不难发现，虽然罗马尼亚社会人口老龄化严重，但是仍然有不少未就业的年轻人，而罗马尼亚的年轻人不学习或接受培训的比例在中东欧四国之中也相对较高，如图 4-5 所示。真正具有高技术水平的年轻人在国内可能难以找到适合他们能力和工资水平的工作机会，所以更愿意去国外就业。

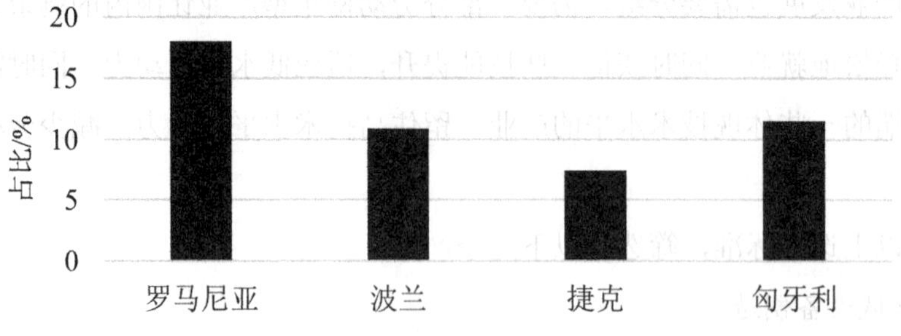

图 4-5 中东欧四国年轻人不学习或接受培训的比例

数据来源：国际劳工组织：https://www.ilo.org/

（二）罗马尼亚的高水平研发人才不足

罗马尼亚每100万人中研发技术人员的数量也远低于其他三国，并且从罗马尼亚相关基础设施评估数据来看，基础设施建设也相对落后于其他几个临近国家，其在中东欧四国之中竞争力亟待提高，如图4-6所示。

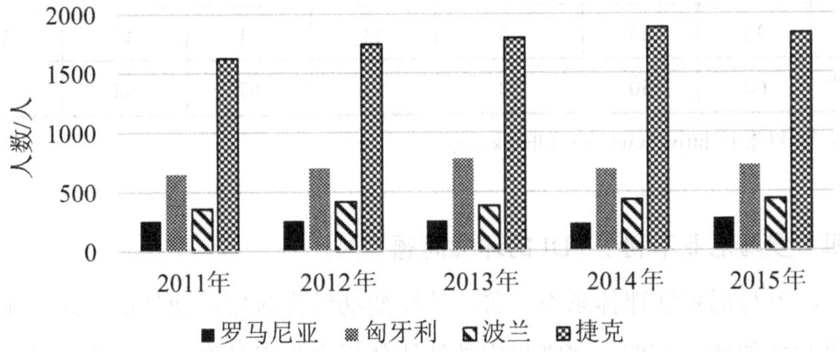

图4-6 中东欧四国每100万人中研发技术人员的数量

数据来源：世界银行 http://www.worldbank.org

（三）罗马尼亚的基础设施建设较为落后

罗马尼亚的电力资源充裕、水运发达，但公路铁路和航空的建设与其他周边国家相比落后不少。这些基础设施的建设不足会极大地影响国内其他工业相关产业的物流效率，如表4-22、表4-23所列。

表4-22 2016年中东欧四国基础设施相关评估量对比

国家基础设施评估	罗马尼亚	匈牙利	波兰	捷克
航空运输，货运量/百万吨·公里	4.2237	—	155.557	25.297
航空运输量，注册承运人全球出港量	46733	137605	84075	43878
货柜码头吞吐量/TEU（20英尺当量单位）	721339	—	2028577	—
港口基础设施的质量/WEF［1（十分欠发达）~7（十分发达高效）］	3.4	3.4	4	3.6

数据来源：世界银行 http://www.worldbank.org

表 4-23 2016 年中东欧四国物流绩效指数 LPI 排名

国家	LPI 排名	海关效率	物流基础设施	国际运输	物流质量与竞争力	物流可追溯	物流及时性
捷克	26	19	35	18	26	21	28
匈牙利	31	49	32	34	34	41	33
波兰	33	33	45	33	31	37	37
罗马尼亚	60	50	58	57	67	64	81

数据来源：世界银行 http://www.worldbank.org

（四）罗马尼亚不利于 FDI 的环境问题

第一，罗马尼亚法律体系不完善，法律变动较为频繁，使外商缺乏安全感。大量有关 FDI 的研究证明，清晰稳定的法律体系在吸引外资方面的作用甚至超过了金融和税收激励机制。罗马尼亚加入欧盟后，为完成入盟的承诺，必须使国内法律体系全面达到欧盟的要求，因此其法律体系将会越来越完善，与国际投资法律体系逐步接轨。

第二，罗马尼亚吸引外资的传统优势，如熟练劳动力和低廉的成本（主要是人工和土地成本）正在逐步丧失。多年来罗马尼亚人口均为负增长，人口老龄化现象严重，人口移出很多，且流出者多为年轻人。官方估计合法海外侨民为 120 万人，而民间的一种估计为不少于 340 万。如今罗马尼亚国内劳动力严重短缺，缺口至少在 50 万左右。

第三，腐败依然严重，行政效率有待提高。罗马尼亚政坛长期受腐败问题影响，在 2017 年集中爆发，引发了大规模游行，影响政局稳定。而罗马尼亚行政效率低下也对商业环境产生了负面影响。尽管近年罗马尼亚越发重视反腐问题，对高级别腐败问题的调查和起诉案件数目大幅上升，但腐败问题依然严重。罗马尼亚是欧盟中行政透明度最低的国家之一。以世界银行 2017 年营商环境指数中的开办企业、获得建筑许可和获得电力的情况来衡量罗马尼亚的行政效率，罗马尼亚三项指标在 190 个国家中的排名分别为第 62、第 95、第 134 位，前沿距离分别为 89.48%、58.09%、53.23%，获得建筑许可和获得电力指标同比没有明显变化，开办企业指标排名同比下降 11 位。与区域平均水平相比，罗马尼业在办理时间和程序上多高于地区平均水平，反映出罗马尼亚的行政效率有待提高，如表 4-24 所列。

表 4-24 罗马尼亚的行政效率

项目	指标	罗马尼亚	欧洲和中亚	经合组织
开办企业	程序/个	6.0	4.9	4.6
	时间/天	12.0	10.2	8.3
获得建筑许可	程序/个	20.0	15.1	12.1
	时间/天	171.0	160.7	152.1
获得电力	程序/个	8.0	5.6	4.8
	时间/天	182.0	112.3	76.6

数据来源：世界银行 2017 年营商环境指数

（四）罗马尼亚外资企业融入当地程度有限

在罗马尼亚的外资企业，不论是全资企业还是合资企业，从当地采购的原材料很少，而且大部分产品出口欧洲、南美和非洲市场，普遍未能很好地融入当地经济。以汽车产业为例，外国投资者继续依赖传统的外国供应商（欧美大的跨供公司），因为许多原材料罗马尼亚公司无法提供，就罗马尼亚公司能够提供的某些零部件而言，质次价高，缺乏竞争力。罗马尼亚当地公司难以成为跨国公司的供应商。可喜的是，近年来罗马尼亚西部地区的汽车企业努力融入中东欧产业带，以此融入全球汽车产业链。已有一些以出口为导向的企业与两家罗马尼亚汽车公司签约。但总体而言，罗马尼亚的外资企业融入当地的程度仍然十分有限。

五、对政府的可行政策建议

（一）改善国家腐败建设，提高行政执行效率

在加强国家廉政建设方面，最重要的是罗马尼亚领导人要真正下决心治理腐败。没有坚定的决心和坚强的反腐败意志，腐败是无法遏制的。另外，政府治理、经济改革也需要跟进，这是治理腐败的一个重要前提条件。首先需要评估腐败程

度，为制定反腐败政策和行动计划服务。更重要的是要加强立法，使反腐有法可依。另外可以建立专门的反腐败机构和调查机构，为全面贯彻国家反腐败战略提供组织保障。而在提高行政执行力这一方面，政府需要公开政务信息，在执行政策时让公众社会能够明确跟进，最好地保证透明性和责任机制。而行政效率可以通过优化配置机关人员，减少行政冗余，简化审批程序等措施来提升。

（二）加强公共基础设施的建设

罗马尼亚是欧盟基础设施条件最差的国家之一，为了改变这种状况，罗马尼亚政府应当进行基础设施建设的相关规划。在基础设施发展方面，由于罗马尼亚需要更多、更好的高速公路、运河、灌溉系统、桥梁、电网甚至机场和港口扩建，但是财政预算有限，而中国则拥有建设这些项目的经验、资金支持和利益诉求，因此双方合作机遇广泛。罗马尼亚和中国在基础设施建设方面具有极好的协调性。罗马尼亚对新建高速公路、桥梁、铁路、隧道、机场、电网等的需求量较大，而中国具备投资这些部门的合适技术、经验、知识和融资能力。罗马尼亚外资进入门槛低，与中国合作意愿强烈，在“一带一路”倡议下，中罗合作可以基础设施建设为先导，基础设施建设重点投资高收益率的高速公路及铁路改造项目。

（三）进行技术和职业教育及培训

可以尝试通过罗马尼亚的技术教育委员会发起建立创新企业机构，把增长部门与技能发展联系起来，建立国家职业认证资格框架，协调国家青年服务计划，使青年团体的参与者可以找到与其资质相匹配的工作。通过行业协会，鼓励传统的学徒制培训标准的发展与采用。同时加大国内的教育财政预算，培养出更多具有高技术水平的青年工作者建设国家。

第三节　新结构经济学视角下的斯里兰卡经济发展

一、斯里兰卡的经济情况

（一）斯里兰卡近年经济逐步回暖，但增长率放缓

斯里兰卡是古老“海上丝绸之路”上的重要节点，连接南亚次大陆和中亚，是中国其他国家自由通商的重要枢纽，具有印度洋门户的战略地位，有着深远的地缘战略影响力。近年来，斯里兰卡宏观经济整体表现较好，国内生产总值逐年增长。

如表 4-25 所列，2009 年，斯里兰卡结束近 30 年的内战后，经济开始全面复苏和振兴，呈现稳定增长的趋势。2012 年 GDP 增长到 3684 亿美元，同比增长 9.1%。随着世界经济的复苏以及南亚地区各国国内需求的增加、基础设施建设的推进、开放步伐的加快，2006—2012 年间，斯里兰卡平均经济增长率高达 6.7%，成为亚洲经济增长最快的国家之一。但近年来，斯里兰卡经济增速有所放缓，2013 年至今，经济平均增长率在 4.1%左右。

表 4-25　2009—2016 年斯里兰卡宏观经济总量

年份	2009	2010	2011	2012	2013	2014	2015	2016	2017
GDP/亿美元	421	567	653	684	743	794	806	813	872
人均 GDP/美元	2057	2747	3129	3351	3611	3795	3844	3835	4065
增长率/%	3.5	8.0	8.4	9.1	3.4	5.0	4.8	4.4	3.1
通货膨胀率/%	5.9	22.8	3.8	10.8	6.2	2.9	0.8	3.6	8.2

数据来源：世界银行

根据世界银行数据统计，2017 年斯里兰卡国内生产总值达到 872 亿美元，增长率为 3.1%，同比下降 1.3%，远远低于低于亚洲新兴经济体平均 6.4%的增长率，通货膨胀率也有所反弹。2010—2016 年间，斯里兰卡通货膨胀率大幅下降，2015 年通货膨胀率为 0.8%，为近年来最低，但 2017 年又回升至 8.2%。

在"一带一路"倡议的推动下，斯里兰卡吸引了不少中国企业投资，随着斯里兰卡政府加快税收、外汇等改革以及基础设施建设加快，其 GDP 总值预计将持续增长。

（二）三大产业发展情况

1. 三大产业占 GDP 的份额

近年来，由于极端天气，斯里兰卡农业所占比重逐年下降，已低于经济复苏时期；工业所占比重呈逐年下降趋势，但幅度很小；服务业所占比重最大，且逐年小幅攀升，约占全国 GDP 总量的一半以上，其中批发零售业是占 GDP 份额最大的产业，高达约 23%。优势产业主要为旅游业、信息产业、海洋产业、教育文化产业等，如表 4-26 所列。

表 4-26　2011-2016 年三大产业占 GDP 份额/%

产业	2011 年	2012 年	2013 年	2014 年	2015 年	2016 年
农业	9.60	7.99	8.23	8.59	8.81	8.21
工业	30.44	32.32	31.29	30.36	29.45	29.59
服务业	59.96	59.69	60.48	61.05	61.74	62.19

数据来源：世界银行

2. 旅游业情况

如表 4-27 所列，2000—2017 年国家旅游收入高速增长，从 2000 年的 2.52 亿美元增长至 2017 年的 39.25 亿美元，近 20 年的时间里增长了近 16 倍。2017 年旅游收入占总 GDP 的 4.5%，增长率为 11.57%。但近年来，旅游收入年增长率一直呈下降趋势，增速放缓，2017 年较 2016 年下降 6.44%。近年来游客人数虽然在不断增加，但增速明显放缓，2017 年已下降至 3.2%，较上年下降约 11%。近年来，东南亚成为国际旅游的热门选择，从旅游服务质量上看，斯里兰卡不如马尔代夫、泰国等有基础的周边旅游国家，交通基础设施也较为落后，缺乏市场竞争力。综上所述，斯里兰卡的旅游业收入不再能够支撑斯里兰卡的经济增长，如果继续保持这种状态，斯里兰卡的经济形势必会受到影响。

表 4-27　2000—2017 年斯里兰卡旅游业收入情况

年份	旅游收入/百万美元	收入年增长率/%	游客抵达人数/人	游客增长率/%
2000	252	/	400414	/
2001	213	-15.48	336794	-15.89
2002	363	70.42	393171	16.74
2003	454	25.07	500642	27.33
2004	408	-10.13	566202	13.10

续表

年份	旅游收入/百万美元	收入年增长率/%	游客抵达人数/人	游客增长率/%
2005	429	5.15	549308	-2.98
2006	410	-4.43	559603	1.87
2007	385	-6.10	494008	-11.72
2008	342	-11.17	438475	-11.24
2009	350	2.34	447890	2.15
2010	576	64.57	654476	46.12
2011	830	44.10	855975	30.79
2012	1039	25.18	1005605	17.48
2013	1715	65.06	1274593	26.75
2014	2431	41.75	1527153	19.81
2015	2981	22.62	1798380	17.76
2016	3518	18.01	2050832	14.04
2017	3925	11.57	2116407	3.20

数据来源：根据斯里兰卡旅游发展局-旅游业增长趋势报告 1970－2017 年数据计算所得（http://www.sltda.lk/statistics）

3. 进出口占比

如表 4-28 和表 4-29 所列，斯里兰卡的进出口结构较不合理，进出口行业过于单一，缺少多样性。从出口来看，制成品的占比最大（68%～70%），主要是纺织服装；其次是食品（25%～26%），主要是茶叶和椰子等。从进口来看，行业占比最大的依然是制成品（67%～72%）；其次是燃料和矿物金属（13%～17%）。

表 4-28 斯里兰卡主要行业的出口占比

行业	出口占比/%		
	2015 年	2016 年	2017 年
农业原材料	2.48	2.65	2.64
食品出口	25.66	25.13	26.04

续表

行业	出口占比/%		
	2015 年	2016 年	2017 年
燃料出口	1.82	1.61	2.57
制成品	69.50	69.96	67.92
矿石和金属	0.54	0.62	0.78

数据来源：世界银行

表 4-29 斯里兰卡主要行业的进口占比

行业	进口占比/%		
	2015 年	2016 年	2017 年
农业原材料	2.19	2.17	1.95
食品进口	13.15	12.17	13.38
燃料进口	14.02	12.22	15.59
制成品	69.25	71.88	66.65
矿物和金属	1.36	1.49	1.48

数据来源：世界银行

2015 年斯里兰卡进出口双双下降，出口额为 105.049 亿美元，比 2014 年下降 5.6%；进口额为 189.346 亿美元，比 2014 年下降 2.5%。

4. 就业结构

如表 4-30 所列，斯里兰卡经济复苏以来，就业主要增长在服务业，近十年来增加约 20%，占比高达 45.2%，工业就业率增长幅度较小，农业就业率呈下降趋势。从 2012 年开始，斯里兰卡失业率开始小幅增加，2016 年约达 5%。服务业作为斯里兰卡的支柱产业，是其 GDP 的最大贡献产业，约占 GDP 的 60%，雇佣近 50%的劳动力；工业和农业雇佣劳动力较为接近，约为 25%，但工业创造的 GDP 约为 30%，远远大于农业。因此可知，相较于其他两大产业，农业对斯里兰卡的经济驱动力越来越小，逐渐失去经济支柱产业的地位，要考虑升级其他产业来保持经济持续快速的增长。

表 4-30 斯里兰卡就业结构

行业	就业结构占比/%					
	2002 年	2005 年	2010 年	2015 年	2016 年	2017 年
服务业	27	25.9	40.4	45.2	47.0	47.7
工业	22.4	25.6	24.2	26	25.5	25.7
农业	34.5	30.7	32.7	28.1	27.5	26.7

5. 失业率

如表 4-31 所列，2002 年时斯里兰卡的失业率高达 8.80%，但之后失业率持续大幅下降，保持长期低位，2017 年失业率降至约 4%。虽然目前失业率处于较低水平，但想要经济更好地发展，失业率持续下降，应该密切关注和考虑加大发展劳动力密集型的制造业产业。

表 4-31 斯里兰卡失业率

年份	2002	2005	2010	2015	2016	2017
失业率/%	8.80	7.70	4.90	4.66	4.37	4.08

数据来源：世界银行

近年来，斯里兰卡的经济增速放缓，农业对国家经济的贡献也越来越有限，进出口额也双双下降；服务业作为其主导产业，但占 GDP 比重一直较为稳定，无大幅增长；其中旅游业近年来对商品服务进出口的贡献也并无大幅增长，说明斯里兰卡国家经济结构过于单一，服务业不能够作为长期主导国家经济发展的产业。从进出口中制成品大进大出的情况可以看出，国家工业基础相对薄弱，不能够独立完成产品制造，一定程度上限制了国家经济更为快速地发展。因此，为了避免因经济产业支柱变动和减弱，影响经济增长速度和失业率变动，增加就业率和实现国家经济更为稳定和快速地发展，必须进行产业结构的转型，实现多样化。与服务业就业量相比，就业密集型的制造业能为国家提供更多的就业岗位，提升就业率和产业的生产率。比如考虑关注劳动力密集型的纺织服装业，它作为斯里兰卡国民经济的支柱产业和重要的工业行业，也是第一大出口创汇行业。

二、筛选国家和产业——GIFF 框架

（一）筛选潜在国家

劳动力成本上升是经济发展的一个必然结果。从俄罗斯工业化进程来看，劳动力低成本的优势并不是一个长期的优势，它会带来一系列恶性循环；而劳动力成本的上升也不会对投资环境产生严重的不良影响。

21 世纪以来，中国、韩国和新加坡等实现了经济稳定且快速发展，每年人均 GDP 增长率超过 5%，就业率增加，其共同特点是承接了劳动力成本上升的国家的个别行业，成功实现国家经济转型。因此，斯里兰卡经济快速稳定发展也需要找到合适的转移国家和行业。

首先，筛选出人均 GDP 超过斯里兰卡 100%～300%的潜在转移国家，如表 4-32 所列；其次，由于要达到过去 20 年的人均国内生产总值人均增长率（5%～10%）的要求，潜在国家名单进一步缩小；最后，要素禀赋需要与斯里兰卡相似。所以斯里兰卡的基准国家是中国。

表 4-32　2017 年潜在国家人均 GDP 情况

国家	人均 GDP/美元	占斯里兰卡百分比/%	近 20 年人均 GDP 增长率/%
斯里兰卡	3835	100	4.49
中国	8123	212	8.48
白俄罗斯	4989	130	5.45
泰国	5908	154	2.60
哈萨克斯坦	7510	196	5.04
罗马尼亚	9474	247	3.78
马来西亚	9503	248	2.86
土耳其	10788	281	3.39

数据来源：世界银行

从要素禀赋上来看，斯里兰卡与土耳其的情况是有一致性的，两者都从事有关食品、纺织品的加工生产活动，且斯里兰卡也从事劳动密集型生产活动，但土

耳其近20年来人均GDP增长率较低，不适合作为基准国家。而哈萨克斯坦尽管近年来人均GDP增长率有所增加，但是要素禀赋与斯里兰卡不符，其从事开发利用资源类的劳动密集型生产活动。

为什么选择中国为基准国家呢？中国并不是一个资源丰富的国家，但由于以下几个原因，中国成为一个比较合适的参照对象国。

（1）中国最有可能进入产业转移的早期阶段，随着工资持续快速上涨，预期将会更快开始转移。

（2）中国工资的显著增长已经超过了20年，一些产业逐渐失去比较优势，而斯里兰卡工资远远低于中国。

（3）随着“一带一路”倡议的不断深化推进，近年来斯里兰卡与中国投资贸易合作越来越频繁，都使中国成为一个合适的转移国家。

（二）筛选适合转移的产业

运用 GIFF 框架筛选产业，共有三个不同的标准，第一个标准是市场份额下降且进入参照国出口排名前十位的产品；第二个标准是处于本国进口排名前 15 位的产品；第三个标准是本国已经实现自我发现的产业。

1. 第一个标准

表 4-33 给出的是 2000—2016 年参照国市场份额下降的产品。

表 4-33　2000—2016 年参照国市场份额下降的产品

类别	2 位 HS 编码	个数
轻工业制造	生皮（毛皮除外）及皮革；皮革制品，鞍具及挽具，旅行用品，手提包及类似容器，动物肠线（蚕胶丝除外）制品；木及木制品，木炭；软木及软木制品；稻草，秸秆，针茅或其他编结材料制品，篮筐及柳条编结品；书籍，报纸，印刷图画及其他印刷品，手稿，打字稿及设计图纸；蚕丝；羊毛，动物细毛或粗毛，马毛纱线及其机织物；棉花；其他植物，纺织纤维，纸纱线，及其机织物；化学纤维短纤；地毯及纺织材料的其他铺地制品；特种机织物，簇绒织物，花边，装饰毯，装饰带，刺绣品；针织或钩编的服装及衣着附件；非针织或非钩编的服装及衣着附件；其他纺织，制成品，成套物品，旧衣着及旧纺织品，碎织物；鞋靴，护腿和类似品及其零件；帽类及其零件；雨伞，阳伞，手杖，鞭子，马鞭及其零件；已加工羽毛，羽绒及其制品，人造花，人发制品；玩具，游戏品，运动用品，及其零件，附件	28

续表

类别	2 位 HS 编码	个数
自然资源为主	盐，硫磺，泥土及石料，石膏料，石灰及水泥、矿砂，矿渣及矿灰、矿物燃料，矿物油，及其蒸馏产品，沥青物质，矿物蜡、无机化学，品，贵金属，稀土金属，放射性元素，及其同位素的有机物，无机化合物、鞣料浸膏及染料浸膏；鞣酸及其衍生物；染料、颜料及其他着色料；油漆及清漆；油灰及其他胶粘剂；墨水、油墨、肥皂、有机表面活性剂、洗涤剂、润滑剂、人造蜡、调制蜡、光洁剂、蜡烛及类似品、塑型用膏、“牙科用蜡”及牙科用熟石膏制剂；炸药，烟火制品，火柴，引火合金，易燃材料制品；铜及其制品；镍及其制品；铅及其制品；锌及其制品；锡及其制品；其他贱金属，金属陶瓷，及其制品；贱金属工具，器具，利口器，餐匙，餐叉，及其零件	11
农产品	活动物、肉及食用，杂碎、鱼，甲壳动物，软体动物及其他水生，无脊椎动物、乳品，蛋品，天然蜂蜜，其他食用动物产品、其他动物产品、食用蔬菜，根及块茎、咖啡，茶，马黛茶，及调味香料、谷物、制粉工业产品，麦芽，淀粉，菊粉，面筋、含油子仁及果实，杂项子仁及果实，工业用或，药用植物，稻草，秸秆及饲料、编结品，用植物材料，其他植物产品、动，植物油，脂及其分解产品，精制的食用油脂，动，植物蜡、肉，鱼，甲壳动物，软体动物及其他水生无脊椎动物的制品、谷物，粮食粉，淀粉或乳的制品，糕饼点心、蔬菜，水果，坚果或植物其他部分的制品、饮料，酒及醋、烟草，烟草及烟草代用品的制品	11
重工业制造	铁道及电车道机车、车辆及其零件；铁道及电车道轨道固定装置及其零件、附件；各种机械（包括电动机械）交通信号设备；航空器，航天器，及其零件	4
技术相关	照相及电影用品；钟表及其零件；乐器及其零件，附件	3
总计		57

资料来源：根据联合国贸易统计数据库书籍计算得来 https://comtrade.un.org

在2000—2016年的高增长时期进入过参照国家前十位的出口产品有：鞋靴，护腿和类似品及其零件；钢铁制品；车辆及其零件，附件，但铁道及电车道车辆除外；塑料及其制品；光学、照相、电影、计量、检验、医疗或外科用仪器及设备、精密仪器及设备；上述物品的零件、附件；针织或钩编的服装及衣着附件；非针织或非钩编的服装及衣着附件；家具；寝具、褥垫、弹簧床垫、软坐垫及类似的填充制品；未列名灯具及照明装置；发光标志、发光铭牌及类似品；活动房屋；核反应堆，锅炉，机器，机械器具及其零件；电机、电气设备及其零件；录音机及放声机、电视图像、声音的录制和重放设备及其零件、附件；塑料及其制品；皮革制品，鞍具及挽具，旅行用品，手提包及类似容器，动物肠线（蚕胶丝除外）制品；玩具，游戏品，运动用品，及其零件，附件；矿物燃料，矿物油，及其蒸馏产品，沥青物质，矿物蜡。

超过十年进入参照国前十位的出口产品有六类：针织或钩编的服装及衣着附件；非针织或非钩编的服装及衣着附件；玩具，游戏品，运动用品，及其零件；家具、寝具、褥垫、弹簧床垫、软坐垫及类似的填充制品；鞋靴，护腿和类似品及其零件。

从第一个标准来看，既符合出口位于前十位且市场份额又下降的产品有：针织或钩编的服装及衣着附件；非针织或非钩编的服装及衣着附件；鞋靴，护腿和类似品及其零件；玩具，游戏品，运动用品，及其零件。

2. 第二个标准

表 4-34 为斯里兰卡进口排名前 15 位的产品。

表 4-34　2016 年斯里兰卡前 15 位进口品

产品	占比/%	总额/1000 美元
机械设备和电子设备	16.03	3125081.543
纺织品和服装	15.16	2955838.794
燃料	11.97	2333656.712
交通工具	10.44	2036270.143
化学制品	7.76	1512955.288
金属制造业	7.33	1429027.639
塑料或橡胶	5.68	1107556.303
蔬菜	5.48	1069488.524
食物饮料	4.58	892334.758
石头和玻璃制品	3.71	723637.167
木材	3.36	655657.694

续表

产品	占比/%	总额/1000 美元
矿石产品	3.22	628755.668
混合品	2.58	503056.986
动物	2.25	439575.379
鞋类	0.29	55897.036

数据来源：世界综合贸易解决方案 http://wits.worldbank.org/

从第二个标准来看，我们可以选出以下三个产业进行重点分析：机械设备和电子设备、纺织品和服装、燃料。

3. 第三个标准

第三个标准是选出斯里兰卡私人部门已经比较活跃且成功实现了自我发现的产业。成功的自我发现是指私营企业在国际市场上生产有价值的商品，但目前却受到阻止的活动，这些公司可能受制于市场条件、缺乏信息或缺乏进入国际市场的机会。政府应该关注斯里兰卡私营企业自我发现，通过运用某些政策去克服约束力，提供国际生产方法来提高效率，或者为供应商和买家提供介绍等信息，从而为成功创新和产业升级提供支持。

近年来，斯里兰卡政府积极推进价值链发展规划，增加在制造业中的附加值。从已经查找到的有限的可获得数据中可知，茶叶、椰子、橡胶、香料等农产品，纺织服装、橡胶制品、石油产品、珠宝宝石、食品饮料及烟草、机械设备、鞋类和皮革制品、礼品和玩具、包装行业、木材加工业等行业已经成功实现自我发现。但上述有些产业出口占比很小，有些近年来对出口收入的贡献逐渐减少，如茶叶等农产品；有些产业虽然已经实现自我生产，但每年从国外进口的比重依然不小，如纺织品、食品等。但是，上述产业大多是劳动密集型的产业，都有着充足的就业量和增长潜力，并有机会成为大量出口产品，如纺织服装。

从第三个标准来看，由于筛选的标准与前两条不同，注重产业的增长率。故筛选出的产业也有部分不同，分别是纺织服装业、机械设备、塑料或橡胶制成品。

4. *斯里兰卡具有潜在比较优势的产品*

需要进一步对上述名单进行筛选，才能得到我们需要的产业。第一，不能选择对资金投入要求很高的产业，该产业的国内需求必须大，因为斯里兰卡并不是资本十分充足的国家，而且最初有可能取得成功的产业应是首先满足国内市场需求的产业；第二，对选中的产品来说，国内市场中应该存在相应的供应链系统；第三，劳动技能比较容易转化；第四，国内市场有丰富的原材料供应或者原材料很容易进口。

根据上述标准，选出了以下几个产业，既符合经济增长的标准也符合可行性。

（1）纺织服装业：是斯里兰卡第一大出口创汇行业，2016 年出口占比 45.7%，国家重视并且扶持其发展，在国内发展速度较快，需求大，市场大。

（2）橡胶制品：斯里兰卡是世界第六大橡胶出口国，行业发达。作为橡胶生产地，原料丰富、节省成本，且橡胶制品品质高，具有较高的历史声誉、良好的社会和经济效益，创造的工作机会多，投资机会大。

（3）制鞋业：近年来斯里兰卡皮革和鞋类产品呈现强劲增长势头，为许多国际鞋类品牌商加工产品，说明其制鞋业出口具有巨大发展潜力。由于越来越多的人喜爱运动，国际市场上对运动鞋和休闲鞋的需求增大，且其利润高达 45%。

（4）玩具制品：制造工艺简单、成本低、利润高，能够带动国内私营和个体经济健康持续发展。

三、行业发展的约束和政策建议

（一）纺织服装业

1. *发展历史和现状*

纺织服装业是斯里兰卡国民经济的支柱产业和最重要的工业行业，多年来一直在斯里兰卡国民经济中占主导地位，作为就业人数最多的行业和最大的出口创汇行业，政府历来重视、鼓励和扶持纺织行业的发展。斯里兰卡政府自 1980 年推行私有化、吸引外国投资以来，纺织服装业通过私有转让、外国投资，几乎已经全部转变为非国有成分。

2003 年，该行业产值占工业产值的 43%，编织服装品的出口为 15.78 亿美元，针织服装品的出口为 8.22 亿美元。截至 2003 年，斯里兰卡纺织服装行业吸引外资 133 亿卢比（约合 1.4 亿美元）。目前，50%的纺织服装企业为斯里兰卡投资局（BOI）批准注册的外国独资或合资企业，其出口占纺织服装出口的 90%。

2005 年纺织品配额取消后，斯里兰卡纺织业感到挑战和压力非常大。为应对全球纺织品一体化，斯里兰卡 2005 年预算对纺织业出台了多项鼓励政策，如加大投资各类纺织项目，针对某些项目取消原材料和基本货物进口免征增值税等。

2008 年，斯里兰卡纺织服装出口 50 亿美元，占全国外贸出口的 70%，其中服装出口占纺织服装行业出口的 93%；此外，纺织服装行业是斯里兰卡加工生产领域中最大的就业行业，提供直接、间接就业 70 万人，其中直接就业 34 万人。

2012 年纺织品和服装出口 41.3 亿美元，占全国外贸出口额的 44.04%。同时斯里兰卡服装业战略规划增加产量、设立机制，使在萧条时期关闭的工厂重新开业，加强服装业的产品整合和双边贸易促进，从而抓住市场机遇，应对失去 GSP 认证的不利因素影响，并且从 2012 年 1 月起政府取消纱线关税。

2013 年纺织品和服装出口 46.25 亿美元，占全国外贸出口额的 46.2%。

2014 年纺织品服装出口 49.3 亿美元，占全国外贸出口额的 44.3%。

2015 年纺织品和服装出口 49.8 亿美元，占全国外贸出口额的 47.4%。

2016 年纺织品和服装出口 50.6 亿美元，占全国外贸出口额的 47.97%。

近几年来，纺织品和服装行业的出口额虽然较为客观，但每年出口增额远远不如前几年。2008 年，纺织服装业高达全国外贸额的 70%，但如今降低至 47%左右。由此可见，近几年来，纺织服装业的经济发展速度有所放缓，面临一些行业发展问题和约束。

2. *存在的约束和问题*

（1）纺织业薄弱，面料依赖进口。

斯里兰卡的服装成衣加工业非常发达，但纺织业却比较落后。这是因为斯里兰卡没有纺织原料资源，纺织印染环节薄弱，所以面料生产能力不足，70%的原辅料需要依赖进口。而其国内除了几家大型企业以外，大部分纺织企业的产品质量无法满足出口服装企业的生产需要。成衣加工业每年大约需要消耗 8 亿米面料，但国内生产部分只能满足20%的需求，服装出口企业使用的80%～90%左右的原辅材料需要进口。2002年斯里兰卡年面料进口12亿美元，辅料进口1亿美元。其纺织原辅料主要进口国家、地区和比例：大陆6%、中国香港19%、中国台湾14%、韩国15%、印度6%、美国5%、英国4%（2002年数据）。

（2）行业工资上涨。

第一，近十年来，斯里兰卡纺织业和服装业的员工工资水平大幅升高，如表4-35所列，翻了将近一倍。这样一来，便会使斯里兰卡纺织品和服装成衣加工业的成本大大上升，导致纺织服装业在商品出口方面失去经济优势，进而可能会影响整个国家的收入。第二，斯里兰卡国内纺织消费市场小，产品主要用于出口。而中国和印度的工业水平比斯里兰卡更为成熟，纺织服装业在整个世界纺织服装业中占有重要地位。因此，斯里兰卡纺织服装业面临与这两个国家竞争的严峻局面。

表4-35 纺织业、服装业员工工资

国家	纺织业工资/美元		服装业工资/美元	
	2006年	2016年	2006年	2016年
斯里兰卡	890	1888	1077	1844
中国	1432	6821	1575	6938
印度	1280	2338	1136	2136

数据来源：http://www.unido.org/statistics

3. 政策建议

如今，纺织服装行业已经成为斯里兰卡第一出口创汇行业，政府要想其继续良好稳定快速地发展，带动国民经济增长，必须推出行之有效的政策来消除纺织服装业面临的问题和约束。

（1）升级纺织服装业。

目前，斯里兰卡服装加工业已经非常发达，主要是因为斯里兰卡拥有大量廉价的劳动力资源，可以支撑服装加工这种劳动密集型产业的发展。2005—2016年间，斯里兰卡制造业工资水平翻了一倍。因此，政府可以推出一些行业刺激计划和产业扶持政策：第一，对所有要更新旧设备的服装加工企业，银行提供低于普通商业贷款的贷款；通过引进先进设备，对该行业进行升级改造，机械化生产代替部分人力，降低产品的成本，提升质量和数量，与其他国家相竞争。第二，拨出部分资金，培养纺织印染员工，提升他们的技术实力，利用绿色生产技术减少碳排量，降低生产成本。

（2）降低纺织原辅料进口关税。

在上述分析中可知，斯里兰卡纺织原料依赖进口，导致纺织业发展受限，因此要想在世界纺织品进出口中拥有价格竞争优势，必须要解决国内纺织原辅料稀缺的问题。政府可以考虑调整纺织原辅料进出口关税，与其他纺织原料丰富的国家，如中国、印度等，建立纺织原辅料协定关税，尽可能降低原辅料进口价格。

（二）橡胶制品

1. 发展历史和现状

斯里兰卡是世界第六大橡胶出口国，第八大天然橡胶生产国。约65%的斯里兰卡橡胶属于小胶园主管理。约70%的国际橡胶产量用于制造轮胎。斯里兰卡天然橡胶产量在8万吨/年左右，但国内年均消耗量为15万吨，仍有7万吨需要进口，进口对象主要是越南、泰国和中国。国内主要橡胶产品占比（按销售额）：实心胎占30%，其中60%出口；乳胶手套占4%，其中20%出口；其他橡胶制品占66%，其中20%出口。

斯里兰卡橡胶种植面积在1978年为20.2万公顷，产量高达16.5万吨。之后受世界橡胶价格走低影响，斯里兰卡橡胶种植面积逐年减少，产量逐渐下降。特别是1997年，东南亚金融危机引起天然橡胶价格大幅下跌，影响胶农种植积极性，橡胶种植面积急剧减少。20世纪90年代以来，斯里兰卡橡胶年产量徘徊在9万吨左右，橡胶质量虽然上乘，但由于种植面积有限，出口仅占世界出口总量的1.8%，远远低于泰国、印度、马来西亚、印度尼西亚等。

2003年斯里兰卡橡胶种植面积约12.89万公顷，其中8.32万公顷为私有。受世界橡胶价格攀升影响，种植园主加大了割胶量，当年天然橡胶产量为9.2万吨。其中烟片胶的产量超过皱片胶产量，占总产量的54%。自2002年4月始，科伦坡橡胶交易所橡胶交易价格持续增长，各等级烟片胶价格平均增长50%，乳胶价格平均增长60%。2003年斯里兰卡出口天然橡胶3.5万吨，橡胶及其制品出口总额2.7亿美元，占其外贸出口额的5.26%。其中天然橡胶出口3900万美元，橡胶制品出口2.31亿美元。斯里兰卡橡胶出口国和地区为：欧盟（27%）、巴基斯坦（24%）、日本（7%）、美国（9%）、印度（3%）。斯里兰卡向中国出口的天然橡胶2002年为1300吨，2003年为220吨。

为提高橡胶附加值，斯里兰卡注重增强国内橡胶工业加工能力，逐步从早期的主要以原料出口转变到主要以橡胶成品、半成品的出口。目前，斯里兰卡天然橡胶产量的65%为本国工业所消耗，橡胶内销已经大于出口。斯里兰卡橡胶产品主要是轮胎、医用手套、汽车部件、鞋、地面材料、胶管和内胎、气球和玩具、泡沫橡胶垫等，特别是轮胎，已占世界实心轮胎市场的25%。由于当地一些橡胶品种价格高于国际市场，斯里兰卡在2003年还进口了90吨橡胶。

2013年斯里兰卡橡胶出口增加到9.6亿美元，比2009年增长100%。2013年斯里兰卡出口7200万美元天然橡胶、8.87万美元的橡胶成品，创造了815个新工作岗位，西部省份已有逾1万个橡胶产业工作机会。

2016年橡胶出口0.33亿美元，占总出口额的0.3%。橡胶及橡胶制品出口总占比为7.2%。

2. 存在的约束和问题

（1）橡胶产量减少。

近年来，由于政府对橡胶种植业投入严重不足、橡胶种植收割技术的升级滞后以及年轻一代不愿从事橡胶业，使得熟练割胶工人缺乏，斯里兰卡橡胶种植业后劲不足，再加上受恶劣天气影响，橡胶产量大不如以前，橡胶业陷入困境。

（2）橡胶助剂和机械依赖进口。

橡胶助剂是橡胶工业重要的辅助原料，对改善橡胶加工工艺、提高产品质量起到重要的作用。橡胶机械是生产橡胶制品必需的设备，但斯里兰卡两者均依赖进口，其中橡胶助剂基本来自于中国。这样增加了橡胶制品的生产成本，尽管是橡胶生产国，也会失去价格竞争优势。

3. 政策建议

（1）提高橡胶产量及橡胶制品附加值。

提高橡胶制品出口量的根本是要增加橡胶的生产量。虽然天气因素是非人为因素，但政府可以从以下几个方面入手：第一，在其他种植成本低的国家投资橡胶种植，如柬埔寨，柬埔寨的消费低、橡胶产量高，种植同样面积的橡胶所获得的产量和收入都比本国高；第二，为橡胶工人推出福利政策，吸引年轻人就业，增加劳动力；第三，为割胶和橡胶产品加工部门提供技术培训。一直以来，由于错误的割胶方式，橡胶产业每年损失大量利润，同时导致胶树损伤和胶乳产量减少。

（2）寻求更稳定优惠的供货商。

目前斯里兰卡橡胶产量下降，只够满足国内需要，出口较少，而橡胶助剂的生产需要消耗大量的生胶。再加上斯里兰卡工业资源匮乏、技术有限，橡胶机械设备生产也较为困难。所以，在今后很长一段时间内，政府可以考虑与其他国家供货商（如中国）建立长期贸易关系，稳定供货，商议更优惠的折扣等。

（三）制鞋业

1. *发展现状和前景*

斯里兰卡的制鞋和皮革产业是近年来刚刚起步的产业，发展时间短，但增势强劲，目前被视为极具潜力的朝阳产业，正发展成为一个既能满足国内市场需求又能满足国际市场需求的产业。

2013 年制鞋业出口额达到 0.58 亿美元，占出口额 0.58%。

2014 年制鞋业出口额达到 1.18 亿美元，占出口额 1.05%。

2015 年制鞋业出口额达到 1.14 亿美元，占出口额 1.09%。

2016 年制鞋和皮革行业出口剧增 28%，出口额达到 1.4 亿美元，占总出口额的 1.34%，其中鞋业占皮革行业总出口额的 84%。

目前斯里兰卡政府正计划在东部省份建立斯里兰卡第一个制鞋和皮革中心。鞋业咨询委员会主席 Rangith Hettiarachchy 表示大部分的当地制造商都热衷于满足本国的需求，这个产业也可以被考虑作为外汇储备型的产业，带动国民经济快速稳定地发展。政府将从三方面着手帮助制鞋和皮革产业发展。行动包括与斯里兰卡纺织品服装研究院、工业部和制鞋生产商合作，建立一个为制鞋和皮革生产提供培训的研究所，预计将为该产业的生产过程注入更多的科技。政府借鉴服装业成功的经验，正努力将制鞋业发展到一个新的水平。

2. 政策建议

近十年来，制鞋业刚刚发展起来，本地制鞋商生产的鞋子只能满足国内需要。制鞋在国际市场上利润高达45%，因此，制鞋业有希望像纺织服装业一样成为斯里兰卡的一大出口创汇行业。

（1）对企业增加补贴和贷款。

资本要素政策调整是政府常常采用的一种策略选择，它直接关系到整个鞋类行业的发展。出口退税率、汇率、银行利率、银行信贷资本是企业赖以生存和发展的重要资本要素。政府要出台相关政策支持制鞋行业，比如在外贸条件严重恶化时，政府要适时调整出口退税率，在优化产业结构升级的前提下，适度增加鞋类行业出口的补贴。同时，要降低银行利率，增加银行信贷规模，要积极为企业注入资本，解决企业的资金链问题。

（2）加强人才队伍培养。

政府要重视设计队伍、管理队伍和技术人才队伍的建设，加大对各类人才的资金投入。第一，加强设计队伍建设。设计师决定着产品的竞争能力，设计水平的高低直接关系到产品的生命力。斯里兰卡大学刚开始制鞋方向的研究，其设计师的培养模式可以借鉴西方成功的培养经验，要注重培养设计师的"思想"，让设计与市场、潮流、时尚接轨，更加注重设计的实践能力，更加注重设计师的质量而不是数量。第二，加强管理队伍建设。企业要更加注重人力资源的开发，通过开展有计划的培训、教育和开发活动，建立学习型组织和创建工作团队，不断引进新思维模式和新知识，成为组织创新的重要源泉。第三，加强技术人才队伍建设，特别是高水准的鞋类样板师和工艺师，员工技术业务素质的高低直接决定了产品质量的好坏。目前，斯里兰卡缺乏大量的鞋类技术工人，因此，政府一定要培养大量应用型的高级鞋类技术人才，通过建立制鞋人才培训基地，为企业提供高素质技能型和复合应用型技术人才，在未来发展壮大制鞋业。

（四）玩具制品

1. 发展前景

斯里兰卡政府为推动国内私营经济和个体经济的健康持续发展，带动村庄和家庭经济的发展，发起以百万家庭为基础的经济计划。该计划主要涉及的工业部门类别有手摇纺织机行业、鞋业和皮革制品、礼品和玩具、包装行业等 12 个。从前文数据我们可知，制鞋业已经在国内发展起来了，每年的出口额都在增加。制鞋业能成功地起步发展，一是国家已经掌握了服装业能够顺利发展的经验，二是国家政府积极推出各种鼓励行业发展的政策。我认为发展玩具行业具有以下优势：第一，玩具行业作为劳动力密集型产业，斯里兰卡拥有丰富廉价的劳动力资源，为斯玩具制造业的发展打下了良好的基础，还能够创造更多的就业机会。第二，斯里兰卡政府一直重视教育，民众的文化水平在南亚中名列前茅，2015 年居民识字率高达 93.2%。而玩具消费与一个国家的国民受教育程度有较大关系，在斯里兰卡的教育背景下，玩具消费将会有不小的提升。考虑目前斯里兰卡人均 GDP 不断增长的现实状况，其国内玩具消费增长前景良好。因此，如果政府将玩具制品确定为重点的发展领域，并着力于将其发展到一个新水平，不但能够满足本国需求，还会给出口市场带来更多机会。

2. 政策建议

（1）自主创新。

从前文可知，斯里兰卡当时是为了发展村庄和家庭经济，让玩具制造走进了国民的工作行业范围里。所以目前来说，国内大部分的玩具制造企业是作坊式生产，没有良好生产标准，也缺乏产品创新能力，更多的是复制外国产品。产品的科学和技术含金量不高，基本属于劳动密集型产品，缺乏市场竞争力。因此，企业必须提高产品创新能力，否则将不可避免地遭遇贸易诉讼或技术壁垒。企业弱是因为技术，高校教学仪器发展落后，扩大国内高校教学仪器市场不但能赢得更多的市场份额、获得更大利润，还能提升国民素质教育水平。企业必须走自主创新之路，拥有科技创新能力，不断提高产品的研发能力，拥有自主知识产权，提高产品技术含量，形成核心竞争力。

（2）纳入国内加工园区。

斯里兰卡鼓励外国投资，积极营造有利于投资的政策环境，鼓励发展出口加工业，先后建立了 14 个出口加工区和工业园区（包括斯里兰卡投资管理委员会管理 12 个出口加工区和 2 个私人投资工业园区），外国投资的出口加工企业主要集中在这些园区内。这些出口加工区和工业园区主要集中在斯里兰卡西部和中部地区，水、电、通信等基础设施相对齐全。这些出口加工区和工业园区主要集中在斯里兰卡西部和中部地区。像发展纺织业一样，将玩具制造业纳入国内加工园区，会得到更有利的政府支持政策、更多的国际投资。集中资源，打造玩具产业特色鲜明、生活服务功能齐全、产业发展后劲十足的教玩具集聚区发展平台，使之成为国家经济加快发展的又一新兴着力点、增长点、发展点、招商引资的排头兵。

四、斯里兰卡行业发展的共同约束及政策建议

（一）共同约束

除了以上四个行业分别的约束及政策建议，在斯里兰卡经济发展的过程中，还有许多限制因素制约着其经济和产业发展。其中影响力较大的因素有缺少高质量基础设施、政府行政效率低等，这些约束增加了制造业行业的经营成本，降低了它们的出口竞争力。

1. 基础设施薄弱

（1）公路设施整体落后。

受国土面积影响，公路运输是斯里兰卡主要的交通运输方式，公路网络覆盖整个国家。全国公路密度达到每平方公里 1.6 公里，在南亚国家中靠前，但在国际上依然处于相对落后的水平。近年来，虽然公路总里程增加 1.7 万公里左右，但公路等级整体落后，其中国家公路和省级公路并无新增修建。由于斯里兰卡的道路大多是 50 年前修筑而成，对现有公路进行养护需要大量的资金投入。目前承载能力已经非常有限，正面临公路通行能力和通行效率低下的问题。

（2）铁路运输发展缓慢。

由于现成的铁路网主要连接以前的种植业区域，如今斯里兰卡重视工业发展，铁路网需要重新修建，所以目前铁路货运发展仍较为缓慢，仅占全国总货物运输量的 1%，很大程度上限制了斯里兰卡制造业产品的对外出口量，增加了进出口运输成本。

（3）电网老化严重。

目前，斯里兰卡电力供应稳定，但其能源结构仍有待进一步优化，发电成本

居高不下。此外，斯里兰卡电网老化非常严重，亟待升级改造。电网经常出现由于电网线路故障而导致燃煤电站进入保护性停机，从而迫使斯里兰卡电力局采取部分区域限电措施。

2. 行政效率低下

斯里兰卡近年不断主动改善营商环境，但政府部门行政效率偏低，仍困扰着投资者。政府部门存在因人设职、审批繁杂、职能重叠等问题，导致办事效率低下。世界银行 2018 年营商环境报告显示，斯里兰卡在 190 个经济体中排名第 111 位，总体行政效率仍处于中低水平。由表 4-36 可知，开办企业、获得建筑许可等指标均低于南亚国家平均水平，但大部分指标仍高于经合组织。

表 4-36 斯里兰卡行政效率

指标		斯里兰卡	南亚	经合组织
开办企业	程序/个	7	8	4.9
	时间/天	9	15.5	8.5
获得建筑许可	程序/个	13	16	12.5
	时间/天	115	193.9	154.6
获得电力	程序/个	5	5.7	4.7
	时间/天	100	136.4	79.1

数据来源：世界银行 2018 年营商环境指数 http://www.worldbank.org

（二）政策建议

针对斯里兰卡存在的基础设施薄弱、行政效率低下的约束问题，给出以下可行有效的政策建议。

1. 加大投资建设基础设施

斯里兰卡应当继续加大和支持基础设施的建设，虽然航空运输、港口建设不断完善优化，但是良好公路占比率较低、铁路网路线老旧等问题严重制约了运输的运量，增加了运输成本。政府应当从以下方面出发：第一，加快高速公路网建设；第二，在主要城市建设立交桥、外环路，缓解公路的拥堵程度；第三，大力发展公共交通，增加公交车数量，提高服务水平；第四，对部分铁路进行电气化升级改造，新建南部铁路项目，提高列车运行速度，购进先进列车机组，提高路网管理能力和运行效率；第五，扩建科伦坡国际机场；第六，吸引外国投资参与港区建设，如修建酒店、购物中心等旅游设施、发展临港产业。

在电力方面，政府应当加大电站、输配电等基础设施的建设，来满足预期增长的电力需求，避免国家电力短缺。第一，重点建设普特拉姆燃煤电站、桑普尔燃煤电站、拉克沙帕纳和维马拉苏兰德拉水电站、布罗兰德水电站、拉萨帕哈纳水电站、维多利亚水电站、乌玛欧亚水电站、波尔皮迪亚水电站等；第二，依据不同地区拥有的不同的自然要素禀赋，推广液化天然气、风能、太阳能的使用，利用可再生资源解决电力短缺的问题；第三，推广节能技术，倡导绿色建筑理念，推广智能电表系统，降低电力运行成本。

目前，斯里兰卡债务情况沉重，负担不起国内基础设施建设的资金投入，几乎所有大型基础设施项目都依靠外国资金建设，故政府可以寻求周边国家进行深度合作（如中国）。近几年，斯里兰卡积极响应中国提出的“一带一路”倡议，与中国在基础设施建设上达成多个大型基础设施承包工程项目。因此，接下来斯里兰卡政府应当积极鼓励外资通过 BOT、PPP 模式加强对基础设施的建设投资。

2. 加强廉政建设，提高行政效率

在权利的把控上，要有选择地把权力赋予一些关键部门。强化监管，避免权责不明导致的相互“踢皮球”。精简政府，提高公共管理的效率，完善管理机制。建设廉洁、公正的政府平台，公开政务信息，建立廉政建设机制、颁布处分条例。优化组合行政机关人员，合理配置机关人员，完善法律法规。对于适合国家发展的产业可以采用简化批复程序等措施。

参考文献

[1] 李跃. 要素禀赋转变视角下的新疆制造业升级研究[D]. 新疆财经大学，2014.

[2] 刘开华．贵州省产业结构的优化研究[D]．西南民族大学，2014.

[3] 金晶．要素禀赋结构升级的区域比较优势动态增进研究——以绍兴为对象[J]．安徽行政学院学报，2015，6（2）：66-72.

[4] 高天跃．新结构经济学下的贵州省产业结构调整与优化路径研究[J]．西南民族大学学报（人文社科版），2015，36（10）：104-107.

[5] 庞建国．两岸经济制度化合作提升路径研究——以“搭桥专案”为例[J]．台湾研究集刊，2016（2）：46-54.

[6] 左健．河北省制造业选择影响及承接对策研究[D]．燕山大学，2016.

[7] 谢刚. 陕西省土地利用结构对经济增长的影响研究[D]. 西北农林科技大学，2016.

[8] 林毅夫，王燕．领头龙现象——低收入国家赶超式发展的新机遇．劳动及研究（cssci）2013．12.

[9] 黄梅波，刘斯润．非洲经济发展模式及其转型——结构经济学视角的分析[J]．国际经济合作，2014（3）：63-69.

[10] 谭林，魏玮．产城关系视角下我国丝绸之路沿线产业发展问题研究[J]．西安交通大学学报（社会科学版），2014，34（5）：58-64.

[11] 孙瑾，国家竞争优势产业甄别与升级——基于新结构主义经济学方法[J]. 国际贸易，2014.

[12] 钟飞腾．“一带一路”产能合作的国际政治经济学分析[J]．山东社会科学，2015（8）：40-49.

[13] 王聪．丝绸之路经济带核心区产业转型与合作：新结构经济学的视角[J]．人文杂志，2015（3）.

[14] Jiajun Xu, Sarah Hager. Applying the Growth Identification and Facilitation Framework to Nepal[J]. Department of Economic & Social Affairs, 2017: 11-50.

[15] 赵秋运. 新结构经济学与“一带一路”转入国的筛选和转出产业的甄别[J]. 西部论，2017（11）.

[16] 林毅夫．新结构经济学：将“耐心资本”作为一种比较优势[J]．开发性金融研究，2017（2）.

[17] 郭腾飞．浙江省制造业服务化程度与绩效关系研究[D]，2016.

[18] 刘圣香，刘芳芳．浙江省制造业升级的影响因素分析与对策建议——基于全球价值链视角（核心 CSSCI）[J]．经营与管理，2015.

[19] 陈建军，陈菁菁．生产性服务业与制造业的协同定位研究——以浙江省 69 个城市和地区为例（核心 CSSCI）[J]．中国工业经济，2011.

[20] 陈畴镛，徐申迪．浙江省制造业全要素生产率变动及影响因素研究——基于 20 个行业面板数据的实证分析（核心 CSSCI）[J]．浙江学刊，2017.

[21] 吴旺延，魏明亮．产业结构对经济增长效率促进的实证对比研究——以陕西省和浙江省为例[J]．西安电子科技大学学报（社会科学版），2013.

[22] 龚莹．浙江省产业结构变迁的影响因素研究——基于 VAR 模型的动态分析[D]．浙江财经大学，2017.

[23] 冯淑娟．浙江省经济转型升级主要指标分析（核心 CSSCI）[J]．统计科学与实践，2015.

[24] 姚耀军．从“斯密型”增长到“熊彼特型”增长的过渡——新结构经济学视角下观浙江经济转型升级（核心 CSSCI）[J]．浙江学刊，2014.

[25] 朱尔茜．西藏经济中长期可持续发展的战略选择[J]．西藏大学学报（社会科学版），2017（1）：169-175.

[26] 沈开艳、陈建华．西藏经济跨越式发展实现路径研究[J]．社会科学，2012（5）：48-58.

[27] 里昕．西藏产业升级与政府作用：基于新结构经济学的分析[J]．西藏研究，2013（4）：72-79.

[28] 杨斌，潘明清．改革开放以来西藏产业结构演变及对经济增长的贡献分析

[J]. 西藏大学学报（社会科学版），2010（2）：33-38.
[29] 房灵敏，江玉珍，贡秋扎西，等. 文献题名[J]. 当前西藏产业结构存在的问题及原因分析，2012（1）：7-12，65.
[30] 杨文凤，杜莉，朱桂丽. 基于产业演进的西藏产业发展路径分析[J]. 农业现代化研究，2015（5）：741-747.
[31] 王磊，杨明洪. 西藏产业结构演变：特征、问题与对策[J]. 西藏研究，2015（3）：58-64.
[32] 唐剑，郑洲. 西藏产业结构优化升级的问题及对策研究[J]. 贵州民族研究，2014（3）：154-157.
[33] 石磊，黄晓清，尼玛吉，等. 西藏自治区旅游气候适应性分析[J]. 冰川冻土，2015（5）：1412-1419.
[34] 章杰宽. 21 世纪西藏旅游业发展进程及其展望[J]. 西藏民族大学学报（哲学社会科学版），2015（1）：118-124.
[35] 安玉琴，徐爱燕，刘静静. 西藏文化旅游资源开发现状探析[J]. 西藏大学学报（社会科学版），2009（4）：26-31.
[36] 王亚欣，曹利平. 论西藏旅游产品的深度开发[J]. 地理与地理信息科学，2009（2）：109-112.
[37] 刘妍，陈世江，胡大凯. 西藏旅游产业发展现状研究[J]. 西藏大学学报（社会科学版），2009（2）：22-27.
[38] 聂勇，张镱锂，刘林山，等. 近 30 年珠穆朗玛峰国家自然保护区冰川变化的遥感监测[J]. 地理学报，2010（1）：13-28.
[39] 刘佳丽，周天财，于欢，等. 西藏近 25 年湖泊变迁及其驱动力分析[J]. 长江科学院院报，2018（2）：145-150.
[40] 范远江. 西藏草场退化的解决途径[J]. 黑龙江民族丛刊，2008（2）：83-86.
[41] 邹联付，唐晓琴. 西藏森林旅游业发展对策探讨[J]. 林业经济问题，2003（4）：103-107.
[42] 林毅夫，付才辉，安桂武，等. 吉林省经济结构转型审计研究报告[R]. 2017.
[43] 姜霞，湖北省承接产业转移的路径选择与政策取向研究[D]，武汉大学，2013.

[44] 郭旭红，瞿商．区域发展的战略定位与设计——以湖北省为例[J]，华东经济管理（核心 CSSCI），2015：64-70.

[45] 郑长德．基于新结构经济学视角的民族地区产业结构调整与升级研究[J]，西南民族大学学报人文社会科学版（核心 CSSCI），2013（12）：112-123.

[46] 施雯．中国汽车产业政策执行分析——1994 版汽车工业产业政策与 2004 版汽车产业发展政策比较[D]，复旦大学，2005（4）：30.

[47] 张志勇．中国汽车产业政策变迁[J]，新财经，2011：35.

[48] 王保华，陶伟，赵慧勇，等．政府支持汽车产业发展政策研究与思考[J]，汽车实用技术，2015，11（26）：141-143.

[49] 刘玉生．资源禀赋视角下泉州模式转型升级的路径选择[J]．福建论坛（人文社会科学版），2015（5）：135-140.

[50] 林毅夫．新结构经济学——反思经济发展与政策的理论框架[M]．北京：北京大学出版社，2012，96.

[51] 郭伟锋，王汉斌，李春鹏．制造业转型升级的协同机理研究——以泉州制造业转型升级为例[J]．科技管理研究，2012，32（23）：124-129.

[52] 杨树青，李良臣，张帆听，等．泉州制造业转型升级影响因素及策略研究[J]．科技管理研究，2014，34（6）：126-132.

[53] 叶笛，林峰．自贸区背景下产业龙头企业创新转型的网络辐射效应——基于福建泉州制造业的实例调研[J]．科技与经济，2017，30（5）：41-45.

[54] 杨灿荣，潘茹．流通创新驱动泉州中小型制造企业升级研究[J]．泉州师范学院学报，2016，34（5）：51-57.

[55] 王聪．丝绸之路经济带核心区产业转型与合作：新结构经济学的视角[J]．人文杂志，2015（3）：35-42.

[56] 李鹏程，叶梓伟．新结构经济学视角下的技术进步与地区种植业发展——以佛山市顺德区种植业为例[J]．农村经济与科技，2017，28（7）：10-14.

[57] 董直庆，焦翠红．技术结构存在优化效应吗？——来自地区和产业层面的经验证据[J]．华东师范大学学报（哲学社会科学版），2017，49（2）：141-154，184-185.

[58] 许旭红．泉州制造业价值链升级的“人本短板”及其启示[J]．泉州师范学院学报，2012，30（5）：39-43．
[59] 吴争程，陈金龙，许伟灿．新结构经济学视阈下泉州金融改革与产业升级研究[J]．泉州师范学院学报，2014，32（6）：104-109．
[60] 郑涛，左健，韩楠．制造业选择、比较优势与河北省产业结构升级[J]．商业经济研究，2016（9）：197-199．
[61] 黄继忠．能源及原材料价格变动对黑龙江工业的影响[J]．宏观经济管理，2005（9）：52-53．
[62] 马延泽．我国劳动力价格上涨的成因与影响[J]．全国商情（理论研究），2013（8）：37-39．
[63] 汪锦，孙玉涛，刘凤朝．中国企业技术创新的主体地位研究[J]．中国软科学，2012（9）：146-153．
[64] 钟耕深．战略转型与制造业升级——第九届中国战略管理学者论坛综述[J]．经济管理，2016，38（12）：183-194．
[65] 付才辉．新结构经济学的应用研究进展：工具与案例[D]．2017（3）．
[66] 金钢，黎鹏．“一带一路”背景下深化中印经贸合作的动力基础与障碍分析[J]．对外经贸实务，2018，6（6）：25-26．
[67] 杨文武，李文贵．印度经济发展模式面临的新挑战[J]．南亚研究季刊，2009，12（4）：44-51．
[68] 揭仕军．关于中国与印度经济发展差异性研究[J]．价格理论与实践，2018，5（2）：159-162．
[69] 罗薇．印度当前经济形势及其发展动因[J]．国际研究参考，2016，11（11）：14-20．
[70] 雷定坤，赵可金．多视角浅析印度特殊经济区表现[J]．南亚研究，2018，4（1）：114-140．
[73] 陈利君，熊保安．2017 年南亚地区经济发展形势综述[J]．东南亚南亚研究，2018，3（1）：44-51．
[74] 宋涛．印度经济和发展战略研究[D]．福建师范大学，2003，（2）：105-123．

[75] 颜建周，董心月，王梦媛，等．印度仿制型制药企业的转型升级路径研究及其对我国的启示——以雷迪博士为例[J]．科技管理研究，2018，1（2）：28-33．

[76] 林毅夫．新结构经济学[M]．北京：北京大学出版社，2012：180-203．

[77] 柳树．“一带一路”背景下中印医药产业合作：机遇、挑战与路径[J]．南亚研究，2018，4（1）：50-67．

[78] 魏道培．印度纤纺业如何解决水资源的问题[J]．中国纤检，2014，3（5）：47．

[79] 汤碧，陈佳．中印机电产品贸易的互补性和竞争性分析[J] 亚太经济，2012，9（5）：65-69．

[80] 史春城．印度电站建设醒目机械资源配置及风险控制[J]．机械工程师，2013，12（12）：244-245．

[81] 黄华．印度电子与信息技术产品强制性注册认证概述[C]．第十四届中国标准化论坛论文集，2017，（9）：1581-1583．

[82] 胥富元．印度电子信息制造产品出口量或将削减[N]．中国电子报，2015，11（5）：1．

[83] 梁昕诺．印度新政再发力纺织业[J]．纺织机械，2016，3（3）：66-67．

[84] 苑基荣．印度电力短缺新能源成着力点[J]．能源研究与利用，2017，4（2）：22-23．

[85] 萨尔米扎・彭恰，尤利娅・莫妮卡・厄勒・欣卡伊．罗马尼亚——中国与中东欧关系的战略伙伴．国际社会科学杂志（中文版）（季刊），2017．

[86] 曲岩．从欧盟四份报告看罗马尼亚宏观经济变化．欧亚经济（双月刊），2017．

[87] 何易．2017 国家风险分析报告．北方经贸（月刊），2014．

[88] 夏纪媛．罗马尼亚转型期的腐败现象及其治理．廉政文化研究（双月刊），2014．

[89] 对外投资合作国别（地区）指南——罗马尼亚（2017 年版）．

[90] 斯里兰卡中央银行[EB/OL]，2017．

[91] 斯里兰卡纺织原料考察[EB/OL]，2006．

[92] 斯里兰卡纺织展[EB/OL]．搜狗百科，2008．

[93] 2017 斯里兰卡纺织面料展[EB/OL]，2017.
[94] 斯里兰卡纺织服装行业的简单分析研究[EB/OL]. 商务部，2017.
[95] 武筱婷. 印度：600 亿卢比推动纺织服装业发展[J]. 纺织机械，2018（3）：84.
[96] 黄艳. 斯里兰卡需要出口高附加值的橡胶产品[J]. 世界热带农业信息，2014（10）：5-6.
[97] 侯风霞，王小芳. "印度洋上的明珠"橡胶工业发展面貌[J]. 中国橡胶，2018（7）：3-4.
[98] 斯里兰卡计划建立第一个制鞋和皮革生产中心[EB/OL]，2017.
[99] 李建勋. 中国鞋业国际竞争优势研究[D]. 浙江工业大学，2009（4）：38-39.
[100] 2017 年斯里兰卡对外投资合作指南.
[101] 金崇崇. 温州市桥下镇教玩具产业电子商务发展策略研究[D]. 江西农业大学，2017（6）：21-22.
[102] Jiajun Xu, Sarah Hager. Applying the Growth Identification and Facilitation Framework to Nepal[J]. Department of Economic & Social Affairs, 2017:11-50.
[103] 宋敏. 一带一路背景下中国与斯里兰卡经济合作研究[D]. 山西师范大学，2017.
[104] 韩露. 中国-斯里兰卡经贸合作：现状与前景[J]. 国际经济合作（核心 CSSCI），2017（3）：63-65.
[105] 唐鹏琪. 斯里兰卡新政府执政以来的经济改革框架[J]. 南亚研究刊（核心 CSSCI），2016（4）：63-64
[106] 唐鹏琪. 斯里兰卡成为印度洋经济中心的可能性分析[J]. 南亚研究季刊（核心 CSSCI），2016（3）：53-54.
[107] 徐梁. 基于中国与"一带一路"国家比较优势的动态分析. 管理世界（核心 CSSCI），2016.
[108] 段丽萍. 西藏自治区旅游资源概况[J]. 四川地质学报，2003（3）：182-187.
[109] 张敏. 西藏森林旅游资源及其发展对策研究[J]. 林业经济问题，2002（3）：160-162，173.